中国餐饮产业发展报告

（2015）

中国烹饪协会发布
主编/姜俊贤

中共中央党校出版社
The Central Party School Publishing House

图书在版编目（CIP）数据

中国餐饮产业发展报告(2015)/姜俊贤主编．—北京：中共中央党校出版社，2015.4

ISBN 978-7-5035-5589-3

Ⅰ. 中… Ⅱ. 姜… Ⅲ. 饮食业-经济发展-研究报告-中国-2015 Ⅳ. F719.3

中国版本图书馆 CIP 数据核字（2015）第 072672 号

中国餐饮产业发展报告（2015）

责任编辑 周 慧 任丽娜
版式设计 李 灵
责任校对 王明明
责任印制 王洪霞

出版发行 中共中央党校出版社
（北京市海淀区大有庄 100 号）
邮　　编 100091
网　　址 www.dxcbs.net
电　　话 （010）62805800（办公室）（010）62805824（发行部）
经　　销 新华书店
印　　刷 三河华润印刷有限公司
字　　数 281 千字
版　　次 2015 年 4 月第 1 版 2015 年 4 月第 1 次印刷
开　　本 700 毫米×1000 毫米 1/16
印　　张 17.75
定　　价 50.00 元

《中国餐饮产业发展报告(2015)》编委会

目　录

年　度　篇

宏　观　篇

产　业　篇

生　态　篇

国　际　篇

政 策 解 读

附 录 一

附 录 二

适应新常态，解决新问题，开创新未来

（代序）

姜俊贤[1]

骏马奔驰去，金羊载福来。2015 年的春节餐饮市场，延续了去年以来企稳回升的势头，如愿迎来了一个“开门红”，朝着全国餐饮收入 3 万亿元新时代的目标迈出了坚实的一步。我们欣喜地看到，整个行业正以市场为导向，以满足百姓基本饮食需求和日益丰富的多元化消费为目标，积极推进转型，尤其是大众化餐饮依托消费刚性需求取得了较快发展。在此形势下，《中国餐饮产业发展报告（2015）》更需要切实把握时代脉搏，积极应对行业发展的新常态。

一、餐饮业要积极适应新常态，继续发挥稳增长、惠民生的作用

2015 年是全面深化改革的关键之年，面临经济稳步增长、社会稳定和谐，人民生活富足的多重发展目标和任务。李克强总理在今年的《政府工作报告》中指出，要贯彻落实习近平总书记系列重要讲话精神，主动适应和引领经济发展新常态，坚持稳中求进工作总基调；要着力提高经济发展质量和效益，把转方式调结构放到更加重要的位置，狠抓改革攻坚，突出创新驱动。

李克强总理指出，扩大消费要汇小溪成大河，让亿万群众的消费潜力成为拉动经济增长的强劲动力。在住房消费、汽车消费、家电消费等耐用消费品经历大幅增长陷入低谷后，伴随人均外出就餐频次和人均就餐消费标准的提高，餐饮消费作为人们不可或缺的日常消费在扩大内需中发挥了基础性的作用，并仍具有很大的发展空间。另外，稳增长也是为了保就业。餐饮业作为劳动密集型服务业，在保障就业方面做出了很大的贡献，尤其对于城镇下岗职工再就业和吸纳城镇化产生的剩余劳动力作用尤为突出。此外，餐饮业对于地方经济和

① 姜俊贤：中国烹饪协会会长。

诸多产业联动发展有着重要的推动作用。

2015 年，是中国餐饮业落实“十二五”目标的收官之年，也是巩固行业转型成效，迈向餐饮收入 3 万亿元新阶段的关键时期。在大众化、个性化、多元化为餐饮市场主体的行业形势下，企业竞争的着力点将转向质量安全、品牌口碑和经营特色，提高管理水平不再是空话，盈利能力将成为检验企业健康状态的标准，新技术、新产品、新业态、新模式将联手互联网共同发展，拉动投资大量增加。走满足大众需求、适应市场变化、提升盈利水平的理性发展之路，这就是餐饮业未来发展的“新常态”。

二、餐饮业要继续攻坚克难，提升人民群众的满意度和美誉度

餐饮企业的日常经营包括两大基本元素：一是食品，二是服务。然而，当前人民群众对于这两方面的满意度还有很大的提升空间。

去年年末的中央经济工作会议指出，从消费需求看，当前个性化、多样化消费渐成主流，保证产品质量安全、通过创新供给激活需求的重要性显著上升，必须采取正确的消费政策，释放消费潜力，使消费继续在推动经济发展中发挥基础作用。近年来各种问题肉、地沟油、毒食品等欺骗、失信行为屡见报端，在社会上造成了很坏的影响，让餐饮业成为媒体负面报道的重点关注对象。这些问题不仅暴露出食品行业诚信的缺失，这也在很大程度上影响了人民群众对餐饮消费的信心，也严重阻碍了餐饮业尤其是大众餐饮的发展。

2014 年 7 月份曝光的“福喜”事件，再一次把餐饮业推上了舆论质疑、消费者不满的风口浪尖。虽然这些事件大多数都是餐饮上游产业链出现的食品安全问题，但是作为整个产业链中直面消费者的终端、食品入口的最后一道关口和餐桌上的最后一道程序，餐饮业应该对自己提出更高的标准和更严的要求。政府主管部门和行业组织、餐饮企业应共同努力，通过建立严格的监管制度、强化和落实食品经营主体责任，餐饮企业严格自律、有关部门严格监管，多管齐下，共筑食品安全的坚固防线。

如今传统的餐饮业正逐渐迈进电商互联网时代，其最大特征便是餐饮企业的口碑传播被放大化，要想在开放的营销平台占据一席之地，品牌诚信度十分重要。互联网是一面放大镜，它会越发提高优质餐饮品牌的知名度，同时也会加速那些诚信度较低、餐饮质量及服务体验较差的餐饮品牌淘汰速度。去年11月1日起正式实施的《餐饮业经营管理办法（试行）》中，明确要求餐饮经营者开展促销活动应当明示促销内容，包括促销原因、促销方式、促销规则、促销期限、促销商品的范围，以及相关限制性条件；不得故意拖延提供相关商品或服务，不得以任何形式降低商品质量或服务水平。有品位、有抱负、有责任感的餐饮企业家应切忌诈、欺、骗这些惑于眼前一时之利的短视行为，将诚实和守信作为安身立命、谋求长远发展的事业之本，提升人民群众对餐饮行业的美誉度，让消费者放心、安心、开心。

三、务实服务，凝聚力量，开创餐饮行业新未来

在国务院国资委和中国商业联合会党委的关心指导下，中国烹饪协会在2014年换届之际，确定了建立健全法人治理结构，建立内部民主机制，创建符合社会主义市场经济体制要求的现代化行业领军社团组织的改革方向，借助换届，通过民主程序建立了全新的法人治理结构。完成换届的中国烹饪协会，着力进行了内部机构优化整合，从协会宗旨和为会员提供优质服务出发，打造了职业化和专业化的运作团队；完善了激励机制，促进协会工作协调可持续发展；广泛开展调研、寻经探宝，深入了解会员企业的需求；树立协会正风，确立协会愿景，凝聚行业合力；从会员需求出发，务实确立了十大会员服务目标。

以“提供服务、反映诉求、规范行为”为己任的中国烹饪协会，将结合行业发展的实际需求，提供企业贴心服务，高效率协调制约行业发展的瓶颈政策，高规格打造餐饮行业明星品牌企业，高品质培养选拔行业优秀人才，凝聚全行业力量，彰显协会核心竞争力，共同为餐饮行业科学发展做出新贡献。

中国烹饪协会每年度发布的《中国餐饮产业发展报告》以其对行业分析的准确和深刻，成为对社会各界人士具有重要参考价值的资料，也是中国餐饮群体分享和交流经验的最好平台。本书对2015年餐饮行业发展趋势进行了前瞻性的分析与研判，希冀能够成为引导行业适应新常态、探索新模式、寻找新方向的指南。

是为序。

年 度 篇

2014 年餐饮市场分析及 2015 年市场前景预测

中国烹饪协会行业发展部①

摘　要：2014 年全国餐饮市场经历“找方向”阶段，餐饮业出现企稳回暖势头。本文介绍了在此形势下全国餐饮业和市场发展所呈现的特点，在经济新常态下，餐饮业发展逐步进入新阶段，对 2015 年餐饮业和市场发展前景进行了预测。

关键词：餐饮业；餐饮市场；餐饮前景

2014 年，国民经济在新常态下保持增长平稳、结构优化、质量提升、民生改善的态势。在此良好的宏观经济背景下，全国餐饮市场结束增速不断下滑的颓态，出现企稳回升的势头，向新常态下可持续发展阶段迈进，具体呈现以下特征。

一、2014 年全国餐饮业发展与市场运行特点

（一）整体市场稳中回暖

2014 年，全国餐饮收入 27860 亿元，同比增长 9.7%，较上年增加了 0.7 个百分点，终止了 2011 年以来连续三年增速下滑的颓势（图 1）。而且，餐饮收入增幅与社会消费品零售总额增幅（12.0%）的差距也一改近三年来持续扩大的态势，由 2013 年的 4.1 个百分点收窄至 2.3 个百分点（图 2），餐饮收入拉动社会消费品零售总额增长 1.12%。限额以上餐饮收入止跌回升，全年收入 8208 亿元，同比正增长 2.2%，比上年大幅提升了 4 个百分点。

纵观全年，2014 年餐饮业理性发展，实现稳中回升，限上餐饮企业也开始转为“正能量”。

---

① 主要撰稿人：宋媛媛

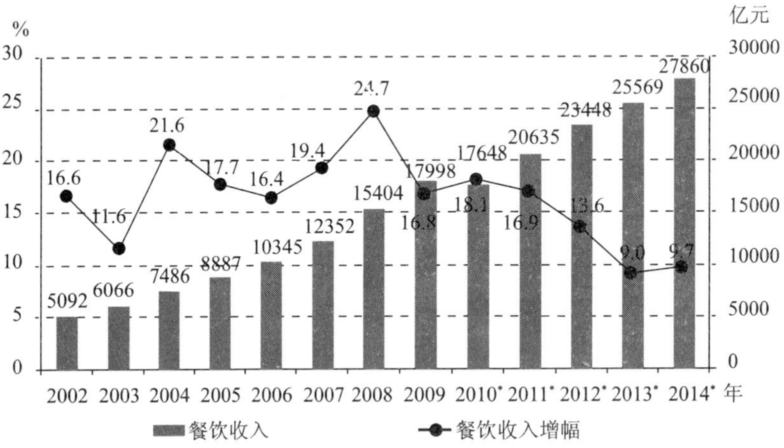

图 1　全国餐饮收入及增速状况（2002—2014 年）

* 注：2010 年起，国家统计局将统计口径由住宿餐饮业零售额调整为餐饮收入。

来源：根据国家统计局数据整理制作。©中国烹饪协会

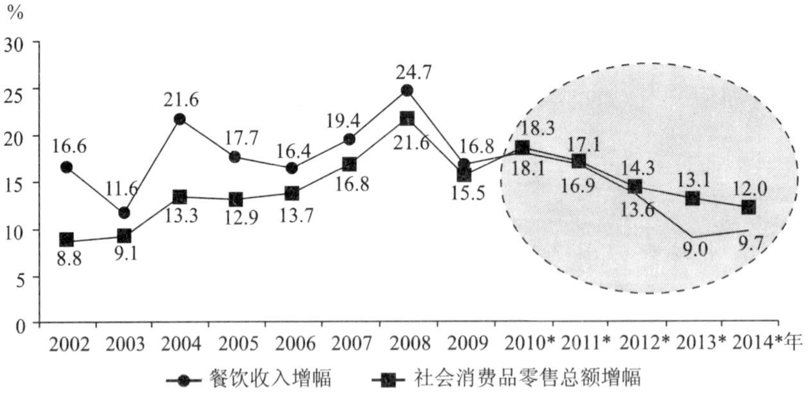

图 2　全国社会消费品零售总额及餐饮收入增幅状况（2002—2014 年）

来源：根据国家统计局数据整理制作。©中国烹饪协会

餐饮市场全年各月度的起伏走势与社会消费品零售市场几乎完全吻合（图 3），餐饮业将消费品市场乃至国民经济“晴雨表”的功能发挥得淋漓尽致。分月度来看，餐饮市场一直处于不断尝试调整的过程中，波动性贯穿全年。2014 年伊始，市场就以 9.6%的增速高开，并不断上行，在 5 月至最高值 11%，限上餐饮也达到峰值 6.2%。而之后却开始转为下行，8 月滑至小低谷，限上餐

饮更是再次跌为负增长。随后，整个餐饮市场运行呈现向好趋势，11 月、12 月进入冲刺阶段，最后以 10.1％收官，限上餐饮也逐渐回升至正增长，并以 3.8％结束全年。

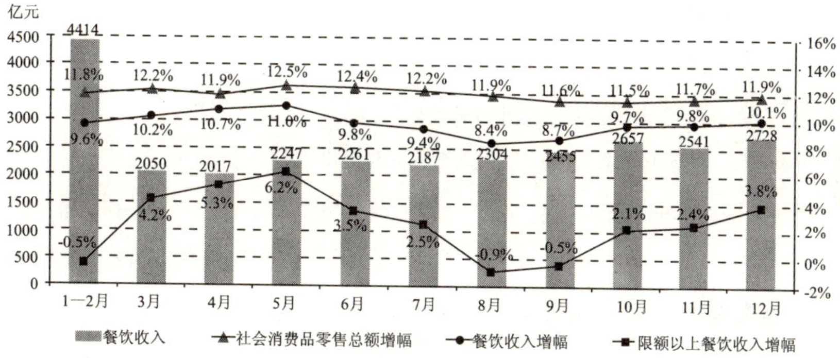

图 3　2014 年全国餐饮收入月度增长状况

来源：根据国家统计局数据整理制作。©中国烹饪协会

从各季度情况来看（图 4），相较上年，餐饮市场尤其是限上餐饮已总体上扭转颓势，虽然仍具敏感性，但是正在逐步回暖。整体市场一波三折，餐饮收入、限上餐饮收入增速都在第二季度处于峰值，第三季度又落入低谷，第四季度则开始进入企稳回升阶段。

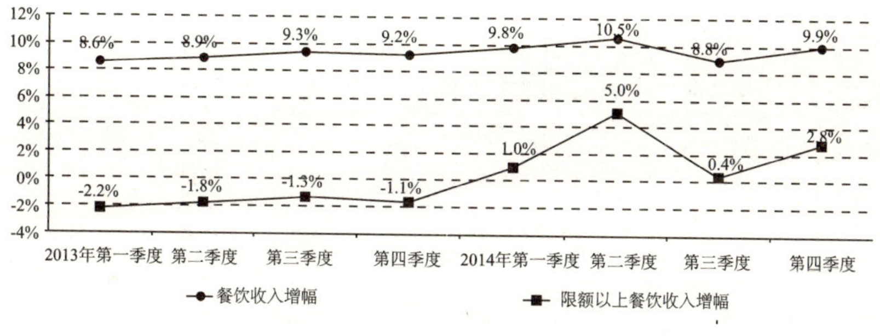

图 4　2013 年以来全国餐饮收入季度增长状况

来源：根据国家统计局数据整理制作。©中国烹饪协会

（二）区域市场大部好转

从目前已公布数据的省市来看，如表 1 所示，2014 年总体上各地区的餐

饮市场发展状况已比上年明显好转。福建省餐饮收入达到1039.7亿元，加入广东省、江苏省、浙江省、四川省等餐饮收入千亿元省区，使得此阵营成员扩大至10个。大部分地区发展增速都有不同程度的加快，其中绝大多省市加快幅度已超过全国水平（0.7个百分点），宁夏、北京市、陕西省等地上涨幅度较大，市场迅速回暖。而且，就算是增速仍比上年下降的地区，下降幅度也有所收窄。天津市由上年的4.8个百分点减少至今年的2.1个百分点，福建省更是由上年的8.1个百分点大幅收窄至今年的1.2个百分点。

相比上年的严峻形势，绝大部分地区限上餐饮收入已然止跌回升，并且湖北省、山东省、湖南省等地区还较上年增长加速。不过也有少数省市仍未走出困境。天津市限上餐饮业营业额同比下滑5.3%，速度基本与去年持平。

表1　2014年主要省市餐饮市场发展状况

地　区	餐饮收入（亿元）	同比增速（%）	增速比上年同期变动百分点	统计口径
北京市	713.0	−0.8%	4.2	
上海市	837.2	5.7	—	含住宿
重庆市	756.8	13.4	2.2	含住宿
天津市	748.6	11.4	−2.1	含住宿
宁　夏	94.9	18.9	8.7	
江西省	681.1	17.2	—	
甘肃省	496.1	16.1	−0.5	
湖北省	1990.7	15.4	−0.3	含住宿
安徽省	769.8	13.2	1.1	
河南省	1812.4	13.1	−0.7	
海南省	176.7	12.7	1.4	
辽宁省	1326.6	12.6	1.8	
山东省	2499.3	11.4	0.7	
吉林省	680.4	11.1	−0.9	
湖南省	1214.5	10.9	−4.6	
新　疆	220.9	10.7	−2.0	
云南省	608.3	10.3	0.9	
浙江省	1714.1	10.1	1.5	
四川省	1670.9	10.1	0	
江苏省	2120.3	9.8	−1.2	
山西省	513.2	9.2	−3.9	
陕西省	537.8	8.6	4.2	
广东省	2836.6	8.3	0.7	
福建省	1039.7	8.3	−1.2	
贵州省	223.9	8.2	2.2	
青海省	51.1	6.2	−0.8	
广　西	—	0.7	—	1—11月限上
河北省	114.0	−11.5	—	1—11月限上含住宿

来源：根据各省市统计局发布数据整理制作。©中国烹饪协会

（三）行业景气用工需求均低迷

尽管2014年餐饮业整体发展形势有所回升，但行业景气仍不容乐观。根据国家统计局统计，有半年以上的时间餐饮业商务活动指数都处于临界点以下状态，企业业务总量减少，且新订单指数也低于临界点，市场需求有所减少，尤其是在6、7月份。

同样，餐饮行业用工情况也依然疲软。中国人力资源市场信息监测中心对全国近100个城市的公共就业服务机构市场供求信息的统计显示（图5），因季节因素，2014年一季度全国住宿和餐饮业用人需求大幅上涨，但随后急剧下跌，无论是在同比还是环比上，用工需求都转为负增长，并一直持续至年底。

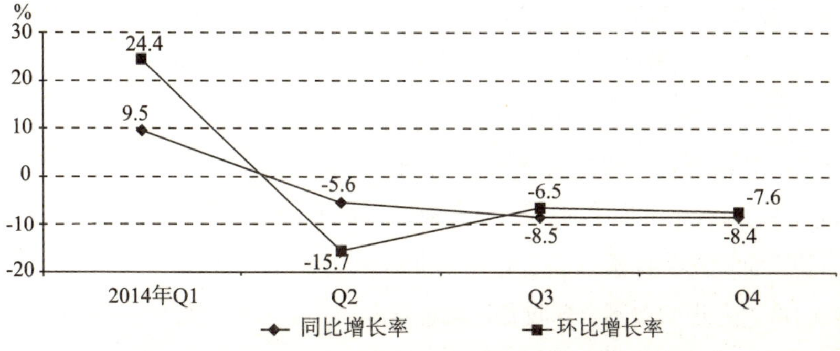

图5　2014年各季度住宿和餐饮业用工需求变动情况

来源：根据人力资源和社会保障部数据整理制作。©中国烹饪协会

（四）餐饮行业发展特点

1. 政策优化继续促进行业发展

（1）扶持大众化餐饮“靴子落地”。

在全行业一年多时间的期盼中，商务部终于在2014年6月初出台了《关于加快发展大众化餐饮的指导意见》，其中指出：力争用5年左右的时间，健全大众化餐饮服务体系，大众化餐饮占全国餐饮市场的比重由现在的80%提高至85%以上，并提出21条引导型措施。随后，部分地区也发布具体的实施意见和支持政策，以加快餐饮业转型，促进行业持续稳定发展。浙江省杭州市

政府网站上随即发布《关于进一步加快餐饮住宿业转型升级促进持续稳定发展的实施意见》（征求意见稿），提出了未来餐饮、住宿企业的发展路线，以及政府对其实施的优惠政策。

今后，预计各地政府及商务部门都会加快制定支持大众化餐饮发展的财政、税收、金融政策，促进餐饮行业结构性调整，营造良好的发展环境，为加快发展大众化餐饮保驾护航，从而实现保障和改善人民生活、扩大内需、促进就业的现实需要。

（2）“正税清费”呼吁迎来积极回应。

2014 年 6 月中旬，国务院办公厅出台了《关于进一步加强涉企收费管理减轻企业负担的通知》。《通知》指出，要进一步加强涉企收费管理，减轻企业负担。各地也切实采取相关措施。在国家发改委的协调下，中国烹饪协会与福建省物价局共同努力，取得了福建省降低餐饮业价格调节基金的成效。7 月中旬，福建省决定，将餐饮业价格调节基金减半征收的政策在已实施一年的基础上再延长一年，这意味着至 2015 年 12 月 31 日以前，福建省餐饮业价格调节基金仍将按营业额的 0.5%征收。

不过，目前餐饮企业需要缴纳的各种税费负担依然沉重，与政府将餐饮业作为基本生活性服务业的定位不符，严重制约了企业做大做强、产业健康发展。不少地区的餐饮企业需缴税费总额占企业营业收入的比重甚至超过了 15%。预计各地政府部门将进一步清理不合理收费，减轻企业负担，营造良好的发展环境。

（3）食品安全“社会共治”更趋严格。

2014 年，《食品安全法》（修订草案）已经过两次审议，草案从强化预防为主、风险防范等四个方面对现行法律作了修改、补充，增加了网络食品交易监管制度、食品安全责任保险制度、食用农产品市场流通、标明转基因食品标识、禁止婴幼儿配方食品委托贴牌生产、媒体责任等规定，以及责任约谈、突击性现场检查等监管方式。此次大幅度的修订表明，政府正不断加强监管力度，营造食品安全社会共治的环境，切实保障老百姓“舌尖上的安全”。

（4）餐饮业经营管理办法维护行业有序发展。

商务部和国家发改委联合发布的《餐饮业经营管理办法（试行）》已经从 2014 年 11 月 1 日起正式实施。当前舆论最为关心、争议也最大的就是其中明确规定“餐饮经营者不得设置最低消费，违规者最高可被罚 3 万元”。企业纷纷反映，包间最低消费的设置是因为酒店的包间装修、服务、配套设施都好于大厅，运营成本较高，如果都按一个标准来，酒店就会赔本。不少企业还担心一旦取消最低消费，不排除会有“恶意低消费占座”的可能。

另外，《办法》明确要求餐饮经营者开展促销活动应当明示促销内容，包括促销原因、促销方式、促销规则、促销期限、促销商品的范围，以及相关限制性条件；不得故意拖延提供相关商品或服务，不得以任何形式降低商品质量或服务水平。

餐饮企业应深刻领会《办法》的精神，对相关经营行为做出适当的调整，避免在执行中“触礁”；严格自律，做好与消费者的沟通和告知，在执行中防止极端消费纠纷。协会将保持与政府有关部门和餐饮企业经营者的沟通，了解企业的建议，及时反映企业的呼声，共同维护餐饮业健康发展的经营秩序。

2. 大众需求旺盛带动市场回升

在政策和市场的双重影响下，餐饮业被迫寻求转型，尤其是高端餐饮。经过手足无措、盲目尝试的转型探索期，全行业认识到，回归市场、回归本质才是出路，餐饮业不断进行结构调整。

当前，大众化餐饮仍然凸显出强劲的市场需求，是整个行业趋稳回暖的最大动力。根据刚结束的餐饮消费调查（图 6），朋友聚餐、家庭聚会、情侣约会等私人社交需求是餐饮消费的最大诉求，占到餐饮消费总需求的 80%左右；而商务活动明显比上年减少，中央八项规定、遏制公款消费的成果得到进一步巩固。在风味上，以往作为高端餐饮主力的粤菜大众喜爱程度有所增强，这也从一方面说明高端餐饮的亲民转型举措取得了一定的成效。

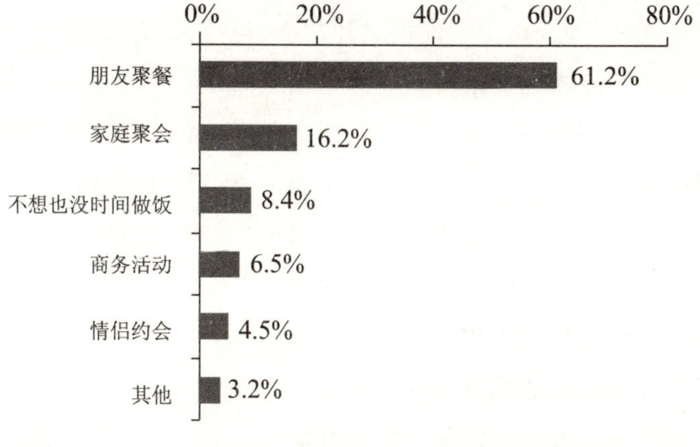

图 6　除工作餐外消费者外出就餐的原因

来源：中国烹饪协会《2014 年餐饮消费调查报告》。

3. 餐饮企业多管齐下各显神通

面临当前依然严峻的形势，餐饮企业勇于实践，创新进取，各显其能，不断寻求突破、谋取发展。随着实战经验的不断累积，餐饮企业逐渐开始找到适合自己、并能够发挥自身优势的转型途径，转型发展正经历从趋同走向务实。

（1）创新服务方式、拓展服务领域。

本着改善民生、便民服务的初衷，许多餐饮企业积极投身早餐、老年餐饮、社区餐饮。武汉小蓝鲸也卖起了主题故事早餐，而且准确抓住大众心理，注重引导营养健康消费，同时还推出向写字楼、社区、老人送餐等服务；巴比馒头、杏花楼与上海市政府合作开展的早餐工程、老年餐饮取得了一定的成果。

外卖外送发展迅速、需求强劲，且充分利用互联网手段，有效结合。

（2）多元化经营，小而精品牌开启新业态“小时代”。

“国八条”出台后，很多高端餐饮纷纷向多元化多品牌拓展市场。小南国实行多品牌集约复制，除了慧公馆、南小馆、小小南国之外，还引进了船屋等海外品牌，在休闲餐饮市场也连续推出了“彻思叔叔”、“西点”和“米芝莲”奶茶等新品牌。

特色餐饮、体验式餐饮注重满足客户群体多样性、个性化的需求，表现抢眼。外婆家相继推出炉鱼、锅小二、指福门、运动会、第二乐章、动手吧等注重杭帮菜文化溯源和消费者人性化体验的多种品牌，多管齐下，业绩飘红，开启了餐饮新业态的“小时代”，现在又开始尝试将新品牌开进高端酒店。

（3）食品加工业成为餐饮转型新的增长点。

在探索转型发展的过程中，很多餐饮企业细挖新市场，将业务延伸至食品加工业，且增长迅速。上海杏花楼的食品加工业销售比重逐步上升，当前已占到总销售额的60%左右，餐饮部分只占到30%，其余为酒店等业务。上海丰收日集团也与广州酒家集团以食品制造业务为主要切入点开展合作，计划未来在上海共同出资建设食品工厂。

（4）餐饮业渐成商业综合体的主力军。

在互联网销售的冲击下，服饰业、百货零售业双双走向低迷，而餐饮对客流量的巨大拉动优势，使品牌餐饮企业逐渐成为商业综合体竞相争取的对象。新型商业综合体和购物中心正在迅速调整商业结构，购物、餐饮、娱乐的比例格局通常为7∶2∶1，如今已普遍形成了5∶3∶2，一些新开的商业综合体中餐饮的比重更是升至总量的40%至50%。对于餐饮企业来说，“傍”住商业综合体的“借光”战略也日益成为选址的优先选择。

（5）餐饮联盟抱团取暖持续升温。

餐饮联盟企业走出去跨省抱团。作为首批餐饮联盟产物之一的重庆火锅天下宴博物馆产业投资集团（以下简称“重庆火锅天下宴集团”），是由重庆陶然居牵头、36位重庆各行业的女企业家在今年1月份抱团成立的。今年内，重庆火锅天下宴集团将携手上海极致荟餐饮分会共同组建新平台，抱团在上海开办“重庆天下宴火锅博物馆”，并力争3年内实现上市。这是重庆餐饮企业在组建餐投集团、实现本地抱团发展之后，首次“走出去”实现跨省抱团合作，打破重庆乃至全国餐饮企业单打独斗的局面，以新理念、新路径推动餐饮行业转型升级。

各地陆续成立餐饮联盟抱团取暖。继重庆、山西两地首先成立餐饮联盟报团取暖以来，各地也纷纷效仿。2014年4月份，红子鸽等14家宁夏清真名店也联合成立宁夏餐饮投资集团，通过整合抱团发展，提升宁夏整体餐饮竞争力；5月份，安徽省合肥市20家著名餐饮企业负责人齐聚徽宴楼，并通过了一项决定：筹建合肥餐饮联盟；重庆市工商联（总商会）餐饮商会再次牵头抱团，成立“大运河物流产业投资集团股份有限公司”；而内蒙古等地区的龙头企业，也对当地成立餐饮企业大联盟进行了深入磋商。

餐饮联盟的成立是餐饮业转型升级和结构性调整期的时代产物，也是餐饮企业借力资本市场改革创新的创举。目前，餐饮联盟的各大项目均处于规划和初建期，餐饮联盟发展的具体效果还有待市场的检验。如何保证发展战略和投资决策的科学有效决策和客观理性衡量将是餐饮联合体发展中不可避免的重要问题。对于民营实体为主的餐饮企业而言，现代科学的股份制管理水平和现代企业制度也将成为制约餐饮联盟发展的先决条件。

（6）互联网技术整合传统餐饮业资源。

近年来互联网应用飞速发展，传统餐饮行业与互联网相结合成为必然，搭建餐饮业互联网采购平台的商机被看好。在此背景下已诞生诸如众美联等餐饮产业链整合平台，为企业提供涵盖供应链服务、人才培训与行业智库、金融资本运作、互联网电子商务等多项服务。

4. 餐饮 O2O 大热改变消费模式

传统餐饮产业与互联网这一现代化工具的结合早就如火如荼地展开，餐饮 O2O 现已成为热门词汇。微博微信、APP、电商网站平台，各种工具手段全面利用；推广营销、外卖外送、促销团购等各项服务线上线下双管齐下。如今，抢客户争流量大战已进入白热化阶段，掀起了一阵融资注资热潮。

随着餐饮 O2O 日益渗透到日常生活中，消费者的消费习惯和消费方式也发生了重大变化。根据餐饮消费调查，点评类网站、微博微信平台对消费者做出餐饮消费选择的影响明显加强，如图 7 所示。而且，当前消费者对 O2O 的应用不止集中在预订，还逐渐向点餐、支付等综合功能深入扩展。

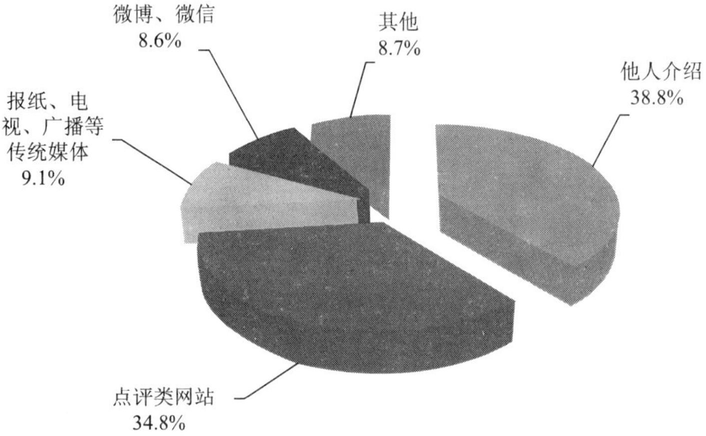

图 7 消费者获取餐厅信息的一般途径

来源：中国烹饪协会《2014 年餐饮消费调查报告》

5. 本土品牌与国际巨头存在差距

与中国境况相同，全球餐饮业也面临着严峻挑战。由于商品成本上涨、竞争激烈、且低收入人群手头紧张，全球餐饮行业整体增长近乎停滞。

QSR 杂志发布的年度全球快餐休闲餐饮企业排名显示，相比 2012 年，2013 年前十名企业品牌中有六家连锁门店扩张步伐都有不同程度的减缓（表 2 中灰色标注），其中，Wendy’s、Burger King、KWC 更是关闭了部分连锁门店。

作为全球快餐连锁巨头，麦当劳形势则是每况愈下。2014 年第四季度，麦当劳营收同比下降 7%，已连续五个季度出现下滑，陷入近三年来最严重困境。而在销售下滑的同时，开支却在上升，净利润大幅下跌21%。上海福喜事件及日本麦当劳一系列安全问题事件的曝光是导致其业绩下滑的重要原因之一。而其他大型连锁公司正在迎头赶上，相比麦当劳销售业绩连续跌落，大牌连锁餐厅Chipotle Mexican Grill（2013年QSR排名第15位）2014年第三季度同店销售额飙涨了20%。

中国餐饮业整体规模虽然已有近2.8万亿元，但是产业集中度较低，本土企业规模普遍偏小。中国餐饮企业名列前茅的百胜餐饮集团中国事业部是外资企业，拥有肯德基、必胜客、东方既白等品牌，其在中国市场的营收约占百胜全球收入的一半。本土名企有海底捞、全聚德、真功夫等等，但本土企业无论是在规模还是经营管理等方面都与国外餐饮大企业相差甚远。并且，目前进军海外市场的餐饮企业仅有海底捞、全聚德、眉州东坡、黄记煌等少数几家，而真正在海外站稳脚跟，能够规模化、连锁化发展的企业几乎没有。

表2　QSR快餐休闲餐饮企业品牌排名前十位（2013年）

	企业名称	销售额（百万美元）	连锁门店数（个）
1	McDonald's	35856.3	14278
2	Subway	12735.0	26427
3	Starbucks	11723.0	11457
4	Wendy's	8787.0	5791
5	Burger King	8502.5	7155
6	Taco Bell	7800.0	5769
7	Dunkin' Donuts	6700.0	7677
8	Pizza Hut	5700.0	7846
9	Chick-fil-A	5052.6	1775
10	KFC	4300.0	4491

注：灰色表示连锁门店扩张速度比上年减慢的企业品牌。

来源：根据QSR发布资料整理制作。©中国烹饪协会

二、2015年餐饮市场前景预测

2014年餐饮业转型成效初显。餐饮市场终于呈缓和回暖趋势，限上餐饮止跌回升；高端餐饮也完成了“找方向”阶段，而大众化餐饮仍展现出市场需求的强劲生命力。不过，竞争加剧、企业微利已成为无法改变的事实，并将长期维持。全行业需要摆正思想认识，并做好适当调整，适应新常态下发展，预

计 2015 年餐饮市场将进入新阶段。

（一）企业扩张步伐逐渐恢复

前两年餐饮市场陷入最艰难困境，餐饮企业也随之收缩放缓扩张速度，有的甚至关闭部分业绩不佳的门店。阵痛期过后，企业开始摩拳擦掌，不仅海底捞、小南国、吉野家等国内餐企，麦当劳、赛百味、星巴克等国际知名品牌也都计划在 2015 年之后逐步加快新开店步伐，刚上市的呷哺呷哺、外婆家、必胜客等还打算拓展区域市场、扩大版图布局，而眉州东坡、永和大王还计划在海外市场树立品牌形象，具体如表 3 所示。

表 3　2015 年之后部分餐饮企业品牌发展计划

	企业品牌名称	发 展 计 划
1	海底捞	2015 年增开门店：78 家
2	水　货	2015 年增开门店：50 家
3	呷哺呷哺	2015—2018 年每年增开门店数分别为：120 家、140 家、165 家、185 家，总计 610 家，其中除京津沪外，其他地区占比 74%； 进军河南、山西、浙江、陕西、吉林、广东等 6 个新市场
4	南小馆	2015 年门店总数达 15 家以上
5	外婆家	重点拓展一、二线城市
6	眉州东坡	2015 年继续夯实中国市场，以北京为中心辐射京津冀，稳步推进川陕等西部地区、长三角地区、珠三角地区； 在美国以洛杉矶为根基，树立眉州东坡在美国的品牌
7	吉野家	未来三年：1200 家门店
8	金钱豹	2015 年门店总数达 50 家
9	王品台塑牛排	2015 年、2016 年分别增开门店：68 家、93 家
10	永和大王	2015 年门店总数达 700 家，2017 年达 1000 家； 并计划在美国等海外市场开店
11	满记甜品	2015 年计划在全国范围内大幅度拓展新门店
12	鲜芋仙	2015 年加大品牌渗透，优化一、二线格局，拓展三、四线城市
13	麦当劳	2015 年特许经营提高到 20%～25%
14	赛百味	2016 年加盟店达 1100 家，2020 年达 3000 家
15	COSTA	3 年内新开 250 家；2018 年目标：2500 家门店
16	星巴克	2019 年目标：3400 家门店
17	德克士	2040 年目标：25000 家门店
18	必胜客	向一线、二线、三线城市逐级扩张，从沿海城市、经济发达地区逐步向西南、西北、东北等区域全面拓展市场

来源：根据新闻资料整理制作。©中国烹饪协会

（二）新常态新形势新发展

针对消费者消费偏好、消费习惯、消费方式的新变化，以及市场需求的新要求，餐饮服务大众化、个性化、多元化成为市场主体；而且，餐饮企业应在追逐“盈利”的同时，找回“产品和服务”这一餐饮行业的本质。消费者在一波一波强烈的宣传攻势下逐渐回归理性，利用互联网进行噱头营销已经不起推敲，提高产品和服务质量、加强自身管理水平依然是增强企业竞争力的正理；此外，在餐饮 O2O 飞速发展的今天，餐饮企业还应适时调整商业模式和服务模式，与时俱进，以立于不败之地。

经过 2014 年“找方向”之后，餐饮业逐步进入“修炼内功，提高管理水平，常态化下可持续发展”的阶段，整个餐饮产业组织也将显现出“三小三大”的新特征，即小店面大后台、小产品大市场、小群体大众化。

（三）资本引进来、中餐走出去

随着中国餐饮市场逐渐理性回归，资本市场纷纷涉足投资。弘毅投资基金、CVC、路易威登集团旗下的私募股权基金都已在 2014 年完成对国内餐饮的投资。并且，越来越多的国际餐饮企业也开始关注中国餐饮，希望可以进一步发掘中国大陆市场。2015 年伊始，美国著名的中餐连锁企业 Panda 集团就与金鹰商贸集团有限公司达成协议，希望可以开展餐饮业务合作。Panda 集团在美国拥有包括 Panda Express（2013 年 QSR 排名第 22 位）、Panda Inn、Hibachi-San 等多个餐饮品牌。

在引入资本的同时，中国餐饮还在加速“走出去”。通过海外交流考察、赴海外投资开店、参与中餐烹饪技艺国际交流展示、参加国际烹饪技艺赛事等一系列活动，积极向世界宣传推广中华餐饮文化。另外，2015 年中餐世界申遗工作将重新启动，餐饮中国梦的实现将会更进一步。

走满足大众需求、适应市场变化、提升盈利水平的理性发展之路，就是餐饮业未来发展的“新常态”。在新常态下，预计 2015 年春节餐饮市场将迎来开门红，可以期待全年餐饮业整体规模向 3 万亿元目标迈进。

2014年度中国餐饮百强企业和餐饮五百强门店分析报告

中国烹饪协会行业发展部①

摘　要： 2014年中国餐饮业整体发展稳中向缓，经过转型突围的不断探索，中国餐饮百强企业、餐饮五百强门店呈现出整体发展稳步回暖的态势。本文将重点分析餐饮百强企业、餐饮五百强门店的发展特点、存在问题及发展趋势。

关键词： 餐饮百强企业；餐饮五百强门店；业态；发展概况；发展特点；存在问题

一、发展概况和特点

经历内外发展环境的双重洗礼后，2014年中国餐饮业形势有所缓和，作为领军代表和行业标杆，餐饮百强企业、餐饮五百强门店也一改上年的颓势，转型成效显现，突围取得初步成功。

1. 总体发展速度稳步回升

2014年全国餐饮收入27860亿元，同比增长9.7%，终止了2011年以来连续三年增速下滑的态势，限额以上餐饮收入也止跌回升。在整个餐饮市场理性发展、形势向缓的良好背景下，餐饮百强企业、餐饮五百强门店也呈现出回暖迹象。2014年，餐饮百强企业营业收入1919.0亿元，同比增长9.0%，比2013年增加了3.3个百分点，百强入围门槛水平也进一步提高。而且，餐饮五百强门店普遍小而精，总营业收入相比上年也实现了8%的增长。

餐饮百强企业中，民营企业在数量上依然超出了3/4的席位，营收规模占到了

① 主要撰稿人：宋媛媛。

百强总营收的54.3%，比重较上年持续提高，营收增速也远远高于国有企业和外资（含合资）企业。尽管国有企业、外资（含合资）企业大多数排位比较靠前，但是民营企业的发展活力和发展潜力不容小觑，其竞争力和影响力都明显增强。

2. 正餐逐步转为正增长

2014年度餐饮百强企业中，火锅企业依然保持稳定的发展势头，营业收入占百强总营收的比重比上年提高0.5个百分点，营收同比增速也保持在10%以上。快餐尽管仍是主力业态，营收占到百强总营收的四成左右，但是由于食品安全备受关注等原因，发展放缓，在所有业态中营收比重较上年滑落幅度最大，营收增长速度也是最慢的。根据政策环境和市场需求变化而不断进行调整，之前受打击较严重的正餐呈现好转态势。餐馆酒楼营收比重较2013年有所上升，营收也同比增长10%以上；宾馆餐饮虽然营业收入占百强总营收的比重仍比上年下降0.1个百分点，但营业收入已转为正增长。

团膳发展最为显眼，入围百强的企业增至11家，不仅营收占百强总营收比重提高幅度最大，而且营业收入同比增速也是最快的，高达33.2%。休闲餐饮营收占百强总营收的比重与上年基本持平，营收同比增长12.6%，仅次于团膳。西餐则发展速度减缓，营收比重较上年略有降低，营收增速也有所下滑。具体如表1所示。

表1　2014年度餐饮百强企业按业态分布情况

	百强企业个数	营业收入占百强总营业收入比重	比重比上年变动百分点	营业收入同比增速
快　餐	22	40.1%	−2.0	3.6%
火　锅	29	28.1%	0.5	10.9%、
餐馆酒楼	29	19.0%	0.4	10.9%
团　膳	11	7.3%	1.3	33.2%
西　餐	4	2.9%	−0.1	3.9%
宾馆餐饮	3	1.5%	−0.1	3.8%
休闲餐饮	2	1.1%	基本持平	12.6%

注：实行多业态经营的企业，按其主要经营业态进行归类。

2014年餐饮五百强门店中，快餐、正餐、火锅同样都是主力业态，门店数总和占据约82%的席位，其次为西餐/休闲餐饮、清真、团膳。如表2所示。

表 2　2014 年度餐饮五百强门店数量按业态分布情况

序　号	业　态	门店数量（个）
1	快　餐	150
2	正　餐	150
3	火　锅	110
4	西餐/休闲餐饮	49
5	清　真	34
6	团　膳	7
总　数		500

注：实行多业态经营的门店，按其主要经营业态进行归类。

3. 区域集中在三大直辖市

从地区分布来看，2014 年餐饮百强企业覆盖了 21 个省区。如表 3 所示，总部在上海的百强企业有 10 家，比 2013 年增加了 4 家，百强营收占比也升至 32.7%，稳居第一位。总部在重庆、北京、浙江的百强企业也都在 10 家以上，且重庆企业百强营收占比为 14.7%，相较上年大幅提高，甚至超过了北京位列第二。河北、内蒙古、四川、广东、香港等地区企业表现不俗，尽管入围百强企业比较少，像香港只有一家，但是企业总营收的百强占比却很高，跻身区域前十之列。

总体上，餐饮百强企业中，东部地区企业优势明显，其营收超过百强总营收的七成。重庆市所在的西部地区也不容小觑，企业总营收占到 22.2%。中部地区企业也拥有 3.9%的比重。

表 3　2014 年度餐饮百强企业区域分布情况

序　号	地　区	企业个数	2014 年营业收入占百强总营收的比例
1	上　海	10	32.7%
2	重　庆	15	14.7%
3	北　京	18	14.0%
4	浙　江	12	8.5%
5	河　北	3	4.0%
6	江　苏	8	4.0%
7	内蒙古	3	3.5%
8	四　川	3	3.4%
9	广　东	4	2.8%
10	香　港	1	2.3%

续表

序 号	地 区	企业个数	2014 年营业收入占百强总营收的比例
11	安 徽	4	2.1%
12	辽 宁	4	2.0%
13	山 东	3	1.9%
14	福 建	3	1.1%
15	湖 北	3	1.0%
16	江 西	1	0.4%
17	河 南	1	0.4%
18	吉 林	1	0.3%
19	陕 西	1	0.3%
20	新 疆	1	0.2%
21	黑龙江	1	0.2%

4. 产业集中度持续下降

作为竞争程度较高的行业，餐饮产业集中化程度并不高，且保持下降趋势。2014 年，餐饮百强企业营业收入仅占全国餐饮收入的 6.9%，比重较 2013 年降低 0.6 个百分点。

结合表 4 和图 1 来看，相比 2013 年，2014 年餐饮百强企业中前 10 名的营业收入仍然都超过了 30 亿元，但是在百强总营收的占比持续下跌至 45.4%。营业收入在 20 亿～30 亿元的企业有 11 家，比上年减少 4 家，相应地，11～30 名企业的营业收入在百强总营收的占比为 22.6%，有 0.4 个百分点的滑落。前 30 强就占据了百强总营收 68%的比重。营业收入在 10 亿元以下的企业数量在减少，而营业收入在 10 亿～20 亿元的企业数却比上年大幅增加 11 家，达到 31 家，成为新的中坚力量。

表 4 2014 年餐饮百强企业规模分布情况

营业收入（亿元）	企业个数（家）	比 2013 年增减（家）
>50	2	0
(30，50]	8	0
(20，30]	11	−4
(10，20]	31	11
(5，10]	39	−6
≤5	9	−1

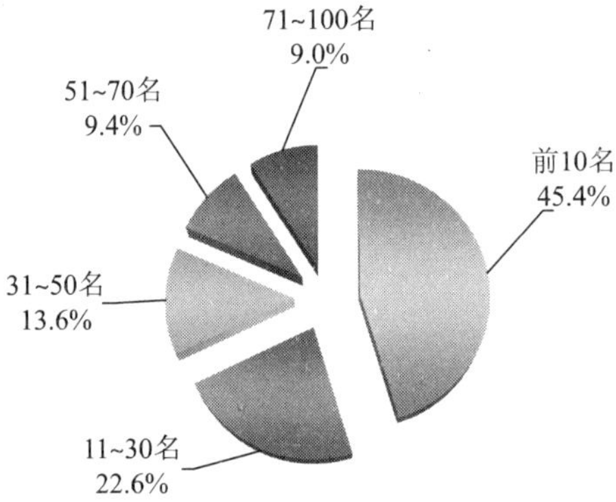

图1　2014年度餐饮百强企业营业收入集中度情况

5. 企业扩张步伐逐渐恢复

有实力入围餐饮百强的企业绝大部分都为连锁经营。如图2所示，2014年度餐饮百强企业中，连锁门店在1000家以上的大型企业有3家，100家以下的企业有31家，比2013年减少6家。而连锁门店数在100～1000家之间的百强企业数均有不同程度的增加，且超过一半集中在100～500家之间。总的来看，餐饮百强企业连锁规模程度有所扩大，连锁经营仍然是企业做大做强的利器。

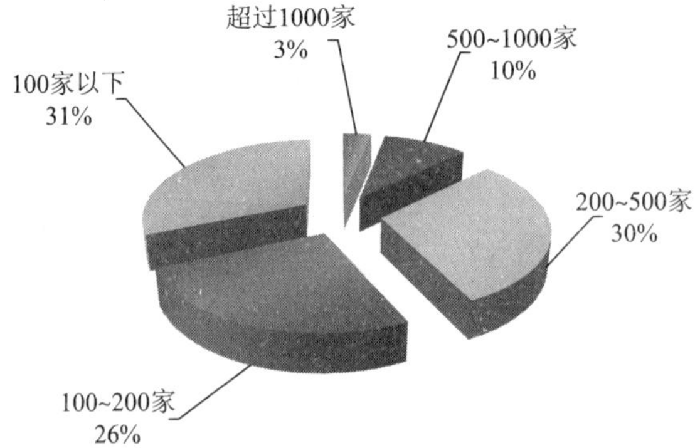

图2　2014年度餐饮百强企业门店数分布情况

在餐饮市场稳中向缓的情况下，2014年餐饮百强企业也逐步恢复扩张步伐。虽然有近25％的企业出于经营状况的考虑而关停部分门店，但是60％以上的企业新开了门店，其中以发展形势较好的火锅、餐馆酒楼、团膳等居多。而且，还有近50％的企业扩大了城市版图布局。当前仅有3家企业局限在一个城市，其余企业的连锁门店均遍布在多个城市，甚至有 69 家企业门店跨省分布，比上年增加 7 家。详见图 3。

此外，海底捞、黄记煌、眉州东坡、包天下、巴国布衣等企业还继续进行海外扩张。除美国、新加坡之外，海底捞在韩国首尔的门店也正式营业。

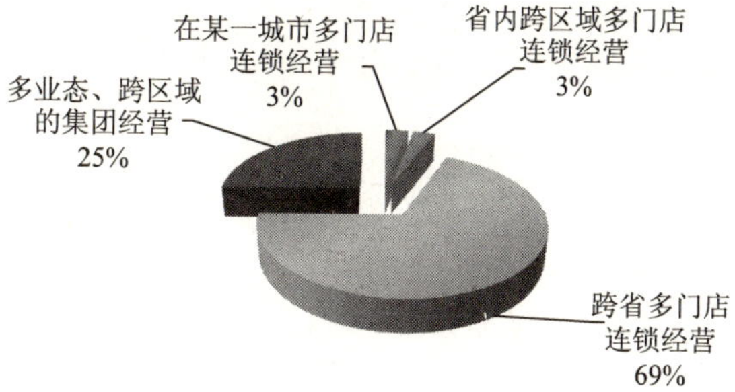

图 3　2014 年度餐饮百强企业经营区域分布情况

6. 多元化多品牌开辟市场

2014 年餐饮百强企业不断创新探索，积极尝试多元化多品牌运营，已有 25 家企业实行多业态、跨区域集团经营（参见图 3）。典型如小南国，除已有的慧公馆、南小馆、小小南国之外，还引进船屋、“彻思叔叔”西点、“米芝莲”奶茶等，当前拥有 20 多个品牌；外婆家注重满足客户群体多样性、个性化、体验式需求，相继推出炉鱼、锅小二、指福门、运动会、第二乐章、动手吧等多种品牌，并扩大布局新开门店，同时又开始尝试将品牌开进高端酒店。

二、当前存在问题

虽然 2014 年餐饮百强企业回暖迹象初显，但是其发展过程中仍存在不少问题，需要政府主管部门和全行业客观认识，加倍关注，积极克服。

1. 行业标杆增长依然乏力

尽管 2014 年餐饮百强企业总营收同比增长 9.0%，但是仍略低于全国餐饮收入 9.7%的平均增速水平，增长依然乏力。如表 5 所示，营业收入增速在 50%以上的企业有 5 家，主要是通过企业进行大规模扩张、大幅增加加盟店和承包门店的数量带来的。营业收入增速在20%～50%区间的企业数目有23家，比2013年仅增加3家，而增速在10%～20%区间的企业则减少至19家，有近1/3的企业增速都集中在0～10%这一较低的水平，并且还有20家企业营收为负增长。餐饮百强企业中，2014年异常火爆的餐饮O2O收入同比快速增长30%左右，但与全国网上零售额49.7%的高速增长还是有一定的差距。

从餐饮五百强门店来看，2014年总营收同比增长8%，但是也有1/3的门店处于负增长状态。

总的来看，作为领军代表和行业标杆的餐饮百强企业和餐饮五百强门店的增长动力仍需加强。

表5　2014年餐饮百强企业营业收入同比增长情况

2014年营业收入同比增速（%）	企业个数（家）	比2013年增减（家）
>50	5	1
(20，50]	23	3
(10，20]	19	−6
(0，10]	33	5
≤0	20	−3

2. 大多业态以加盟方式扩张

2014年度餐饮百强企业中，42%的企业采取全部直营或者承包的方式经营，而58%的企业采取直营+加盟（+承包）多种方式经营，相比2013年基本保持不变。

从表6可以看出，除餐馆酒楼、宾馆餐饮之外，其他各业态都或多或少地增加了连锁加盟门店数量，尤其是火锅、休闲餐饮，其直营店与加盟店的比例分别高达1∶3、1∶7，可以说是已把加盟作为对外扩张的重要方式。原本直营加盟比例比较稳定的快餐、西餐也小幅提高了加盟比重。出于对企业管理、利润分配、质量保障、品牌维护等多方面的考虑，餐馆酒楼、宾馆餐饮严格控制了加盟门店数量。团膳则仍是全部采取直营或承包的方式。

表 6　2014 年餐饮百强企业经营模式状况

业　　态	2014 年直营加盟比例	2013 年直营加盟比例
快　　餐	12∶5	3∶1
火　　锅	1∶3	2∶5
西　　餐	4∶9	1∶2
休闲餐饮	1∶7	5∶1
餐馆酒楼	13∶8	3∶5
宾馆餐饮	—	7∶1

注：灰色背景表示的是加盟店比重提高的业态。

3. 企业微利成为常态

2014 年，餐饮百强企业运营压力持续加大，成本费用继续攀高。包括原材料在内的营业成本、人工费用、房租费用、水电燃料等能源费用同比增幅均高于百强总营收的增幅，特别是房租费用，增速高达 33.3%，这使得其占百强总营收的比重也较 2013 年大幅上升。具体如表 7 所示。

此外，随着市场竞争愈演愈烈，产品和服务质量成为企业制胜的关键因素。2014 年百强企业在研发创新、人员培训方面的投入增速也依然保持在较高水平。

表 7　2014 年餐饮百强企业成本费用情况

成本费用		同比增长率（%）	费用增幅高于营业收入增幅的百分点	费用占营收的比重比上年变动的百分点
营业成本		15.0	5.9	0.7
人工费用		18.1	9.0	0.6
房租费用		33.3	24.2	1.1
水电燃料费用		17.0	7.9	0.1
广告宣传费用		13.7	4.6	0
管理费用	人员培训费用	20.2	11.1	0
	研发投入费用	20.0	10.9	0

在竞争加剧、成本居高不下的情况下，餐饮百强企业营业收入尽管比上年有所好转但利润微薄，这种状况可能长期持续。2014 年，有 33 家百强企业净

利润增长率在20%以上，比上年增加了4家，同时净利润增幅在0～5%这一微利水平的企业也增加了4家达到10家，且还有33家企业依然为净利润负增长，其中不乏快餐、火锅、餐馆酒楼等大众化餐饮。详见表8。

表8　2014年主要餐饮百强企业净利润分布情况

净利润增长率（%）	企业个数（家）	比2013年增减（家）
>20	33	4
(10，20]	10	0
(5，10]	5	−2
(0，5]	10	4
≤0	33	−9

4. 盈利能力不容乐观

2014年餐饮百强企业盈利能力有所增强，但仍没有完全走出困境。2014年，百强企业平均单店收入同比降低0.3%，降幅有所收窄；平均净利润率仅为4.5%，只比2013年回升0.1个百分点；总资产收益率为9.5%，也仅比上年提高0.6个百分点。总体上，2014年餐饮企业百强盈利能力依然不尽如人意。

2014年餐饮百强企业中，火锅仍是唯一一个平均单店收入、净利润率都正增长的业态。餐馆酒楼、宾馆餐饮经过调整后价格比较亲民，两者的平均单店收入都同比下降，净利润率却略升。团膳的净利润率仍是最高的，发展势头强劲。快餐、西餐的平均单店收入、净利润率都有不同程度的下滑。休闲餐饮平均单店收入同比跌幅最大。具体如表9所示。

总体来看，高端餐饮转型效果显著，总体收益有所提高，大众化餐饮依然需求旺盛。

表9　2014年餐饮百强企业各业态盈利情况

	单店收入		净利润率	
	数值（万元/店）	同比增长率	数　值	同比变动百分点
快　　餐	503.7	−1.3%	3.4%	−0.2
火　　锅	677.9	3.8%	3.9%	0.2
餐馆酒楼	1445.9	−8.5%	5.0%	0.3
团　　膳	488.4	−1.4%	8.3%	−0.6

续表

	单店收入		净利润率	
	数值（万元/店）	同比增长率	数　值	同比变动百分点
西　　餐	469.3	−1.1%	6.2%	−1.6
宾馆餐饮	11523	−11.7%	4.1%	0.8
休闲餐饮	513.5	−15.3%	0.1%	2.6
百强企业平均	618.6	−0.3%	4.5%	0.1

由于房租、人工等因素制约，2014 年餐饮五百强门店呈现出“小而精”的特点，平均单店收入要远高于餐饮百强企业平均单店收入，且总体平均单店收入、每平劳效均比上年增加，盈利状况也有一定程度的好转。相比之下，餐饮五百强门店各业态平均单店收入表现不一，正餐、团膳增速较高，不过清真、休闲餐饮状况仍堪忧。如表 10 所示。

表 10　2014 年餐饮五百强门店各业态盈利状况

	单店收入		每平劳效	
	数值（万元/店）	同比增长率	数值（万元/平方米）	同比增长率
快　　餐	1025.5	9.7%	2.1	9.7%
火　　锅	1686.0	3.5%	0.8	3.5%
正　　餐	6851.6	24.8%	0.7	24.8%
团　　膳	4690.9	30.9%	0.2	30.9%
西　　餐	1661.3	9.0%	1.4	9.0%
清　　真	2431.0	−19.2%	2.2	−19.2%
休闲餐饮	406.7	−8.7%	0.5	−8.7%
五百强门店平均	3118.6	19.1%	0.7	19.1%

注：每平劳效按总面积计算。

从上市餐饮企业经营业绩来看，如表 11 所示，2014 年，稻香、味千、呷哺呷哺、西安饮食的净利润增幅较 2013 年下降。其余 4 家增幅均比上年回升，尤其是小南国、唐宫增幅明显，小南国更是达到 100%以上。

表 11　2014 年餐饮百强中主要上市餐饮企业盈利状况

序　号	企业名称	净利润同比增长率（%）	比 2013 年变动百分点
1	稻　香	−26.6%	−16.5
2	味　千	1.4%	−74.4
3	小南国	25.1%	124.5
4	呷哺呷哺	31.9%	−8.2

续表

序号	企业名称	净利润同比增长率（%）	比2013年变动百分点
5	全聚德	14.0%	41.7
6	乡村基	5.8%	53.4
7	唐　宫	41.7%	74.5
8	西安饮食	−25.2%	−18.3

5. 企业用工需求走低

2014年餐饮百强企业用工需求持续疲软，对餐饮业吸纳就业的传统优势产生了不利影响。2014年，26家餐饮百强企业员工人数同比减少，其中涉及火锅企业11家，占比最大，其次为快餐和餐馆酒楼，部分快餐企业员工减少比率在40%以上。

2014年餐饮五百强门店中，有近17%的门店员工合同签约率不能达到100%，这也反映出用工众多的连锁企业人工成本中的保险缴费是重大压力之一，需要从政策及操作层面进一步探讨深化用工改革。

进入2015年，全国餐饮市场持续回暖，一季度全国餐饮收入同比增长11.3%。餐饮百强企业和餐饮五百强门店在经济新常态下，坚持以市场消费为驱动谋求转型发展，提高企业管理水平，有望全年继续保持2014年的良好发展势头，同时发挥好餐饮业龙头和典范的带头作用，引领整个行业向3万亿新阶段迈进，努力为中国餐饮业“十二五”完美收官。

2014年餐饮消费调查报告

中国烹饪协会行业发展部①

摘　要：在当前新的经济发展形势和消费形势下，继2013年后，2014年中国烹饪协会联合中国网又开展了一次全国性的餐饮消费调查。本次调查研究餐饮消费趋势和餐饮消费者需求的新特点，掌握消费者的餐饮消费偏好、消费习惯、消费方式等需求的新变化、新动态，实现整个行业发展与消费者满意度同步提升，推动餐饮业转型和可持续健康发展。

关键词：餐饮消费；餐饮需求；餐饮供给；消费者

为了提高餐饮行业的整体服务水平，从行业层面研究餐饮消费发展趋势，了解消费者的餐饮消费偏好、消费习惯、消费方式等需求的新变化、新动态，准确掌握当前餐饮消费特点和未来发展趋势，为餐饮企业的定位、营销、调整提供有益参考和启发，实现行业发展与消费者满意同步提升，推动餐饮行业转型和可持续健康发展，继成功发布2013年度餐饮消费调查之后，日前中国烹饪协会首次联合中央重点新闻网站——中国网，于2014年12月1日至15日开展了“2014年度餐饮业消费调查活动”，充分发挥了双方官网和微信平台的优势，得到广大消费者的积极响应，共收集有效问卷41171份，问卷有效率为95.3%，为中国烹饪协会有史以来规模最大的一次问卷调查活动。在此坚实的调研基础上，调查结果分析如下。

一、受访对象：男性居多，以大众工薪阶层为主

本次调查的受访对象（详情见下表），以18～50岁的男性群体居多，不同于以往生活类调查均以女性群体为主的局面，充分体现了餐饮消费需求的普及

① 主要撰稿人：尉麒珺。

性。受访对象的收入水平以 3000～8000 元的工薪阶层为主；地域分布不再局限于一、二线城市（直辖市和省会城市），三、四线城市、乡镇也都覆盖到；教育程度各种类别也均有涉及。这些都确实保证了本次餐饮消费调查的真实有效性和大众代表性。

表 1　餐饮消费调查受访者基本情况

类　别	项　　目	百分比
性　别	男	62.9%
	女	37.1%
目前所在城市	直辖市	31.8%
	省会城市	25.3%
	其他城市	27.3%
	县城或乡镇	15.6%
年龄段	18 岁以下	1.9%
	18～30 岁	31.9%
	30～50 岁	44.2%
	50 岁以上	21.9%
教育程度	初中及以下	5.2%
	高中/中专/技校	15%
	大学专科	22.7%
	大学本科	46%
	硕士及以上	11%
月收入	3000 元以下	16.9%
	3000～5000 元	40.2%
	5000～8000 元	24.7%
	8000～12000 元	9.1%
	12000 元以上	9.1%

二、餐饮消费特点

（一）食品安全成为关注焦点，大众需求成为消费主流

1. 餐饮消费需求旺盛

餐饮消费一直是老百姓的刚性需求，特别是在年轻消费者中广受欢迎。问卷显示，除工作餐外，61.1%的受访者每周在外就餐超过一次，其中频繁消费、每周四次以上的占到了 10.1%，且 3.9%每天都在外就餐，具体见图 1。年轻人每周在外就餐的比重则更高，18～30 岁的人群当中，有 85.6%每周一次以上在外用餐，

其中 23.3%每周在外用餐四次以上，而 6.5%几乎天天都在外用餐。

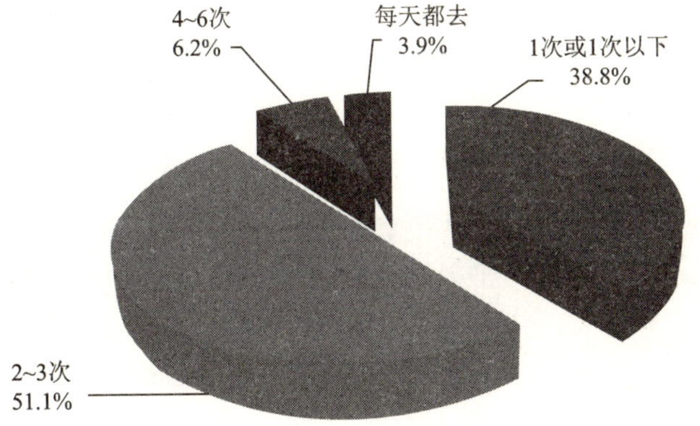

图 1　除工作餐外消费者每周外出就餐的频次

2. 食品安全备受瞩目

在餐厅的选择上，消费者最看重的五大因素依次为：风味特色、安全卫生、就餐环境、价格水平和口碑评价（图 2）。与 2013 年调查结果略有不同的是，“安全卫生”由第五位直接上升到第二大因素，选择比重是前次调查的三倍，从 10.3%大幅攀升至 31.2%，“福喜”事件披露所产生的巨大影响，在此次消费调查中得到了非常直观的显现；而消费者对价格的敏感程度也超过前次，更在意价格水平的比重从 5.2%上升至 13.5%，并跻身五大因素之列，这也从一个侧面反映了人民群众对大众化餐饮的强烈需求，为餐饮行业今后的发展提供了方向。

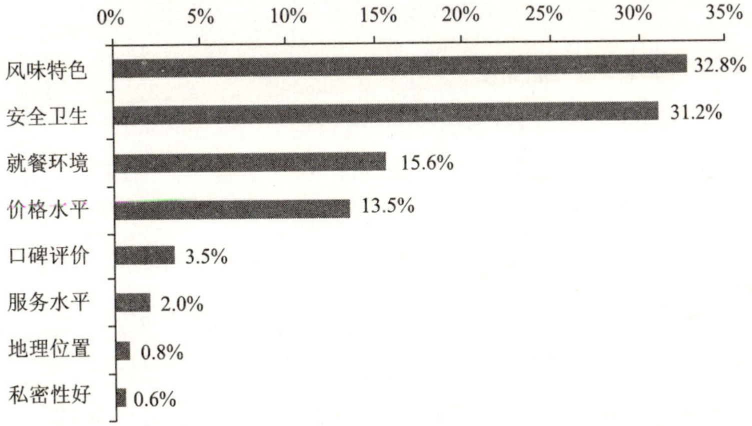

图 2　消费者选择餐厅所关注的因素

3. 川菜仍然最受欢迎

在风味选择上，如图3所示，传统菜系中最受欢迎的依次为川菜、粤菜和鲁菜。川菜依然傲视群雄，遥遥领先，以往作为高端餐饮主力的粤菜大众喜爱程度有所上升，也从一方面说明高端餐饮的亲民举措取得了一定的成效。火锅、东北菜和烧烤位列特色饮食的前三名，基本延续了前次的调查结果。日韩料理在海外美食中一枝独秀，打破了之前与西式正餐分庭抗礼的均势。

从消费人群来看，工薪阶层群体（3000～8000元）最喜欢川菜、火锅和东北菜这类大众化餐饮，烧烤的地位相较以往略有滑落，可能与人们越来越注重饮食健康有一定关系。而高收入人群对粤菜、日韩料理以及创意菜的比重明显高于工薪阶层。

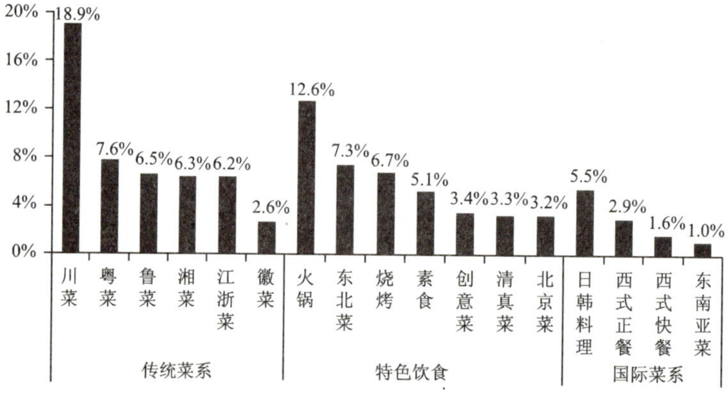

图3 消费者外出就餐时比较喜欢的饮食风味

4. 大众消费需求日益高涨

本次调查结果再次充分印证了大众化餐饮展现出市场需求强劲的生命力。私人社交需求仍然是餐饮消费的最大诉求，除工作餐外，受访者外出就餐为了朋友聚餐、家庭聚会和情侣约会的比例分别为61.2%、16.2%和4.5%，合计超过80%；商务活动的比例则明显减少，由前次调查的11%大跌至6.5%（图4），反映出中央八项规定、遏制公款消费的成果得到进一步巩固。值得一提的是，因为不想也没时间做饭而选择在外就餐的人群比重，由5.7%上升至8.4%，增幅接近五成，反映出随着经济的发展、生活质量的提高、生活节奏的加快，大众餐饮消费的需求日益高涨，广大餐饮企业应该牢牢抓住这一发展的重要契机，推动餐饮行业可持续健康发展，与人民群众餐饮消费需求基本相适应，尽早达到商务部提出的大众化餐饮发展目标。

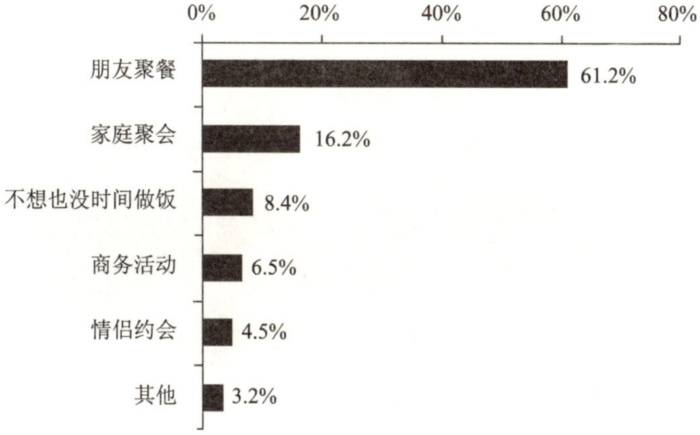

图 4　除工作餐外消费者外出就餐的原因

（二）餐饮消费体验与时俱进，人性化个性化大有可为

随着人们生活水平的提高，消费者可选择的餐饮消费五花八门，餐饮市场竞争日趋白热化。餐饮企业要想在激烈竞争当中脱颖而出，提供贴心的人性化服务、满足消费者的个性化需求、提升消费者的消费愉悦度是一门必修课。

餐厅门口排起长队，对商家来说自然喜上眉梢，然而如果商家处理不当，消费者在就餐之前可能就开始了不愉快的消费体验。根据调查，受访者对于排队并没有什么耐心，美食当前愿意长时间候餐的比重只有 22.1%，除非马上能排到否则直接换餐厅的比重却是其两倍，达到 44%，还有 33.8%的受访者会选择领号之后看看附近有无其他餐厅选择，顾客流失的风险较高。在愿意排队的受访者当中，只有 5.8%的执着食客会抵挡不住美食诱惑愿意长时间排队等待，而选择 10 分钟以内和 10～20 分钟的受访者分别占到 39.0%和 41.6%，具体如图 5 所示。可见，这对餐饮企业管理水平提出了较高的要求。

对于餐厅来说，消费者是用脚投票的，如何在 10 分钟左右的时间内紧紧抓住这 33.8%“左右摇摆”派消费者的心非常关键，一方面为自己保留了源源不断的客人，另一方面门口的长队是餐厅宣传最佳的活广告。现在已有不少餐厅开始注重人性化服务，比如等候区的休息座椅、茶饮零食以及依赖程度越来越高的 WIFI 等吸引举措，减少排队等候食客的不满与焦虑。反过来说，如果只是依葫芦画瓢大搞“饥饿营销”，很容易“聪明反被聪明误”、搬起石头砸

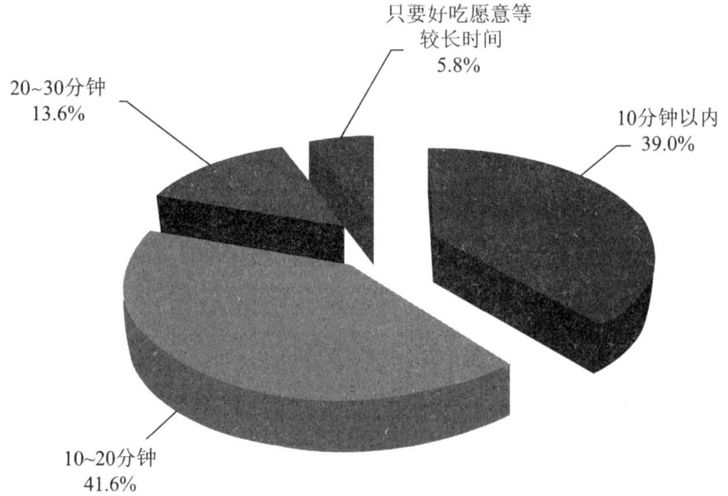

图5　消费者可接受的排队候餐时间状况

自己的脚。2015年伊始，在杭州，万千等待的某名人餐厅终于姗姗来迟，开业首日正常用餐时间还未到门口就汇聚了超过百人的粉丝在寒风中候餐，现场还曾一度失控，却并未得到餐厅安抚，不少慕名而来的食客表示客户体验非常糟糕，败兴而归。

目前，外婆家等一些时尚餐厅为了缩短食客候餐的时间，专门开辟出“拼桌区”，不仅节省空间，也能在节奏快速化的社会中对人与人之间关系的拉近起到一定的促进作用。一些年轻人还认为拼桌可以结识到新朋友。这也在此次调查中得到印证，虽然有53.8%的受访者认为用餐需要私人空间而不愿意拼桌，但也有41.0%的受访者表示“愿意拼桌，没准还能交到‘食’同道合朋友”。两派的差距并不明显，而选择“愿意拼桌”的人群中超过7成是在18～30岁的年龄段。这对餐厅来说大有可为。

对于餐厅来说，成功地把门口等位的消费者留住只是第一次考验，而消费者走进餐厅落座等候上菜便是第二轮考验。调查显示（图6），仅有9.1%的受访者能够容忍点餐后上菜速度在20～30分钟之间，64.2%的人都要求在10～20分钟之间，24.1%的人甚至要求在10分钟以内。现在已经有不少餐饮企业注意到这一问题，有的餐厅会在顾客点餐后即在桌上摆上沙漏，承诺限时上齐所有菜品，还有餐厅承诺如果在规定时间内没有上齐就会给顾客一定的优惠折扣。这既提升了消费者就餐的消费体验，也能促进餐饮企业提高自身管理水平。

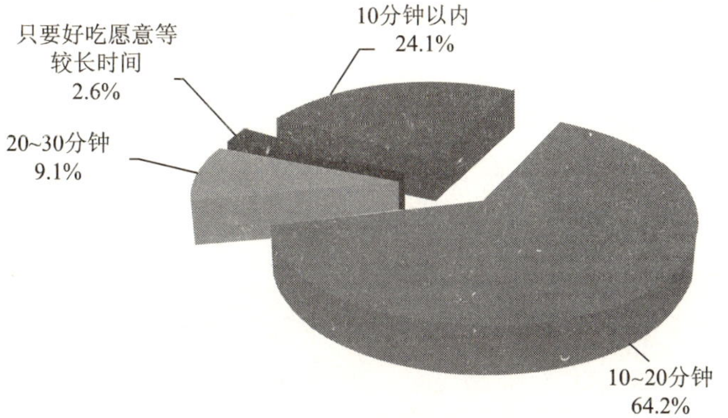

图 6　消费者可接受的上菜速度

（三）餐饮消费信息化成效初显，广泛普及需进一步深耕

1. 口耳相传成获取就餐信息首选，微博微信平台影响力增强

随着互联网信息化越来越深入渗透到人们的日常生活当中，餐饮消费方式和习惯也正在发生重大变化。报纸、电视、广播等传统媒体的宣传作用不断减弱，受访者的选择比重较前次调查下跌了近一倍。相对地，第三方点评类网站已成为消费者获取就餐信息的重要途径，在 2013 年调查中一跃成为消费者选择的最普遍方式，但在本次调查中退居其次，被经由他人介绍、口耳相传超过，如图 7 所示。这说明消费者面对一波一波的宣传攻势逐渐回归理性，利用网站进行噱头营销不如口耳相传经得起推敲，提高产品和服务质量仍然是提升企业竞争力的正理。

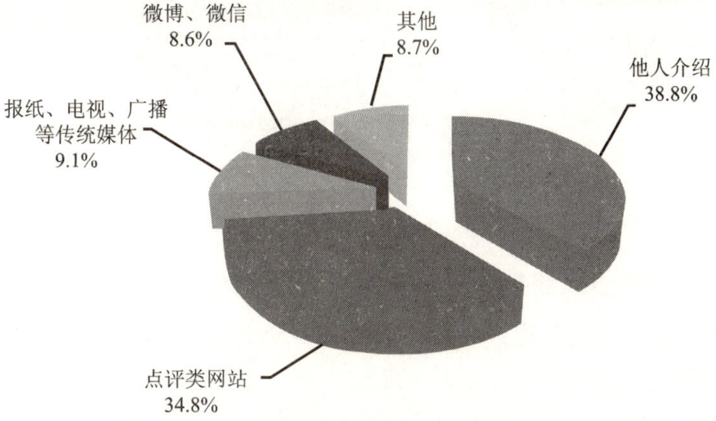

图 7　消费者获取餐厅信息的一般途径

经过进一步研究发现，依靠点评类网站做出就餐选择的人群当中，50 岁以下、月收入 5000～8000 元的青壮年人群依然是主力军，这一点与前次调查情况基本一致。而使用此方式的女性消费者比例也要高于男性。

此外，微博和微信平台对消费者做出餐饮消费选择的影响也明显加强，从前次的 5.7%升至 8.6%。

当前越来越多的餐饮企业纷纷建立了自己的微博、微信公众号，通过“扫一扫”关注后就提供优惠等方式在消费者的移动互联中扎根，并通过推送优惠打折、新菜发布等信息“刷存在感”。但结果却不尽理想。调查发现，受访者中经常关注餐厅微博、微信的比例只有 8.7%，而偶尔关注的占到 31.9%，很少关注的则接近六成。从关注后的效果来看（图 8），由于多是被动关注，对餐饮企业微博或微信信息并不感冒的受访者达到 43.4%；因为优惠活动有吸引力而继续关注的占 43.5%；而侧重于菜品更新急于尝鲜的比重只占 13.1%。

消费者对价格非常敏感，加大宣传、薄利多销恐怕仍是当前餐饮企业立足市场的首选战略。微博和微信平台相对其他媒介来说运营成本几乎为零，如果能利用好这一最为经济的推广平台，餐饮企业将会受益良多。

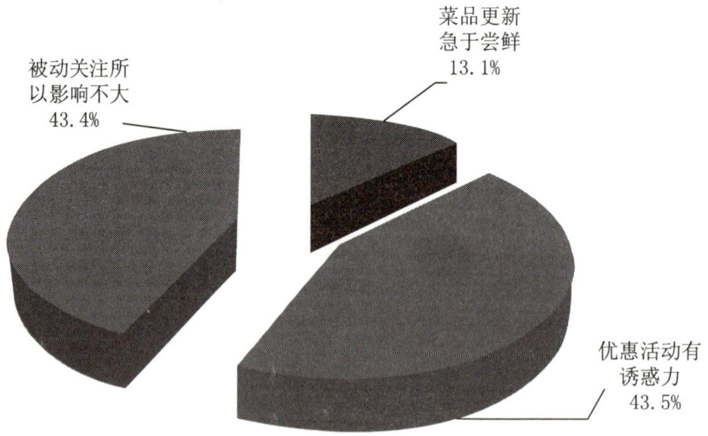

图 8　餐饮企业微信、微博发布信息对消费者就餐选择的影响

2. 企业 APP 普及程度依然不理想，新消费习惯养成仍需时间

2014 年，电子商务服务延续了高速发展的态势，O2O（线上到线下）这种新兴的营销模式在餐饮行业内也风起云涌，不少餐饮企业也顺势推出 APP 客户端服务，定位搜索、预订餐位、点餐、支付、点评等智能服务一应俱全。

但是实际效果却不尽如人意。根据调查，消费者的普及使用情况并不理想，甚至不如 2013 年调查结果。如图 9 所示，受访者中经常使用企业 APP 客户端的只有 12.1%，偶尔使用的也只有 32.2%，下载但没用过的达到了 35.4%，而 20.3%则根本没听说过。一些 APP 移动端由于使用率很低便逐渐不被企业所重视，从而陷入疏于日常维护和更新，导致消费者使用率进一步降低这样一种恶性循环。餐饮信息化发展潜力巨大，但是改变传统的消费习惯还需要一个过程，众多功能的综合运用需要市场的积极引导和企业的耐心培育。

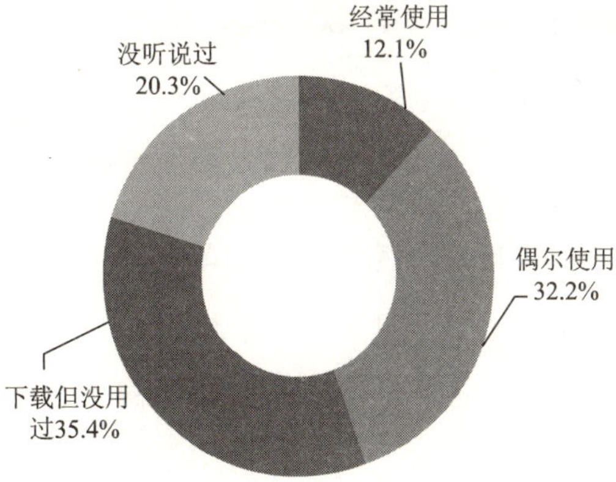

图 9　餐饮企业手机 APP 客户端的使用情况

3. 电话预订仍是首选但比例下降，信息化应用逐渐深入全面

一些热门餐厅由于人气很旺，所以若无预订经常需要排队等候。为了节省时间或选择一个相对较好的用餐位置，消费者逐渐习惯于提前预订。调查显示(图 10)，传统的电话预订方式延续了众多预订方式当中首选的地位，比例超过半数达到 52.8%，但是相比前次调查的 59.2%略有下降。越来越多的第三方网络平台和企业 APP 都具备预订、点餐和支付的综合功能，可以为消费者提供一站式服务。31%的受访者选择通过第三方网络平台预订，5%选择使用企业 APP 客户端进行预订，两项数据相比前次都有所下降。但是，通过第三方网络平台预订并点餐、点餐并提前支付的比例都有所上升，分别从前次的 23.6%上升至 27.3%，从 15.5%上升至 21.6%。可见，消费者对餐饮信息化的应用不再只集中于预订，正逐渐向点餐、支付等综合功能应用深入扩展。

通过团购提前支付，使用大众点评等第三方网络平台推出的团购支持过期自动退款、随时退等人性化服务，不仅给予消费者极大的便利，同时也帮助餐厅能够提前预知每日客流情况，从而做出较为合理的经营安排，进一步提高企业经营管理水平。

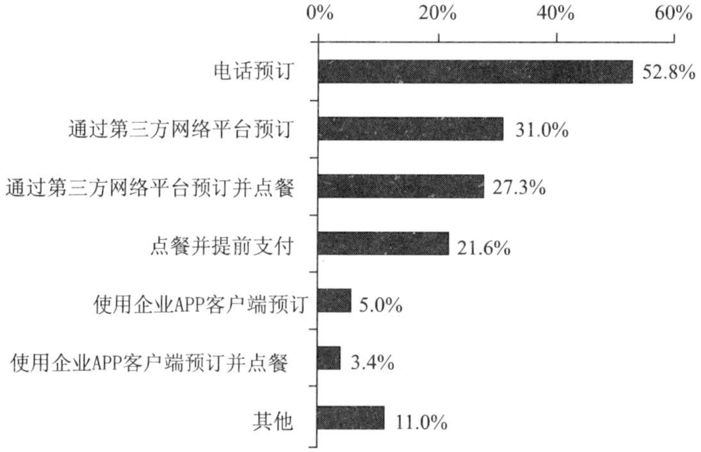

图 10　消费者确定餐厅后的通常做法

4. 餐饮消费互联网支付比重提高，现金支付仍是主要支付手段

仅从支付环节来看，大部分消费者还是习惯性选择用现金或者刷卡支付，受访者选择比例分别为 39.3％和 33.1％，和前次调查相比变化不大，但第三方网络平台预付的比例则提高至 18.7％（图 11）。大概有以下三个原因：

一是当前以大众化餐饮为主体的餐饮业银行刷卡费率仍然较高，在现场结账时许多餐饮企业想方设法避免刷卡而采取现金结算的方式。

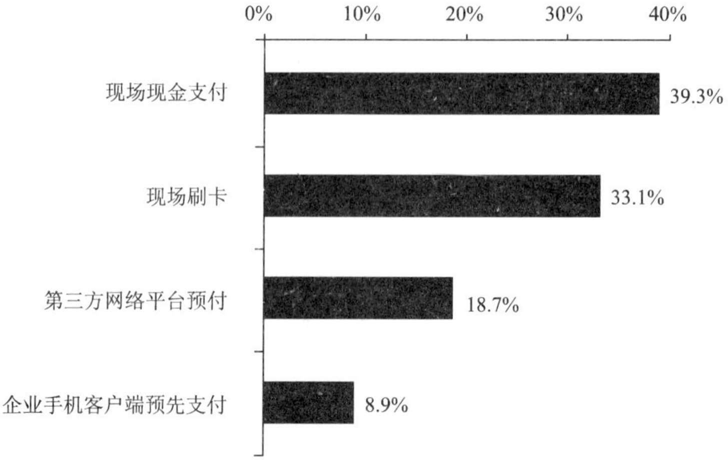

图 11　消费者在餐饮消费时的支付方式

二是正如前文提到的第三方网络平台的服务日趋完善，应用日益深入，极大地方便了消费者提前通过网络支付参与团购等活动，提高了消费者的使用意愿。

三是支付宝钱包、微信钱包等电子支付方式功能日趋强大，据了解已有一些餐厅主动鼓励消费者采取这些电子方式付款结账，在年轻一代中深受欢迎。

5. 年轻人更喜欢分享就餐感受，优缺点都会被互联网迅速放大

餐饮消费日益凸显出“体验型经济”这一服务行业的特质。2015 年餐饮业正向 3 万亿元收入目标迈进，竞争着力点将向质量、企业口碑和特色经营转变，市场评价将由产品价值最大化向体验经济价值最大化过渡，也就是消费者的感受越来越重要，消费者的感受将决定市场的走向。

调查显示，经常在网络或朋友圈分享餐饮消费体验、发表评论的受访者占到 26.7％，偶尔进行分享的也达到 39.3％，具体如图 12 所示。也就是说，超过半数的人会将印象深刻的餐饮消费体验挂到网上与他人进行分享。

同时，发生消费争议后（图 13），44.2％的受访者会向餐厅投诉，41.4％会提醒亲朋好友注意，28.1％会发微博、微信披露，还有 27.1％会在点评网站上给予差评。而向消费者协会及有关部门投诉的比例则从前次调查位居次席的 44.8％降至 12.7％。

由此可见，消费者越来越倾向于利用互联网这一最为直观、最为迅速的途径为自己维权。这种情况下，企业产品和服务的优点和缺点都会被迅速放大。现在，微信朋友圈不仅可以发布照片还能发布小视频，这对产品和服务出色的餐饮企业来说又多了一个生动的免费宣传途径，相对地，对于产品服务不尽如人意的餐饮企业来讲则是不幸成为被网友集体吐槽、口水淹没的反面典型。前不久被媒体曝光剩菜回收的某火锅企业，就是一个典型例子。在当前这个适者生存、实现弯道超车还是被淘汰出局的洗牌期，餐饮企业应在追逐“盈利”的同时，找回“服务”这一餐饮行业的本质，不断提高管理服务水平，减少和避免消费争议，与此同时加强公关和危机处理能力，有效解决消费者争议，将不利影响降到最低。

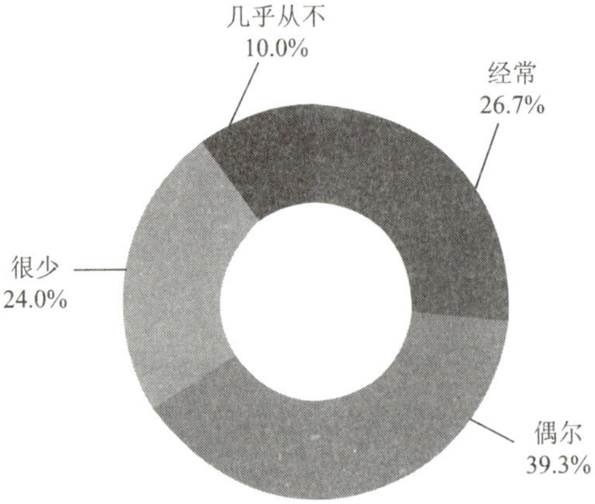

图 12　消费者网上分享餐饮消费体验的情况

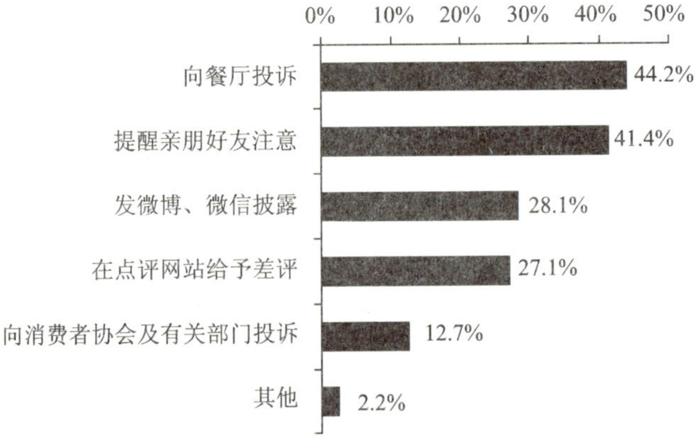

图 13　消费者处理消费争议的方式

（四）餐饮带动休闲经济发展，外卖外送业务前景广阔

如今越来越多的知名餐饮企业把新店开进了购物中心这样的商业综合体当中。以前，商业综合体中购物、餐饮、娱乐的比例通常为 7∶2∶1，如今已普遍形成了 5∶3∶2 的格局，有的新开商业综合体餐饮所占比重更是升到40%～50%，餐饮已成为商业综合体名副其实的“主打牌”。除去奢侈品销售，相比价格优势明显的在线网购，商业综合体内的实体商家越来越依靠“综合体”内的整体环境优势、而非自身品牌价值来吸引消费者。本次调查发现，超过四成的受访者在购物、娱乐时决定就近用餐，事先决定好用餐的餐厅、而顺道购物逛街和娱乐的只有 24.7%，还有 31.7%的受访者对此抱以五五开的态度。这

一结果呈现出休闲娱乐已逐渐一体化的趋势。之前，消费者以购物为第一目的，购物间歇进行餐饮消费，因此最初活跃在商业综合体内的餐饮成分以美食广场为主。现如今越来越多的消费者把到商业综合体用餐、看电影等餐饮娱乐消费作为第一目的，而在电影与就餐的间歇甚至排队候餐的间歇去购物。对于餐饮企业来说，“傍”住商业综合体的“借光”战略也日益成为其选址的优先选择。

在现代社会生活中，市场需求逐渐催生外卖外送业务不断发展起来。目前仍有很大一部分消费者很少使用外卖送餐服务，占到 64.2%，经常点外卖外送的消费者也不是很多，频率在每周一次以上的也只有 15.7%（图 14）。外卖订餐的主要客户群体还是以高校学生和写字楼白领为主，很多群体亟须餐饮企业去开发，比如社区中腿脚不便的老年人在客观上就非常需要。

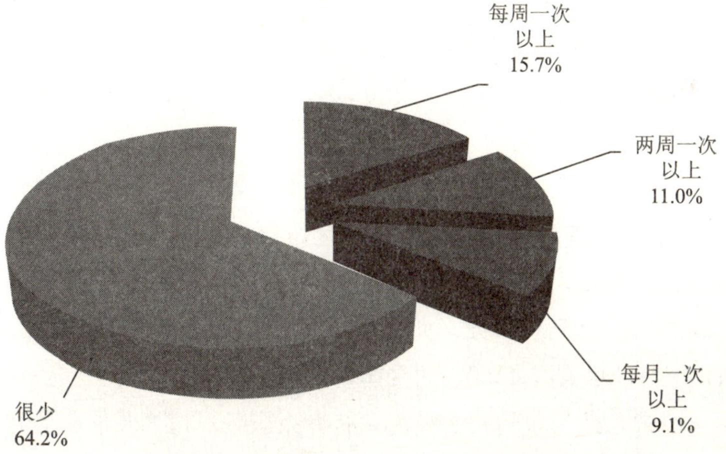

图 14　消费者使用外卖送餐服务的消费频次

据中国电子商务研究中心监测数据显示，2014 年中国餐饮行业 O2O 在线用户规模接近 2 亿，超过中国网民比例的 1/3，O2O 市场规模达到 943.7 亿，比 2013 年大幅增长 51.5%。在 O2O 市场飞速增长的背景下，网络外卖订餐将是一个前景极其广阔的巨大市场，需要广大餐饮企业去挖掘和培育。在外卖送餐的配送方式上，餐厅自配送方式得到了消费者的更多认同，一半以上的受访者都选择此方式（图 15）。可见，第三方专业外卖送餐网站的知名度和接受度都有待提高。而且，出于食品安全保障的考虑，消费者认为餐厅自配送更安全放心，即使出现问题也更方便追责。

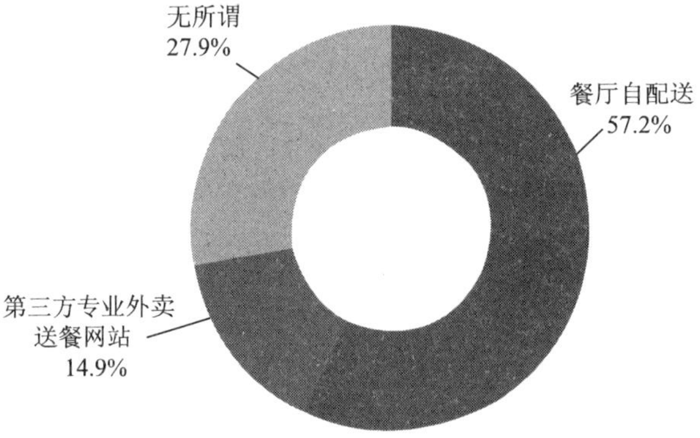

图 15　消费者优先选择的外卖送餐服务方式

（五）消费争议需要彼此体谅，厉行节约观念深入人心

2014 年 11 月 1 日起，商务部和国家发改委联合发布的《餐饮业经营管理办法（试行）》正式实施，明文规定禁止餐饮经营者设置最低消费。很多餐饮企业通过收取服务费、包厢套餐费等方式加以应对，勉力维持日常经营，但仍然引起了不小的社会争议。

消费者对餐饮企业的做法也看法不一。对于就餐时是否能够自带酒水（图 16），56.8%的受访者认为餐厅应无条件允许自带酒水；27.7%认为自带酒水可加收适当服务费用，但需提前说明；还有 15.5%可以接受餐厅对自带酒水不收费的同时不提供配套服务（如提供杯具、开瓶及倒酒服务等）。而对于包间消费（图 17），尽管有 40.2%的受访者认为餐厅应无条件免收包间费，也有 51.2%表示谅解，认为包间档次较高并有专人服务可适当收取服务费，但需提前说明。另有 8.4%抱以无所谓的态度。可见，大多消费者对于餐饮企业提供的服务是认可和尊重的，对于餐饮企业的勉力经营是理解和体谅的。餐饮企业也应以更好的菜品和更优质的服务来回馈消费者。

而媒体关注的另一个热点问题——用餐后是否开具发票，消费者对这方面的意识还比较薄弱，对开不开发票无所谓和一般不会要求开具发票的受访者分别占 23.4%、18.7%，总计达四成以上。还有 33.1%的受访者如果店方说不开发票可换饮料等优惠就选择不开。只有 24.7%的受访者会坚持开具发票，若店方声称不能开发票还会据理力争。餐饮企业财务透明化、规范化是不可逆转的发展趋势，餐饮业开展“营改增”也是大势所趋、指日可待，对此餐饮企

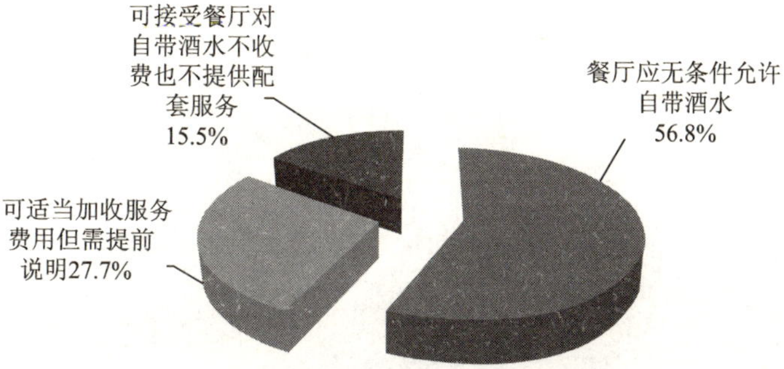

图 16　消费者对餐厅用餐时自带酒水的看法

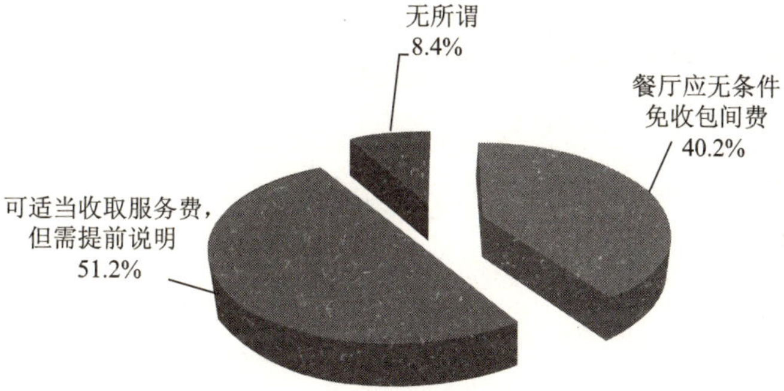

图 17　消费者对餐厅包间消费收取服务费用的看法

业应有清醒的认识。只有顺应发展潮流，积极拓展服务领域，转变服务方式，巩固已有细分市场，着力提高盈利能力，企业才能脱颖而出，立于不败之地。

在中央发出厉行勤俭节约、反对铺张浪费的号召后，全国各地采取各种措施全面出击，厉行节约观念已经逐渐深入人心。据调查（图 18），按照用餐人数（N）来计算，通常会点 N+2 道和 N+1 道菜（主要计算热菜）的受访者占了大多数，比重分别为 32.5%和 28.0%，而点 N+3 道以上菜的受访者比例只有 12.3%。而且，不管餐厅服务人员是否提醒，42.9%的受访者经常会将没吃完的饭菜打包，45.5%有时会打包，而没有打包习惯的受访者只占不到一成。

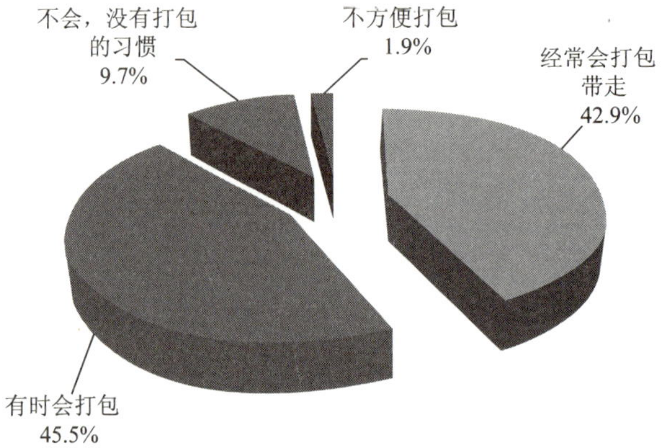

图 18　消费者在外就餐后剩菜打包情况

宏 观 篇

当前中国宏观经济形势解读

姚景源[①]

摘　要：本文结合中国经济发展已取得的三个重要成就，从把握阶段性特征，深刻理解“三期叠加”两部分来解读中国当前经济。“三期叠加”既给我们带来挑战，也是中国经济走到新常态的历史机遇。

关键词：宏观经济；三期叠加；增长速度

2014年以来，中国经济面临着比较大的下行压力：一季度，全国规模以上工业增长速度同比回落1.3个百分点；同样是一季度，全国固定资产投资同比回落3.3个百分点；中国经济所依赖的出口方面形势严峻，2013年我国出口增长18.4%，而2014年同期的数据下降到了－3.4，同期相比下降了21.8个百分点，对整个国民经济造成了撞击；此外，之前人民币是连续10年升值，对美元的汇率从8.28升值到6块多，仅2013年就累计升值3.1%，但是2014年全年人民币贬值2.42%。

在这种状况下，中国经济未来是什么状态？如何来把握中国经济？本文将结合中国经济发展已取得的三个重要成就，从把握阶段性特征、深刻理解“三期叠加”两部分来解读中国当前经济。

一、取得的三个重要成就

2014年，尽管中国经济下行压力较大、国内外局面错综复杂，但是还是要看到我们取得的三个重要成就。

① 姚景源：国家统计局原总经济师、国务院参事室特约研究员、中国烹饪协会专家指导委员会指导专家。

（一）国民经济保持较快的增长速度

第一个重要成就是 2014 年中国经济全年增长率为 7.4%，基本完成了目标。根据“新常态”政策，中国今后必须保持该水平的增长率。一方面，这个增长速度在预期范围之内，年初确定的 2014 年中国经济增长目标是 7.5%左右，7.4%就是在预期的区间。另一方面，大家要把中国的增长速度放在世界经济中去进行比较：俄罗斯目前的经济下降 1.8%，巴西经济增长小于 1%；印度高一些，为 5.5%左右；而日本经济上年四季度大幅下行；欧盟在 1%上下；美国的情况好一些，2014 年增长了 2.4%。可以看到，中国的经济发展速度在世界中还是较快的速度。

（二）物价基本稳定

第二个重要成就是物价基本稳定。近年来，通货膨胀、物价上涨是社会经济发展的矛盾之一。根据多年的工作经验，温家宝总理认为有两件事情可以动摇党的执政基础：一个是腐败，一个就是通货膨胀。这样大家就好理解，为什么党中央、国务院始终把稳物价作为宏观调控的重要目标。2014 年年初设定的目标是将物价上涨控制在 3.5%以内，实际上 CPI 全年上涨 2.0%，从这个角度来说，稳物价已经取得了重要成就，社会民众对于物价上涨的不满情绪也得到了有效缓解。

（三）就业取得良好成效

第三个重要成就是就业取得了良好成效。2014 年，中国的就业压力是很大的：2014 年大学毕业生有 727 万，中专毕业生有 400 万，部队转业到地方的，越来越多的“海归”，还有各类升学失败要参加工作的。要想满足基本就业需求，必须得做到新增就业超过 1000 万。

就业是民生之本。以 2014 年的经济形势，能不能实现新增就业 1000 万？现在回过头来看，截止到 2014 年 6 月 30 日，全国实现新增就业 737 万；到 9 月底，已经实现 1082 万，提前实现了全年的计划目标。

二、把握阶段性特征，深刻理解“三期叠加”

在看到成就的同时，也要注意存在的问题。现在中国经济面临的问题是下行压力仍然很大，深层次的矛盾、问题不容忽视。习近平总书记提到“中国经济还是处在重要的发展机遇期，现在的重要任务是把握中国经济发展的阶段性特征，适应新常态”，这很重要。只有把握住了中国经济发展的阶段性特征，我们才能制定出正确的发展战略。目前，中国经济突出的阶段性特征——“三期叠加”。“三期”就是增长速度换挡期、结构调整阵痛期和以往经济刺激政策的消化期。难点在于在这三期同时出现，而且作用叠加，中国经济面临的问题就更加复杂。

（一）增长速度换挡期

过去 35 年，中国经济的平均增长速度是 9.8%，接近两位数的增长。把时间退回到 1978 年，那个时候中国还没有摆脱贫困，还没有从根本上解决温饱。1978 年，中国全国城市的人均年收入 343 元，农民的年收入只有 133 元。正是因为这 30 多年来保持了高速增长，才造就了中国经济如今的规模。但是，中国经济发展到现在必然会进入换挡期。

1. 客观经济规律要求换挡

从经济学规律来讲，任何一个国家也不可能长时间保持高速增长，包括日本和亚洲四小龙，这是客观经济规律。李克强总理讲道“经济发展是一个可持续的长跑过程”。过去 30 多年，中国是用短跑的速度跑了 30 多年的长跑，这已是奇迹。现在进入换挡期，这也是客观经济规律的要求。

2. 面对的新形势要求换挡

面对的新情况、新问题和深层次的矛盾也要求换挡。中国经济过去 30 多年的高速发展，主要是依靠两个红利。

改革红利。在农村实行家庭联产承包责任制，在城市实行市场经济，改革解放了生产力，强有力的支撑了中国经济的发展。改革了 30 多年后，改革现在到了什么状态呢？习近平总书记说“现在的改革到了深水区，到了攻坚阶段”。过去的改革问题有一个名言——“摸着石头过河”。改革已进入不能仅仅依靠摸着石头过河的深水区，同时也是攻坚阶段，需要加强顶层设计。习近平总书记讲道：“在改革问题上，好吃的肉、容易吃的肉已经被我们吃光吃尽了，改革面对的都是难啃的硬骨头”。按照十八届三中全会的要求，要把改革作为中国经济可持续增长的根本途径，要为改革创造一个良好的空间和环境。显然，增长速度换挡就是为改革创造良好的空间和环境的需要。

人口红利。从20世纪70、80年代开始，全中国有几亿没工作，不怕苦，不怕累，想干活，想就业的青年劳动力，这些年轻人就形成了人口红利，支撑了中国经济过去30多年的高速增长。但是，近阶段，中国的劳动年龄人口每年都以200万、300万的绝对量在不断减少：2014年中国的劳动年龄人口净减少289万，2013年净减少233万——人口红利消失了，劳动力价格以每年15％～20％的速度急剧上涨。当前，企业一方面面临着劳动力价格的急剧上涨，另一方面又是需求不足，产能过剩。显然，实体经济非常之难。

举例说明，全国农民工平均工资在2010年是1960元/月，2014年则达到2864元/月。劳动力工资上涨是好事，因为经济工作的目的就是改善民生，是增加城乡居民收入。但是，如果劳动力价格的上涨是由于劳动力素质的提高，进而劳动生产率提高，增加了创造的财富，这个上涨是良性的；如果仅仅是由于人口红利消失，供求关系紧张导致的劳动力价格上涨，这就会直接形成企业的生产成本上升。

仔细分析当前的出口形势，并不是所有行业的出口都在下降，下降最多的是劳动密集型的产品——纺织、服装、箱包、玩具、家具、鞋和塑料制品等七大劳动密集型出口产品。2013年一季度，七大劳动密集型产品的出口增速为22.2％，而2014年一季度是0.2％。造成这样巨大的差距的最主要原因就是，中国的廉价劳动力优势已经不存在了。如越南、柬埔寨和印度尼西亚，这些国家都在学我国，走我国过去走的路——用廉价劳动力生产低价商品，用低价商品做出口、打天下。与现在中国的情况相比，这些国家非常有优势。越南1个工人1个月的工资只相当于中国工人的1/2；柬埔寨的更便宜，当地工人的月工资在2013年只有100多美元，相当于600多人民币，而在国内已经没有这么低廉的劳动力成本。

3. 资源环境不堪重负要求换挡

此外，资源环境不堪重负迫在眉睫。中国过去的高增长是粗放式的增长，中国的单位能耗是世界平均水平的 2 倍多。自身的资源支撑不了发展的需求，就依赖于大量进口。目前，中国已经是世界上大宗商品的第一进口国，但又缺少价格话语权，以至于我们在国际市场上进口什么，什么东西就涨价。

近几年，中国已经进入了雾霾时代。现在，雾霾不仅在华北地区泛滥，从东北、华东，一直到华南，很多地区都被笼罩在了雾霾的阴影下。从 20 世纪 50 年代开始，有统计的中国癌症病例中排第一的是肝癌。这主要是两个方面的问题：一个是当时中国还比较穷，人们普遍营养不良；二是传染病，卫生防护系统的问题，很多是由肝炎转成肝癌的。但是，现在肺癌已经正式取代肝癌，成为中国人患癌病例的第一位。

总的来说，增长速度换挡，是客观经济规律的要求，也是为改革创造良好的空间和环境的需要，还是我们化解诸多的深层次矛盾问题的必须。中央经济工作会议确定工作的总基调是稳中求进，从高速挡换到中高速挡。换挡是一个新课题，会带来系列问题，需要各级干部和企业尽快适应。

（二）结构调整阵痛期

中国目前的城乡结构、区域结构、收入分配结构都需要一定的调整，但目前最重要的是产业结构调整。

1. 要更加重视农业发展

就产业结构来说，中国目前最薄弱的是第一产业——农业。中国的粮食连续 11 年丰收。但是 2014 年中国进口谷物 1951 万吨。总书记在中央农村工作会议上讲，中国 13 亿人口，吃饭的问题最大，饭碗必须得端在自己手里。

以大米为例。现在全世界大米 1 年的贸易量是 3800 万～3900 万吨，而中国 1 年的大米消费量是 1.4 亿吨。全世界能够交易的大米都拿到中国来，也仅仅能满足中国大米消费量的 1/4。

主管农业的前副总理回良玉曾将连续 10 年丰收的经验总结为“政策好、人努力、天帮忙”。充分体现了粮食生产所潜在的风险，也就是“天帮忙”。目前，中国农业的机械化程度很低。在新疆就棉花的采摘进行过调研，原来摘 1 斤棉花需要支付工人 4～6 角，现在已经涨到了 2 元多，但仍面临用工缺。如使用机械摘棉花，则无论是数量还是性能，都远远达不到要求，其他的农业机械也是如此。

目前，在农村还有4000万留守老人、5000万留守儿女和6000万留守儿童。“小康不小康，关键看老乡”“农民不富，中国不富”。农业是整个国民经济的基础，目前中国农业的状况就导致整个国民经济始终处在波动状态。

2. 工业大而不强，创新刻不容缓

第二产业中的工业又是什么状况呢？是大而不强。按照联合国的要求，各国需统计440种重要工业产品产量。据统计，中国已经有281种产品的产量居世界第一。如汽车，2013年的产量占到世界总产量的25%，全世界每生产4辆汽车，就有1辆是在中国生产的。此外，机床产量占到世界总产量的38%，发电设备产量占到世界总产量的60%，都是世界第一。再比如轻工业领域的服装，现在中国每年出口的服装可以给全球57亿外国人每人3.5件衣服和2双鞋。

中国工业大而不强。总体上看，中国工业还是处于国际分工的下游末端。汽车产量占世界总产量的25%，但主要还是合资品牌，利润的80%都要被别人拿走；我们的机床产量占世界的38%，但高档数控机床有95%还需要依靠进口；我们给全世界每人每年做3件半衣服，但基本上都是贴牌。

再如苹果手机，在中国生产的苹果手机所占比例不小，广东、江苏、四川和河南都生产苹果手机。虽然苹果手机在中国生产，但是它的利润分配如下：掌握核心技术的美国49%、日本30%，韩国百分之十几，中国只能拿到3.63%。原因是中国没有掌握苹果手机的核心技术。

创新是一个国家、一个民族发展的根本动力和源泉。现在的创新都是颠覆性、毁灭性和革命性的创新：液晶电视机的出现对显像管生产行业造成了毁灭性打击；光盘的出现把录像机行业摧毁了；数码相机的出现，则是把胶卷行业摧毁了。

2013年李克强总理在达沃斯的论坛讲演中讲道“创新刻不容缓”。如何加快缩短我们在创新问题上的理解和紧迫感与党中央、国务院对大家的期待和要求的差距？这需要我们扎扎实实的推动创新，切实解决问题。

3. 现代服务业比重低、层次低

第三产业比重太低。中国第三产业占整个国民经济的比重是46%，而美国第三产业占国民经济的比重是80%，全球第三产业占国民经济的比重是60%。

同时，中国第三产业的结构层次也很低。传统的第三产业主要是传统服务业，而我们特别缺少金融、文化、教育、科技、卫生和物流等现代服务业。同时，提升产业水平十分重要。2013年，全社会的物流总费用是10万亿，占整个国内生产总值的18%，而发达国家全社会的物流总费用占国内生产总值的比重是8%。如能把中国的物流产业提升到发达国家的水平，就意味着全社会物流总费用可以降低一半。按照2013年的数字计算，也就是5万亿。这5万亿在上游可以形成工业企业的利润，下游就可以形成对消费者的让利空间，中间又可以给物流企业留下利润。

4. 产能过剩亟待化解

另一个迫在眉睫的问题——产能过剩。目前，中国的钢铁产能已经超过10亿吨，2013年的总产量是7.78亿吨，生产能力闲置了2亿多吨，而在2014年，1吨钢利润最低的时候只有0.43元，还不如卖一个冰棍；水泥30亿吨的生产能力，2013年的总产量是26亿吨，生产能力闲置4亿吨；煤炭的情况更不好，现在1吨煤的价格与历史最高值相比，平均价格下降了360元，以全国年产煤炭总量36亿吨计算，上万亿没有了。显然，我们必须得化解产能过剩，否则中国经济将不可持续。

中央就此提出了“四个一批”，即改造提升一批、消化一批、淘汰一批和转移一批，这是很正确、很科学的方法和措施。然而，化解产能过剩，调整产业结构，是有代价、有成本的。比如说，河北省唐山市现在的钢铁产量已经超过整个欧洲，但由于钢铁行业的不景气和产能过剩，现在面临的形势很困难。1名有10年左右工龄的钢铁企业工人，1个月才拿1000多块钱，还要继续压缩产能，这就可能直接或间接地导致20万人失业。

总书记在中央政治局会议上作了重要指示：“要把握好改革、发展、稳定的平衡点”。如果把握不好改革、发展、稳定的平衡点，将造成社会的不稳定。目前的结构调整及阵痛期，还没开始调整，部分企业过分惊慌。现在支撑中国经济增长的传统的增长方式和结构的动力在衰退，而支撑创新的动力在加强，所以必须要下决心转变增长方式。但是，这个转变不是一朝一夕就能够完成的。我们特别要防止旧的增长动力衰退的太快，而新的增长动力又没跟上来，最后形成青黄不接的局面，这显然不利于我们把握好改革、发展、稳定的平衡点。

（三）以往经济刺激政策的消化期

以往的刺激经济政策确实存在一些副作用。一方面，是我们的货币多了，广义货币 M_2 在 2001 年是 15 万亿，到 2013 年是 110 万亿，货币的数量增长了 7 倍多，货币总量已经是世界第一。这就好理解为什么房价和物价都在疯狂上涨，因为任何通货膨胀归根到底都是货币的问题。另一方面，实体经济闹“钱荒”，贷款利率不断上升，使得“旱情严重”。按道理，这两件事情不应该同时发生，而现在确实出现了，这就跟以往刺激经济政策的副作用有关。另外，地方政府为了发展借了很多钱，债务有风险。

结语：辩证地看待“三期叠加”，化挑战为机遇。以往我国更多的是靠速度支撑国民经济增长，今后应该更多的是靠增长的质量和效益支撑经济增长；以往更多的是靠大量的物质资源投入或者是高能耗、高物耗支撑经济增长，今后将转向依靠创新、技术进步来支撑经济增长；以往是以环境的损失、资源的过度消耗为代价支撑增长，今后的增长将是资源节约型、环境友好型，不仅是人和社会的和谐，也包括人与人的和谐增长。

两分法辩证地看待“三期叠加”。只有扎扎实实地应对，扎扎实实地解决“三期叠加”给我们带来的诸多问题和困难，中国经济才能够化挑战为机遇，才能够走到新的增长平台。从这个角度来讲，“三期叠加”既给我们带来挑战，也是中国经济走到新常态的历史机遇。

经济新常态下餐饮业发展新机遇

张志刚①

摘　要： 在我国经济发展进入新常态之时，作为我国服务业的重要组成部分，我国商品流通产业取得长足发展。商业经济在地位、速度、发展方式、结构调整和创新五个方面呈现出新的阶段性特征。我国经济已进入服务业为主驱动发展的新时期，餐饮业正成为我国服务业发展的主引擎之一。经过两年左右的艰难调整，大众化餐饮稳定成为主流，我国餐饮业总体上已进入理性消费的正常状态。

关键词： 餐饮业；商业经济；创新；餐饮发展

一、我国商业经济新常态

中央经济工作会议指出，当前国际环境复杂多变，国内改革发展稳定任务艰巨繁重。我国经济发展进入新常态，表现为：经济速度正从高速增长转向中高速增长；经济发展方式正从规模速度型粗放增长转向质量效率型集约增长；经济结构正从增量扩能为主转向调整存量、做优增量并存的深度调整；经济发展动力正从传统增长点转向新的增长点。会议认为，必须历史地、辩证地认识我国经济发展的阶段性特征，在消费、投资、进出口、产能、创新、市场、资源环境、风险化解和宏观调控九个方面呈现出新的发展趋势。

2014 年，我国第三产业，即服务业实现增加值 30.7 万亿元，增长 8.1%，占国内生产总值比重为 48.2%。继 2013 年占比 46.1%成为三次产业中第一大产业以来，稳定地开启了服务业为主驱动经济发展的新时期。

改革开放以来，作为我国服务业的重要组成部分，我国商品流通产业取得

① 张志刚：中国商业联合会会长。高级经济师，博士后导师。中国烹饪协会专家指导委员会首席专家。

长足发展，交易规模持续扩大，基础设施显著改善，新型业态不断涌现，现代流通方式加快发展，商业经济发展出现新的阶段性特征。

（一）商业经济成长为基础性、先导性产业

1. 企业数量大，从业人员多

目前，我国内贸流通领域就业人数超过 1.4 亿，约占第三产业就业总数 2.96 亿的 48.2%。

根据全国第三次经济普查主要数据公报：

2013 年末，在内贸流通领域中的批发和零售企业就有 281 万个，数量居我国第二、三产业各行业第一位；从业人员 3315 万人，居第三位。有批发和零售个体经营户 1643 万个，从业人员 4167 万人，个体户数与从业人员数均居各行业之首。

2. 社会消费品总额规模大，人均进步快

据国家统计局数据，2014 年全国实现社会消费品零售总额 26.2 万亿元，仅次于美国，居世界第二。全体居民人均消费水平按不变价计算，是 1978 年的 15 倍左右。

3. 消费在经济发展中继续发挥基础作用

商业作为从事劳动价值交换的产业，也是不可替代的民生产业。从 1978 年至 2014 年的 37 年中，三大需求对国内生产总值增长的贡献率，消费居第一的有 21 年，投资居第一的有 13 年，净出口居第一的有 3 年。马克思关于“没有生产就没有消费”、“没有消费就没有生产”的科学论断，已经成为现实。作为国民经济运行的血脉和神经，我国商品流通业已经成长为国民经济的基础性和先导性产业。

（二）消费增速快于经济发展增速

社会消费品零售总额，是反映社会消费的重要指标，内涵与增加值不同。但其发展趋势与国内生产总值的增长，走势相同。统计表明，1979—2013 年，社会消费品总额年均增长 15.4%，批发和零售业平均每年增长 10.5%，都快于同期国内生产总值平均增长 9.8%的速度。今后，随着我国经济速度从高速增长转向中高速增长，社会消费品零售总额与批发和零售业的增速也会相应下降，但快于经济发展的趋势不会改变。

（三）商业发展方式发生根本变化

以连锁经营、物流配送、电子商务、供应链、网络化为主要特征的现代流通组织形式和服务方式取代“一、二、三、零”的传统批发方式及零售单店经营模式，成为新常态。

我国限额以上的连锁经营企业销售额在“十二五”末占社会消费品零售总额比重将达到20%左右。零售百强企业基本上全部实行了连锁经营的组织形式，2013年实现的销售额占社会消费品零售总额的11.7%。

我国2014年全国货物运输总量达439亿吨，比上年增长7.1%。货物周转量18.5万亿吨公里，增长9.9%。2013年，全国社会物流总额为197.8万亿元，按可比价格计算，同比增长9.5%。

商业企业信息化迅猛发展，实体经济与电子商务加快融合。2014年网上零售额27898亿元，比上年增长49.7%，占社会消费品零售总额比例达10.6%，这个比例已高于日本、韩国，相当于美国、英国同期水平。阿里巴巴在美国上市，创造了首发融资250亿美元的最新纪录。

（四）商业经济结构深度调整

我国历史上公有经济为主的传统商业，现在已经形成了以内资与私营经济为主、多种经济成分共同发展的新局面。商业已成为全面开放、市场化程度最高、活力最大的经济领域。

批发零售企业结构：2013年，全国共有批发和零售企业281万个，其中批发业占62.%，零售业占38%。

经济成分及所有制结构：全国批发和零售业企业中，内资企业占98.8%，港、澳、台商投资企业占0.5%，外商投资企业占0.7%。内资企业中，国企占1%，私营企业占70.1%，股份有限公司占1.1%，有限责任公司占17.4%。

从业人员结构：从业人员中，内资企业占94.1%，港、澳、台及外资企业分别占2.7%、3.2%。

（五）创新引领新常态

全面开放的商业也是市场配置资源决定性作用得到充分发挥的领域，各种创新异常活跃。除了商品创新、技术创新、管理创新、体制创新以外，商业模式创新更是日新月异。

商业模式是指各种生产要素、组织形式、服务方式在时间和空间上优化重组的企业赢利模式。商业模式创新空间广、模式种类多，发展潜力大，竞争十分激烈。

专业化分工与社会化协作双向同步发展；连锁经营、物流配送、供应链、网络化等组织形式异军突起；农超对接、产供销一体化等“无缝对接”体制快速成长；云计算，大数据、智慧商业、网购等电子商务进步目不暇接；超市、专卖店、专业店、购物中心、城市商业综合体各种业态、业种异彩纷呈；社区店、便利店、无人值守购物方式方兴未艾，消费者不出国门就可以享受到发达国家那样的消费环境和消费感受。我国商业经济呈现出发展的阶段性特征。

当前，我国经济运行仍面临不少困难和挑战，经济下行压力较大，结构调整阵痛呈现，企业生产经营困难增多，部分经济风险需要及早防范。商业领域需要加强法制、诚信、体系、体制、规划等方面的建设，进一步夯实标准化、统计等基础工作。解决这些矛盾和困难的根本出路在于全面深化改革和创新。差距即潜力，我国商业正进入历史发展的新时期。

二、餐饮业转型发展新机遇

我国餐饮业经过改革开放 30 多年的高速发展，呈现出规模空前庞大，成长稳定迅速，业态异彩纷呈，地位举足轻重的阶段性特征。创新驱动、转型发展更成为近两年的必然选择。目前，我国餐饮业总体上已进入理性消费的正常状态，基本上适应人均 7500 美元左右国内生产总值的中等收入消费水平。但是，我国餐饮业仍面临着不少困难和问题，发展仍然任重道远。

根据全国第三次经济普查主要数据公报：2013 年末，全国共有住宿和餐饮业企业 20 万个，从业人员 692 万人；住宿和餐饮个体户 241 万个，从业人员 1069 万人，个体户与从业人数均居我国第二、三产业各行业第三位。

根据国家统计局公布的 2014 年初步核算经济数据：餐饮收入 27860 亿元，比上年同期增长 9.7%；住宿和餐饮业增加值 11199 亿元，同比增长 6.2%。

目前，我国餐饮业已基本走出去年低谷，呈现出发展的新特点。

一是发展速度回升，去年餐饮收入同比增长9.7%；二是转型初见成效，大众化餐饮已稳定成为主流；三是强化服务、节约消费、守法诚信、绿色低碳等消费文化新风与餐饮业结合，正推动“中国服务”迈向新台阶；四是“中央厨房”及食品加工业逐步成为连锁业态质量的保证和餐饮转型的新的增长点，餐饮业逐渐成为城市商业综合体“体验式”消费的主力军和结构调整的重要选择；五是信息化与餐饮业加快融合，电子商务等先进技术和服务方式给餐饮业带来革命性变化；六是集商流、物流、信息流、资金流于一体的供应链体系和体制积极酝酿组建，餐饮组织正在创造发展的新形态；七是食品安全从理念到实践已引起全社会的重视，但食品安全问题仍不能掉以轻心、盲目乐观；八是在标准化等技术法规的支持下，“走出去”进行国际化经营的步伐逐步加快。

我国餐饮业发展仍存在不少的困难和问题：规范行业发展的法制和技术标准工作薄弱，发展环境急需进一步改善；餐饮网点与特色街区建设未进入城市建设总体规划，布局不够合理；入门门槛低，人员流动大，对专业优秀人才吸引力弱，现代经营管理水平有待进一步提高；食品安全问题的客观存在与不符实际的新闻报道时有发生，既伤害了消费者的正当权益，也给行业正常发展带来负面影响等等，要实现我国餐饮业健康发展，需要政府、社会组织、企业、媒体等各方面共同关心和努力，而餐饮企业应该成为自力更生、不等不靠、勇于担当的市场主体。在国家大政方针指引下，我们要认识经济发展新常态、适应新常态、努力引领新常态。向着安全、法制、服务、绿色、文化的方向，加快现代餐饮业的发展。

中华美食、世界瑰宝，历史悠久，独具特色。在浩瀚的历史长河中，可以上溯到殷商初创时期五代为相的伊尹。史传，伊尹既是调和诸药的中医创始人，又是调和诸味的中华美食的杰出代表。“色、香、味、器、形、质”呈现的中餐特色，体现了“和谐”、“和而不同”的哲学内涵，表现出包罗万象而丰富多彩的大海情怀。“越是民族的，越是世界的”。餐饮行业不仅应该为全面建成小康社会做出应有的贡献，而且是加强国际交流合作深孚众望、广受欢迎的“桥梁和纽带”。中国餐饮业有着美好的发展前景，我们要充满自信地走好自己的路。

我国餐饮学科发展状况述评：基于知识图谱视角的分析①

荆林波②

摘　要：本文利用知识图谱的原理，梳理了2009年到2013年我国餐饮学科发展的状况，分析了我国餐饮学科这些年份的热点话题、核心作者以及作者之间的被引状况。

关键词：知识图谱；餐饮；消费

知识图谱（Mapping Knowledge Domain），本质上是一种语义网络，其结点代表实体（entity）或者概念（concept），边代表实体/概念之间的各种语义关系，也被称为科学知识图谱，它是以科学知识作为计量研究对象，用可视化技术描述知识发展进程与结构关系。在我国，大连理工大学较早地涉足这一领域，出版了《科学知识图谱：方法与应用》学术专著。③ 我们根据中国社会科学院人文社会科学引文数据库，搜索“餐饮、快餐、团餐、休闲、西餐、火锅、清真、美食、消费、食品安全”等关键词，利用CiteSpace对我国餐饮学科的发展状况分析如下：

一、关键词共现状况

说明：圈的大小与频次成正比；紫颜色的圈代表有较大的中心度。

① 本研究得到中国社会科学院创新工程项目支持，作者感谢国家社科重点项目“健全现代文化市场体系研究”（12AZD019）、浙江工商大学现代商贸流通体系建设协同创新中心课题“流通模式转型与创新”的支持。

② 荆林波：中国社会科学院中国社会科学评价中心常务副主任，河北经贸大学客座教授。

③ 刘则渊、陈悦和侯海燕：《科学知识图谱：方法与应用》，人民出版社2008年版。

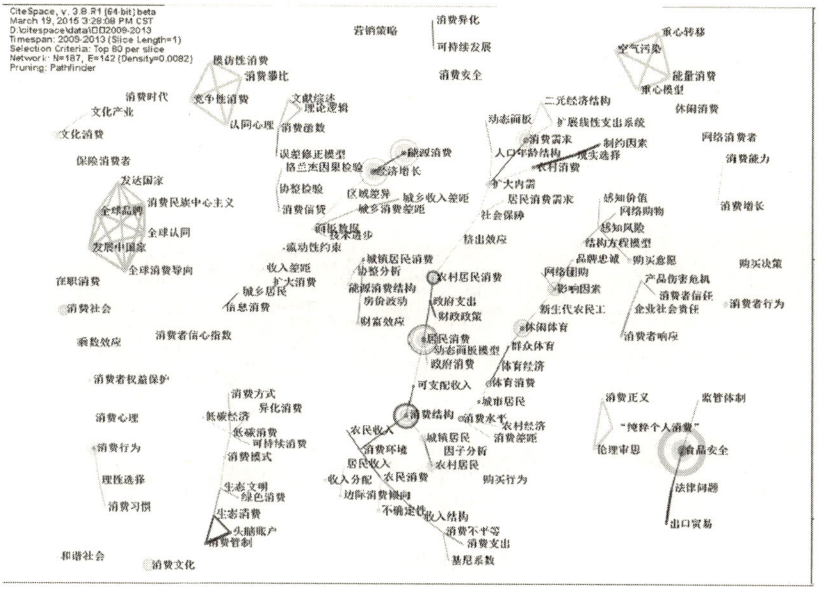

图 1　关键词共现图谱

从图 1，我们可以发现：

（1）餐饮消费与经济增长紧密相关。而经济增长与收入差距等直接影响着餐饮的消费支出结构。

（2）居民消费分为城镇居民消费和农村居民消费，两者之间存在着收入差距，中国的二元经济结构决定着城乡的消费环境不同，城乡居民的收入水平也不同，消费倾向也不尽相同。

（3）餐饮消费水平在我国仍然受到食品安全的影响。与食品安全相关的法律问题，由此而带来的监管体制等，都直接影响着我国的餐饮消费水平。

二、作者共被引状况

从图 2 作者共被引图谱，研究餐饮消费的话题，仍然与研究消费的作者紧密相关。我们发现：

（1）最核心的学者来自以马克思为代表的政治经济学者，以及以萨伊为代表的西方经济的学者。

（2）在我国，研究消费的学者很显然是以尹世杰、文启湘等为代表，之后的学者代表包括：以王利明为代表从法律角度进行研究，以臧旭恒为代表的研

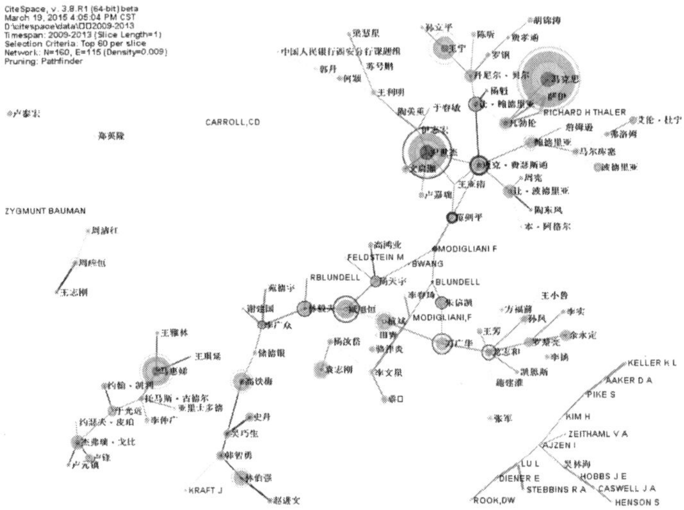

图 2　作者共被引图谱

究消费模式和消费机理，而万广华等学者从流动性约束和居民的消费倾向研究消费者的行为。

三、期刊共被引的状况

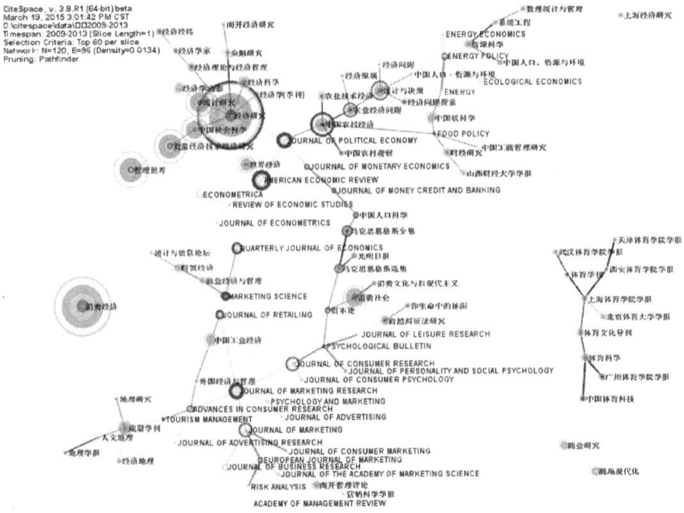

图 3　期刊共被引

从图 3 期刊共被引图谱，我们发现：

（1）最核心的学术期刊来自于：《经济研究》、《中国社会科学》、《经济学》（季刊）、《经济学动态》、《管理世界》等顶级的国内学术期刊。

（2）《消费经济》作为国内较早关注此话题的学术期刊，独占鳌头，引领了该领域相关话题的讨论，培养了一大批专家学者。

（3）由于餐饮涉及到众多方面的问题，所以，在《旅游学刊》、《财贸经济》、《商业经济与管理》、《世界经济》、《中国农村经济》、《经济问题》等综合类经济期刊都有所反映。

（4）国外的顶级期刊也是不可或缺的，包括：《美国经济评论》、《政治经济学》、《经济学季刊》、《营销科学》等权威期刊。

小　结

本文利用知识图谱的原理，对餐饮学科的研究进行了尝试性的描述。由于餐饮相关的专业期刊比较少，同时，餐饮学科涉及范围非常广泛，所以，我们无法非常精确地对餐饮学科的分类进行专业分析。但是，这毕竟是知识图谱方法在本学科的一次大胆尝试，我们希望今后在这一领域继续努力，探索出餐饮学科发展的新路径。

餐饮业转型升级持续推进
大众化消费成为主流

胡　斌①

摘　要： 本文分析了2014年全国大众化餐饮的总体发展情况，梳理了大众化餐饮企业创新进取、转型升级的路径选择。根据餐饮行业协会以及业内专家的调查和分析，归纳了大众化餐饮发展中存在的问题。

关键词： 餐饮业；大众化消费；餐饮市场

“艰难困苦，玉汝于成。”用这句话来形容2014年的中国餐饮行业，可以说恰如其分。

2013年，餐饮业在上年创下1991年以来（不含非典的2003年）最低增长率之后，面临更加严峻的形势，全年销售增长率进一步下滑，大批高端餐饮企业被迫加快转型。2014年，在大众化餐饮旺盛需求的带动下，全国餐饮市场结束增速不断下滑的颓态，出现企稳回升的势头，向“新常态”下可持续发展阶段迈进。与此同时，一些餐饮企业开始找到适应消费新变化、并能够发挥自身优势的转型升级路径。

一、大众化餐饮推动市场企稳回升

2014年，大众化餐饮仍然凸显出旺盛的市场需求，是全国餐饮行业趋稳回暖的最大动力。

国家统计局的数据显示，2014年，全国餐饮收入超过2.7万亿元，同比增长9.7%，较上年加快了0.7个百分点，终止了自2011年以来连续三年增

① 胡斌：中国商报副总编。

速下滑的颓势。而且，餐饮收入增幅与社会消费品零售总额增幅（12%）的差距也一改近三年来持续扩大的态势，由 2013 年的 4.1 个百分点收窄至 2.3 个百分点，餐饮收入拉动社会消费品零售总额增长 1.12%。

值得注意的是，这份成绩单中蕴藏着强劲的大众消费需求。根据中国烹饪协会发布的 2014 年餐饮消费调查，朋友聚餐、家庭聚会、情侣约会等私人社交需求是餐饮消费的最大诉求，占到餐饮消费总需求的 80%左右；而商务活动明显比上年减少，中央八项规定、遏制公款消费的成果得到进一步巩固。特别是与 2013 年相比，因为不想也没时间做饭而选择在外就餐的人群比重增长接近五成，大众餐饮消费需求日益高涨。

下面的数据或许更有说服力。商务部公开的数据显示，2014 年，限额以下餐饮企业收入增长 13.2%，高出限额以上餐饮企业 11 个百分点。在大众化餐饮的推动下，2014 年，限额以上餐饮收入止跌回升，全年收入 8208 亿元，同比正增长 2.2%，比上年大幅提升了 4 个百分点。

事实上，作为全国餐饮行业的政府主管部门，商务部早就注意到大众化餐饮呈现出的巨大发展潜力和市场空间。2014 年 6 月，商务部出台了《关于加快发展大众化餐饮的指导意见》。该《意见》提出，力争用 5 年左右的时间，使大众化餐饮占全国餐饮市场的比重由现在的 80%提高至 85%以上，并提出 21 条引导性措施。

随后，杭州市等部分地区发布具体的实施意见和支持政策，以加快餐饮业转型升级，促进其持续稳定发展。预计各地政府及商务部门会加快制定支持大众化餐饮发展的财政、税收、金融政策，引导餐饮行业结构性调整。

强劲的消费需求加上政策的利好，可以预见的是，大众化餐饮今后将继续高歌猛进。专家表示，纵观 2014 年全国餐饮市场，无论是增长速度还是主要动力，都正在进入“新常态”，即从以往畸形的高速增长，转向中高速增长；从高端消费为主要牵引，回归到大众化消费成为中流砥柱。

二、创新进取探索转型升级路径

令人欣慰的是，2014 年，中国餐饮企业着眼大众化餐饮市场，勇于实践，创新进取，逐渐开始找到适合自己、并能够发挥自身优势的转型途径。

（一）高端餐饮业态向多元化发展

如小南国集团，在高档正餐小南国品牌之外，推出更为轻量化的新品牌南小馆、小小南国，并与美国知名多业态餐饮公司达成合作意向，在上海开设一家主题西餐厅，同时还拿下日本 Oreno 品牌的中国独家代理权。以“美食头等舱”为口号的净雅连锁餐饮公司通过收购海鲜火锅品牌，将一部分业务转向中等以上收入大众消费群，并将部分高档正餐店改造成精品海鲜火锅店。此外，净雅还向自助餐和地铁站点餐饮市场拓展业务。总之，在业态上高端餐饮正在以各种方式形成高中低端多元化系列。

（二）在产品提供上大力弘扬“群众路线”

被称为“北京餐饮名片”的全聚德近两年开始尝试卖早点、自助餐、鸭肉包子等，有的门店甚至开到社区。原来以打造“餐饮界的 LV”为宗旨的俏江南，近年来除了推出网上订餐服务外，2014 年更是开始卖盒饭，每份售价最低仅为 26 元。高端餐饮企业湘鄂情已成为北京多家中央国家机关部委的服务商。京伦饭店、西苑饭店纷纷开设了便民外卖。

（三）积极拓展婚庆喜宴、团餐、休闲餐及家常餐等市场

许多中高档餐饮企业将其作为转型升级的几大突破口。如上海知名餐饮企业绍兴饭店，将一个门店转型做喜宴中心后，单店营业额升至近亿元。与高端餐饮店门庭冷落形成鲜明对照的是，特色休闲餐和团餐往往需要排队、生意红火，而南昌的中高档餐饮企业丹凤轩正着手向“老百姓的家庭厨房、企业主的食堂”转型。

（四）推展体验式特色餐饮

不少餐饮企业在满足一般传统消费的同时，也开始注重满足目标客户群体的多样化、体验性需求。深圳的“海鲜超市”餐馆就类似一个小型超市，顾客可以直接提篮子选取刺身、寿司、高档海鲜等，然后在门口餐桌上直接吃饭。这类餐饮店既无厨房、又无厨师、也不需服务员，体验式餐饮让人力成本得以“减负”，顾客乐此不疲。

（五）加强中央厨房建设

一般大众化餐饮企业往往在大中城市开出若干个连锁店，而为了实现标准化和低成本，中央厨房就成为必然之选。越来越多的饭店企业将中央厨房建设列为战略发展重中之重。如杏花楼中央厨房经过 QS 认证，加速向食品加工业延伸。广州酒家的食品加工业占总营业收入的 73.86%，达 10 亿元以上。

（六）调整用工结构解决“用工荒”问题

近两年来，全国各地餐饮企业招收了一大批四五十岁左右的“大嫂大妈”服务员，不仅填补了用人缺口，控制了人力成本上升，而且相比于青春靓丽的 80 后、90 后服务员，这些人以对客诚恳、责任感强、做事稳重踏实、工作细致等赢得了客人的信赖。

（七）信息化提升订餐效率

2014 年，如同购物、打车、家政服务等行业移动网购风行 APP 一样，众多餐饮企业也加快开发智能手机 APP 订餐，以适应网购者需求，增加消费黏性，满足移动互联时代新的购买方式。中国烹饪协会表示，未来几年，中国餐饮业 O2O 在线用户规模将继续保持快速增长，预计到 2015 年将超过 2 亿人，使用手机等移动客户端将成为越来越多消费者订餐和付款的主流方式。

不难发现，随着实战经验的不断累积，全国餐饮企业的转型发展正呈现出从趋同走向务实的趋势。专家建议，随着大众化餐饮竞争的加剧，餐饮企业更应该在提高产品和服务质量、加强自身管理水平等方面下足功夫。

三、“大众化”不是“随大流”式盲从

大众化餐饮市场的美好前景让全国餐饮企业开始摩拳擦掌，不仅海底捞、小南国、吉野家等国内餐企，麦当劳、赛百味等国际知名品牌也都计划在 2015 年之后逐步加快新开店步伐，刚上市的呷哺呷哺、外婆家、必胜客等还打算拓展区域市场、扩大版图布局，而眉州东坡、永和大王还计划在海外市场树立品牌形象。

按照商务部《关于加快发展大众化餐饮的指导意见》中的表述，大众化餐饮主要包括早餐、快餐、团餐、特色正餐、地方小吃、社区餐饮、外卖送餐、美食广场、食街排档、农家乐以及相配套的中央厨房、配送、网络订餐等多种业态及服务形式。

有专家表示，在上述大众餐饮中最值得注意和重视的是快餐。根据相关调查统计，全国快餐业营业额已超过2000亿元，连锁网点突破100万个，并以每年20%的速度发展。商务部的调查也显示，东部省市快餐营业规模已明显超过正餐，其中江苏、上海、北京、浙江、山东等沿海省市快餐市场份额均在50%以上，广东更是高达90%。

也有专家认为，社区餐饮、老年餐饮、休闲餐饮、团膳市场等，需求都十分旺盛，餐饮企业走“大众路线”选项很多。但与此同时，全国大众化餐饮企业在服务质量、规模扩张能力以及盈利水平等方面还存在不少提升空间。

（一）亟待加强人性化服务

餐饮企业要想在激烈的竞争当中脱颖而出，提供贴心的人性化服务、满足消费者的个性化需求、提升消费者的消费愉悦度是一门必修课。餐厅门口排起长队，对餐饮企业来说自然喜上眉梢，然而如果餐饮企业处理不当，消费者在就餐之前可能就开始了不愉快的消费体验。根据中国烹饪协会的调查，受访者对于排队候餐并没有什么耐心。而在愿意排队的受访者当中，只有极少的执着食客会抵挡不住美食诱惑愿意长时间排队等待。这对餐饮企业管理水平提出了较高的要求。

（二）本土品牌与国际巨头存在差距

2014年，全国餐饮行业整体规模虽然已超过2.7万亿元，但是产业集中度较低，本土企业规模普遍偏小，海底捞、真功夫等知名大众化餐饮品牌无论是在企业规模、还是经营管理等方面都与国外餐饮大型企业相差甚远。并且，目前进军海外市场的餐饮企业仅有海底捞、全聚德、眉州东坡、黄记煌等少数几家，而真正在海外站稳脚跟，能够规模化、连锁化发展的企业几乎没有。

（三）盈利能力需要持续强化

随着租金、人工、食材、能源等成本不断上涨，餐饮企业已进入微利时代。2014年上半年，行业协会监测的重点企业总成本费用均同比上涨超过10%，利润率同比降幅近10%；其中上海餐饮企业人力成本上涨15%～20%，租金平均上涨10%左右。显然，在这种情况下，毛利率较低的大众化餐饮必须要有足够高的上座率和翻台率才能有利润。相关调查显示，当前餐饮企业的上座率要达到125%才能保本，而前几年75%就可达到盈亏平衡点。

对于以上问题，专家建议，发展大众餐饮并不是一味地降低价格，大众餐饮市场也有着不同的消费层次和价位档次。即便公务消费减少了，中高端餐饮仍有相当的私人客户。餐饮企业在变局出现时，一定要依据市场需求合理确定经营定位和价格取向，“大众化”不是“随大流”式的盲目从众，不要从一种倾向走向另一种倾向。

此外，对于2014年政府有关部门“禁止餐饮经营者设置最低消费”的规定，以及所有申请上市的餐饮企业同年全都遭遇“所请不准”的挫败，专家提出了两点建议：对于前者，希望政府部门与相关行业协会共同磋商，制定出具体实施细则；对于后者，希望证监会支持一下大众化餐饮企业上市融资，毕竟这方面百姓需求旺盛，且全国餐饮行业每年新增就业在百万人以上，占全国每年计划新增就业比重达十分之一。

2015年是中国餐饮行业落实“十二五”目标的收官之年，也是巩固行业转型成效，迈向餐饮收入3万亿元新阶段的关键时期。走满足大众消费、适应市场变化、提升盈利水平的理性发展之路，就是餐饮业未来发展的“新常态”。

产　业　篇

中国快餐产业发展报告

中国烹饪协会快餐委员会①

“中国快餐产业发展报告”是快餐产业发展的计划设计、工作指南、评价依据，本文按行业报告设计步骤行文，在盘点、分析、评价 2014 年快餐产业走势的基础上，阐述快餐产业发展预期。从快餐产业成熟阶段分析、经营阶段分析、发展走势分析三个维度展开，在定义发展阶段、定位经营阶段、定性发展趋势基础上，为中国快餐产业年度预期、3 年规划、5 年设计做铺垫。

21 世纪第一个 10 年，中国快餐产业迅猛发展取得了令人瞩目的成就！2015 年是 21 世纪第二个 10 年的 5 年规划节点！因而这本中国快餐产业发展报告既有年度预期价值又有里程碑意义。本报告从三个维度展开。

一、快餐产业成熟阶段分析

21 世纪第二个 10 年，中国快餐产业已从初创阶段、成长阶段，进入成熟阶段！本部分内容从三个方面对成熟阶段特征做全面论证。

（一）产业规模已经成型

关键词汇：产业规模、快餐规模、产业梯队、产业层次

餐饮产业规模分析，2014 年全国餐饮收入 27860 亿元，同比增长 9.7%，增速比上年加快 0.7%，终止了连续 3 年增速下滑的颓势。限额以上单位餐饮收入 8208 亿元，同比增长 2.2%，增速由负转正，比上年增长了 4%。

快餐产业规模分析，在餐饮产业规模既定前提下，由于没有行业分类统

① 主要撰稿人：夏连悦，英特莱思管理顾问公司总经理，首席策划人、资深顾问人、资深培训师、资深经理人、专著撰写人。

计，造成了行业规模分析的遗憾！当然从快餐产业业态、从连锁经营规模、从大众餐饮刚需分析，仍能够定义快餐产业规模占比40%的结论。

百强排名数据分析，2014年4月，中国烹饪协会发布的2013年度餐饮百强排位分析，不但肯定了大众餐饮快餐企业的行业地位，而且肯定了团体供餐行业亮点！百强分析，对快餐产业规模占比也做了佐证与支持！

快餐产业层次分析，快餐产业规模成型包括以下四层含义：一是快餐企业连锁经营规模令人瞩目；二是团膳企业发展规模速度令人称道；三是早餐工程业态模式面临业态转型；四是外卖送餐业态迎来巨大发展机会。

（二）业态模式已经成型

关键词汇：快餐店铺、团体供餐、早餐工程、外卖送餐

快餐店铺业态成型，快餐店铺经过20世纪80年代孕育阶段，已向90年代初创阶段、00年代成长阶段，向21世纪10年代成熟阶段跃迁！快餐店铺业态不但商业模式已经成型，而且已产生区域品牌与跨区域品牌。

团体供餐业态成型，中国团体供餐业态经过20世纪90年代的初创阶段，已向00年代成长阶段、再向21世纪10年代成熟阶段跃迁！中国团体供餐业态是有巨大机会的朝阳产业！将产生大产业、大品牌、大企业。

早餐工程业态转型，中国早餐工程业态源于民生、政府推进、企业经营！经过20世纪90年代初创阶段，已向00年代成长阶段、再向21世纪10年代转型升级跃迁！中国早餐工程业态是民生产业！无限接近民生。

外卖送餐业态生成，外卖送餐随连锁店铺经营起步很早，但一直处于外卖、外带、外送阶段！2010年后，随着互联网络、呼叫中心、移动互联的导入，外卖送餐只要解决最后1公里问题，将成为潜力无限的业态。

（三）产业梯队已经成型

关键词汇：上游产销、中游配销、下游销售、快速销售

上游产销梯队分析，包括4大产业，即种植业、养殖业、畜牧业、加工业；12大品类，即食材、餐料、小料，水果、蔬菜、副食，饮品、酒水、甜品，设备、设施、工具，用品、工具、耗材；N多项产品品种等。

中游配销梯队分析，包括由信息中心、采购部门、仓储部门、加工部门、

配送部门构成的配销中心，旨在完成对连锁经营店铺提供持续、稳定、安全物流支持功能任务！配销中心实现连锁经营体系利润保护设计！

下游销售梯队分析，包括连锁经营店铺区域连锁、组团发展、店铺销售，实现餐饮企业产品配置、服务设计、环境价值！连锁经营店铺规模、店铺销售、营业绩效，反过来决定着配销规模、产销规模配置与实现。

快速销售已经成型，产业梯队培育成型：产业下游连锁店铺负责销售，产业中游配销中心负责物流，产业上游供应厂商负责供给！这是一条从种子到筷子、从田间到餐桌以契约为依据的全产业链条全程有效控制！

二、快餐产业经营阶段分析

中国快餐产业经过20世纪80年代的初创经营，已经向90年代连锁经营、再向00年代产业经营跃迁，快餐产业处于产业经营阶段。

（一）商业模式已经成型

关键词汇：专卖模式、小吃模式、档口模式、美食广场

快餐企业专卖模式，包括：单品系列、双品组合、多品整合3种产品模式！产品模式背后是柜台交易、收银交易、餐台交易模式！交易模式背后是服务模式、动线模式、环境模式呈现！这是店铺业态的主流模式！

快餐企业小吃模式，包括：沙县模式、四川模式、地方模式3种模式组合！小吃模式是中国快餐同仁对快餐领域做出的卓越贡献！小吃模式也是能够区域连锁、跨区发展、组团经营的成功模式，为小吃模式点赞。

快餐企业档口模式，包括：专门档口、店头档口、店内档口3种模式呈现！档口模式有三大利好！档口模式是便当模式、档口模式是早餐模式、档口模式是社区模式！档口模式是中国快餐同仁所做出的卓越贡献。

快餐企业美食广场，包括：明档模式、半明半暗、暗档模式3种模式组合！美食广场很值得称道！商场美食广场能集中客群；超市美食广场能接近社区；团膳美食广场能服务周边！美食广场是快餐同仁所做出的卓越贡献。

（二）连锁经营本质分析

关键词汇：连锁属性、组团经营、区域连锁、跨区发展

快餐企业连锁属性，包括：直营连锁、合作经营、加盟连锁 3 种属性模式！直营连锁是主流模式，合作经营是变通模式、加盟连锁是初级模式。快餐企业上市经营以直营连锁为主、合作经营为辅、加盟连锁为次。

快餐企业组团经营，是指：区位策略、卡位经营、垄断经营 3 种实现模式！区位策略是布局策略，卡位经营是竞争策略，垄断经营是优势经营。快餐企业连锁经营要导入区位策略、卡位经营、垄断经营 3 种策略。

快餐企业区域连锁，是指：区位连锁、区域连锁、地区连锁 3 种呈现模式！区位连锁管 5 家店铺，区域连锁管 5 个区位，地区连锁管 5 个区域。快餐企业连锁是区域连锁！当 125 家店规模生成时地区连锁诞生了。

快餐企业跨区发展，是指：跨区连锁、托管经营、物流分销 3 大操作要点。跨区发展是连锁经营从成功走向成熟的标志，意味着连锁经营体系已能实现远程控制、孵化作业、托管经营，快餐企业跨区域发展生成了。

（三）产业经营属性分析

关键词汇：原料供应、配销中心、店铺销售、全程有效

快餐企业原料供应，主要有：养殖行业、种植行业、畜牧行业、加工行业 4 大行业；食材、餐料、小料，蔬菜、水果、副食，用品、物品、耗材，设备、设施、工具，饮品、酒水、甜品 15 个品类；品类的 N 个品种。

快餐企业配销中心，通过信息中心、采购部门、仓储部门、加工部门、配送部门 5 大专业部门实现：信息提炼、采购排期、仓储补齐、加工上线、配送规则的稳定运行！配销中心通过集约经营成为第 2 利润中心。

快餐企业店铺销售，通过组团发展、区域连锁、规模经济实现快速销售。快餐企业店铺销售以快销品为主，快速销售、快速配销、快速排单，旨在实现快速周转，快餐企业店铺销售背后，是物流体系的配销与分销。

快餐企业全程有效，通过上游原料、中游配销、下游销售 3 个链条环节链接，实现从筷子到种子，从田间到餐桌全程有效控制，当上游基地、中游配销、下游销售都有利润贡献时，价值链条经营全程就有效呈现了。

（四）资本经营特点分析

关键词汇：原始积累、资本引入、私募基金、上市经营

快餐企业原始积累，快餐企业初创阶段通过自然滚动良性发展！但原始积累过程缓慢，无法高速发展、超速发展、实现跨越。实践证明：快速成长企业要有品牌加资本 2 大助推要素，才能实现规模经济平台经营。

快餐企业资本引入，快餐企业成长阶段，在从 9 家店向 27 家店发展过程中要导入大股东，通过大股东的导入规范企业经营，大股东除了有资本优势以外，还能够为快餐企业发展带来价值贡献。大股东是战略伙伴。

快餐企业私募基金，快餐企业成熟阶段除了实现规模经济与集约经营外，要有梦、要圆梦、要行动。显然，引入私募基金上市经营是快餐企业的出口！实践证明：引入私募基金后快餐企业就走上了上市经营高速路。

快餐企业上市经营，快餐企业稳定阶段走上了上市经营之路！通过体制改革、制度改革、机制改革，生成公司治理结构、现代企业制度、股份经济运行！当然，上市经营也只是发展阶段！因而要研究后上市经营。

三、快餐产业发展趋势分析

在盘点、分析、评价 2014 年中国快餐产业历程的基础上，我们对店铺业态、团体供餐、早餐工程、外卖送餐发展趋势做结构分析。

（一）快餐店铺趋势分析

关键词汇：背景分析、八大趋势、结语分享

快餐行业背景分析：

2014 年，快餐行业受经济下行、四高一低、税费过高的影响，出现了速度放缓的格局！但商务部对大众餐饮占餐饮产业营业水平 85%的预期，给快餐行业带来了梦想与预期。关于 2015 年，快餐行业已有 8 个预期。

快餐行业八大趋势：

趋势一，店铺小型转化。小型旨在节省租金、小型追求提升周转、小型需要追求坪效、小型适合各类商圈、小型容易复制发展等。

趋势二，饭市全天转化。快餐企业饭市设计从只有午晚两餐经营，追求三餐经营、追求全天经营！同时还要追求堂食的外卖经营。

趋势三，用工体制转化。受人员短缺、人才奇缺影响，快餐企业在用工模式上要设计新的体制、制度、机制，以适合供需的变化。

趋势四，利润环节转化。应对四高一低，需要成本分差控制、费用损益控制、利润环节控制！经理人与管理人要懂利润环节管理。

趋势五，配销链条转化。餐饮企业配销中心要成为连锁经营中游获利链条，通过采购、仓储、加工、配送，为店铺实现配销分销。

趋势六，原料整合转化。包括：养殖、种植、畜牧三大产业，餐料、包装、物品 12 大品类。需要实现契约经济、规模采购预期。

趋势七，区域组团转化。连锁经营讲区域连锁，区域连锁讲组团发展，组团发展讲规模经济、集约经营、跨区发展，组团如是说。

趋势八，连锁体系转化。连锁经营讲体系连锁，包括：业务、物流、行政三大体系，人们所看到的是商业模式比拼的背后体系。

快餐行业预期分享：

快餐产业是朝阳产业、快餐需求是刚性需求、快餐工程是民生工程！快餐企业通过调整产品、梳理服务，打造环境价值。随着经济复苏、政策保护、市场规范，快餐产业在 2015 年的发展，值得预期、期盼、关注！

（二）团体供餐趋势分析

关键词汇：背景分析、八大趋势、结语分享

团膳行业背景分析：

2014 年，团膳专业委员会成立，标志着团膳业态有了独立的产业地位！从 2004 年到 2014 年的 10 年积累，团膳业态经历了“从默默无闻到产业成型”的历程！2015 年，中国团膳业态厚积薄发将呈现 8 个趋势的预期。

团膳行业八大趋势：

趋势一：市场化。2015 年，团餐业态将实现从计划经济向关系经济再向市场经济过渡转型，团餐业态要培育公平竞争的市场秩序。

趋势二：集中化。团膳业态品牌企业将会被越来越多的金融资本所关注！品牌加资本将加速推进团膳业态市场集中化的排序进程。

趋势三：品牌化。团膳领域将出现百亿级数以上的大品牌企业！大品牌团膳企业背后是按服务对象不同生成的业态差异连锁经营。

趋势四：产业化。团餐企业未来竞争会从服务网点，到配销中心，再到原料基地。为实现服务顾客与降低成本，要产业经营模式。

趋势五：竞合化。随着诸多餐饮企业进入并瓜分市场，为争取一张订单或留住一个顾客，团膳企业将做组团比拼，并有大量并购。

趋势六：信息化。大数据时代到来，信息化数据管理将给团膳企业带来资源配置优化、劳动效率提升、管理目标精准的巨大效果。

趋势七：安全化。随着食品安全监管力度越来越严格与消费者对食品安全重视越来越强化，团膳企业在食品安全方面会加大力度。

趋势八：人才化。企业竞争取决于企业商学院人才训练能力、人才输送水平、人才培育速度、人才结构合理、人员稳定水平竞争。

团膳行业预期分享：

团膳企业从不被人所知，发展到今天的如日中天水平，相信会给餐饮产业格局带来巨大推动。团膳领域在 2015 年将出现超级航母舰队的大企业、大品牌。让我们总结 2014，期许 2015，把握团膳行业发展大趋势。

（三）早餐工程趋势分析

关键词汇：背景分析、六大趋势、结语分享

早餐工程背景分析：早餐工程是民生工程、便民工程、惠民工程！虽然早餐工程背负众多光环，但是早餐经营不盈利的现实让诸多餐饮企业止步！在这样的背景下才有政府出面的早餐政府形象工程版本模式。

早餐工程六大趋势：

趋势一，档口模式。档口销售早餐，是都市人群熟悉的外带与现吃模式，当然，理想的状态是除了早餐，午餐与晚餐还要延续销售。

趋势二，小店模式。除了店头销售，还有少量餐位能够堂食！这是理想的小店模式！小店模式能够适应人们的饮食方式非常实用。

趋势三，小吃模式。除了店头销售，还有堂食供给顾客体验！地方小吃从来都是顾客追逐的热点！有很好的市场机会与发展机会。

趋势四，全天模式。档口模式为主，以早餐为突破带动全天是理想的商业模式！芭比馒头做了最好的示范，早餐工程企业需要学习。

趋势五，配销模式。档口模式连锁，不是每个档口各自为战的自由连锁！如果没有物流配销支持，早餐工程企业连锁仍要付出代价。

趋势六，销售模式。档口模式销售，有味道、有温度、有价位，该有的做到位该来的自然会来。早餐工程戒骄戒躁才能追求成功。

早餐工程预期分享：

早餐工程是民生工程、便民工程、惠民工程。虽然早餐工程背负着众多的光环，但是早餐经营不盈利的现实也让诸多的餐饮企业止步，在这样的大背景下，才有政府出面的早餐政府形象工程的版本模式。

（四）外卖送餐趋势分析

关键词汇：背景分析、六大趋势、结语分享

外卖送餐背景分析：

2015 年，快餐外卖行业：将伴随移动互联网技术升级蓬勃发展；将随着自身配销技术的成熟而占领快餐市场的很大份额；将随着顾客消费习惯的改变，另一波消费群体兴起而越来越受欢迎。最后一公里决定成败。

外卖送餐六大趋势：

趋势一：更多互联网公司涉足外卖领域：拥有超级用户的互联网公司借助网络优势进入外卖领域，将从外卖市场份额中分一杯羹。

趋势二：与微信结合外卖呈现巨大市场；部分深谙微营销的企业与个人会进入外卖领域，通过嫁接上游与终端推动外卖快速发展。

趋势三：运用呼叫中心增大外卖的收入；品牌快餐企业通过与呼叫中心合作、自建呼叫系统、自建送餐团队以切割外卖送餐市场。

趋势四：专业外卖公司依然能独领风骚：快餐外卖企业依然活跃，越来越多的人做专业外卖，解决最后一公里送餐问题的将是赢家。

趋势五：快餐外卖虽市场巨大也需升级：外卖从快餐行业独立成为业态，生成线上订单支付、线下加工保温、人员送餐直达模式。

趋势六：外卖也将细分市场并丰富三餐：外卖不再是快食、速食的代名词，而是对有消费需求又无法定时消费体验人群的饮食满足。

外卖送餐预期分享：

快餐外卖业务是对餐饮堂食服务在空间层面的延伸，外卖经营为餐饮企业提供了一张虚拟的销售网络，是餐饮企业利润增值的一种有效方式。快餐外卖作为无店铺销售渠道开拓无疑是餐饮业要抓住的另一波财富。

中国火锅产业发展报告

中国烹饪协会火锅委员会①

摘　要：本文从火锅产业发展特点入手，通过分析目前面临的几大问题及未来发展趋势，提出了要用互联网思维看待火锅经营、用资本运作的方式对待火锅经营、用现代营销手段运营火锅企业、用品牌力量带动火锅企业整体运营。

关键词：火锅产业；火锅经营；火锅企业

一、火锅产业发展特点

火锅产业一直是中国餐饮行业中最具活力和发展潜力的业态，也是创新性最强的业态，近年来一直保持着持续发展和持续创新的能力。纵观2014年整体产业发展，可谓是百花齐放百家争鸣，多种资本齐登火锅大舞台。总体呈现以下特点：

第一，火锅企业更加注重品牌化建设，品牌的力量进一步彰显。

品牌火锅企业更加注重基础建设，强化自身及加盟商的管理能力和员工培训能力，使得连锁品牌的美誉度得到持续提升。中国烹饪协会火锅委员会注重产业引导，组织品牌火锅企业规范发展，努力推进管理达标活动，成为品牌火锅企业产业跃升的思想库和助推器，对火锅产业产生积极影响。吉林、新疆、重庆、江苏、云南等地的品牌火锅企业大力响应，打基础、建标准、固流程成为“老板工程”。开展已经运作十年的黄记煌连锁火锅品牌，依靠标准化推进和紧密型加盟合作的方式，攻城略地，拓展市场，目前店面网点已达到580家，覆盖全国所有省、市、自治区。

第二，新品类、跨业态、小而美的商业模式层出不穷，目不暇接。

---

① 主要撰稿人：中国烹饪协会火锅委员会专家：杨铁锋、李丽婵、王心广、龙夫、康斓。

除了传统的川渝火锅、蒙式火锅、豆捞火锅等形式，还涌现出诸多火锅与烧烤结合、火锅与牛排、火锅与KTV、火锅与兰州牛肉面、火锅与水吧等混搭跨界模式，同样也赢得了顾客的喜欢。300～400平米左右的小型店面正悄然取代过去动辄上千平米的大型店面，成为餐饮市场的主力店面。许多装修别致、跨界混搭风格的店面，成为了顾客的新宠。

第三，资本再次青睐火锅，掀起又一轮投融资新潮。

从2008年小肥羊香港成功上市，火锅企业历史性的进入了一个新的里程碑。时隔六年之后，呷哺呷哺又在香港成功上市，成为火锅上市的第二品牌，打破了近年来资本市场的沉寂，提振了火锅投资者和管理者的信心。目前，在呷哺呷哺的带动下，又有一些具有规模和品牌优势的火锅企业，开始试水资本市场，整合资源，规范管理，希望借助资本的力量加速企业的发展。

第四，复合式商业模式有效利用空间、时间的合理避让，使企业综合效益得到很好提升，显著降低了“三高”带来的压力。火锅管理者瞄准年轻一族的消费需求，将火锅与下午茶、火锅与水吧、火锅与烧烤、火锅与酒吧有机结合，深受年轻一族的喜爱，带给顾客一种全新体验。

第五，互动营销、口碑营销、娱乐营销、自媒体营销等新营销手段深得火锅企业青睐，与顾客沟通变得简单而有效。新营销手段的应用，节省了火锅企业大量的广告和促销费用，实现了精准传播信息，成为火锅企业的必备营销工具，便于消费者了解商家分布、在线订餐、即时支付等多种情况，打破了传播的地域局限性。

第六，对食材及产品源头的把握，成为火锅经营者的常规工作。餐饮企业的竞争，不仅是市场份额的重新分配，而且还是食材源头的长期把控，历来就有“得食材者得天下”之说。面对层出不穷的食品安全问题及食材质量的不确定性，火锅企业开始“追根溯源”，寻找最好的食材源头。2014年“首届中国（国际）牛羊肉产业大会”在内蒙包头举行。许多火锅企业非常重视，他们走进草原，走进牧场、工厂，了解原料产地的饲养状况和生产工艺流程，既找到了放心食材，又降低了采购成本。

第七，“出国热”方兴未艾，火锅企业纷纷走出国门，到海外开店。继小肥羊在加拿大、美国、日本等地成功开店之后，小尾羊、小天鹅、海底捞、黄记煌等品牌火锅相继成功海外开店，掀起中国火锅企业赴海外开店热潮。许多企业派出管理团队赴海外考察，准备去海外一展身手。随着火锅企业经营管理能力的提升，一定会有更多的品牌赢得海外消费者的青睐，逐步从国内走向世界。

第八，携手联合、抱团发展成为火锅资本创新的热点。在各行各业跨界融合合作共赢的大背景下，过去的竞争对手开始团结协作，结成利益共同体，共同拓展市场，扩大品牌的美誉度。重庆餐饮投资集团、重庆天下宴火锅集团，由重庆当地的火锅企业众筹出资，集结多家企业能量，开展火锅品牌的集团化运作，显示出良好的品牌效应和发展势头。

二、火锅产业发展的几个问题

2014 年，火锅产业的发展在平均单店收入、平均每平劳效、净利润率都呈现了正增长的态势，也被众多投资人看作是盈利能力最强、最容易实现连锁的业态。但是，从产业长期发展的角度来看，仍然存在着产品同质化严重、整体投资过热过快、食品安全形势严峻等问题，需要火锅产业的相关参与者给予充分重视。

一是产品同质化严重。火锅业态除了在品牌名称上体现出像“肥牛”、“毛肚”、“焖锅”、“鸡火锅”、“鹅火锅”、“菌火锅”以外，很难分辨出火锅店的特色产品。火锅店的产品优势是什么？火锅企业的小料搭配、产品线设计、价格策略甚至员工服饰大同小异，混淆了顾客对火锅品牌的识别。

二是经营创新集中在环境模仿上。几乎一夜之间，火锅企业都懂得了“跨界”和“融合”的精髓，将火锅企业怪异装修视为创新法宝，希望借助于装修设计，使火锅企业扬名于天下。但火锅产业的本质是在让顾客吃饱吃好，过于追求装修而忽略了产品的品质，无异于舍本求末。

三是盲目扩张现象严重。快，要快。这样的发展思路在刚刚过去的 2014 年不在少数。有些火锅经营者在开第一家店之前，就定下了全国发展加盟的战略路线，在还没有完善运营管理体系、产品标准化体系和人力资源队伍的前提下，靠着促销刺激的火爆场面，就开始大肆宣传，招商加盟，跑马圈地，盲目扩张。

四是过分依赖团购手段。尽管很多餐饮企业觉得团购并不是最理想的营销手段，但也找不到更好的方式。从2013年开始，餐饮经营出现了多种瓶颈的企业把团购当成了救命稻草，将近80%的火锅企业加入了团购大战，出现了“5元”团购券抵值100元、598元套餐只收98元团购价的“逆天举动”，损害了火锅企业的品牌形象，导致火锅产业“内斗不止”。

五是食品安全重视不够。消费者在享受火辣辣的火锅之余，难免也在担忧着火锅的食品安全。2014年杭州火锅食品卫生安全事故使得火锅产业整体形象严重受损，引起人们对火锅产业食品卫生安全问题的深切关注。火锅企业在日常食品卫生操作上存在的从业人员卫生意识薄弱、卫生行为不端等问题成为众矢之的。员工戴口罩、餐具消毒、剩菜回收等常规食品安全事项上升到整个产业要强化的功课。

六是以自建中央厨房为增值重点，但因为加工量不足，导致成本提高。火锅企业在跨区发展的过程中，非常重要的一个问题是物料配送。一方面食品安全问题是品牌发展的重中之重，另一方面锅底调料的标准问题成为品牌连锁企业的障碍，因此，拥有10家以上连锁店的企业多数存在自建加工厂的想法，希望以此保证卫生和口味达标。但是，加工厂和火锅企业的行业技术要求不同，加工厂是靠技术参数和设备完成预期目标，而厨房则依赖于人的感觉完成。加工厂不是一个大厨房，管理的内容与厨房完全不同。同时，机械化生产量远比人的效率高，很多企业中央厨房建设完成后，一天的生产量就把企业一个星期、甚至一个月的使用量都生产出来了，无奈之下只能去联系同行代加工，行业出现了产能过剩，中央厨房出现闲置，导致成本不降反升。

七是品牌打造缺乏内涵。部分火锅品牌缺少预先设计，经营要素之间无法做到协调统一，品牌目标含混不清，急需整合提高。

三、火锅产业发展趋势

2015年，我国火锅产业发展总体态势是：火锅品牌将进入稳定发展的新常态，健康火锅理念成为产业主流，以大众消费为目标，火锅品牌更加关注于长远规划和永续经营，通过连锁加盟等现代商业模式，逐步融入国际餐饮舞台。

（一）火锅创新渐趋理性，稳定发展成为常态

2015 年，中国火锅产业发展将在 2014 年的大调整、大整合、大众化的基础上转入稳步发展的新常态。表现在火锅企业、上游供应商和广大消费者趋于理性，也表现在政府对火锅业的监管以及新闻媒体对火锅业的关注将趋于规范与平和。火锅产业在整个餐饮行业中的主导地位已形成共识。2015 年，我国火锅产业的发展将是稳中有进，2014 年郑州火锅“变态式”发展乱象明显减少，整体产业链条日趋完整和科学，以中端为主的高、中、低端火锅层次愈加清晰；街面店、店中店、点餐、自选、自助、半自助由市场决定。

（二）健康火锅深入人心，大众消费成为主流

2015 年，“民以食为天，食以安为先”更加深入人心，确保“舌尖上的安全”将成为大多数火锅企业的共识，放心、安全、健康优先于特色、美味、实惠。经过多年的推广普及，品牌主张符合大众消费需求、产品稳定性卓著的火锅企业日益成为消费首选。火锅上游供应商也将竞争砝码放在了安全、健康、营养的基本功上。安全放心是火锅经营的底线，健康营养是火锅经营的常态，惊喜感动是火锅经营的追求。同时，商业模式的大众化、多元化表现将成为 2015 年火锅产业的显著特征，大势所趋，民心所向，市场所使。

（三）火锅产业链表现出强强联合的趋势，定位不准的相关企业将被逐出行业

2015 年，我国火锅业发展已进入合理产业布局阶段，产业链条趋于更加紧密和合理，火锅食材生产基地在品种规模、加工包装、物流配送等方面快速升级，中央厨房建设布局步入理性、科学阶段。集中采购、联合采购、委托采购等新模式受到青睐。拓店选址、商圈评估等关键事务将进入专家顾问服务阶段。建店的设备供应走向低碳、环保、节能，规模，一站式配套服务将成趋势。火锅企业信息化建设再掀高潮。火锅企业培训步入专业化、规模化阶段，以中国烹饪协会火锅委员会为代表的“火锅公益大讲堂”，集结火锅产业专家的力量，率先打造火锅培训的强势品牌，帮助火锅企业快速发展，推动行业集群进步。随着消费者的日渐成熟，火锅产业洗牌成为必然，脏乱差、跟风仿

冒、制假贩假类火锅企业难以存活，火锅大品牌割据市场现象将出现雏形。

（四）火锅连锁加盟成为快速发展的有力方式，有抱负的企业家必然走向国际市场

2015 年，全国火锅业发展将凸显连锁经营的魅力，连锁模式不断创新，直营连锁、特许加盟、托管连锁、众筹连锁、自愿联盟等形式层出不穷，连锁扩张速度明显加快，知名连锁品牌收购小品牌现象明显增多，老品牌转型升级速度由慢转快。今年 11 月份的火锅产业十周年庆典，连锁火锅品牌将成主角。火锅连锁品牌企业会以战略、模式、系统、团队、文化作为创新突破点，立足火锅，跨界融合。继海底捞、黄记煌、刘一手等火锅走出国门后，2015 年将有更多的火锅品牌走向国际市场，实现传播火锅文化、创建火锅帝国的“中国梦”。

四、对于火锅企业的几点建议

在做好火锅企业发展的基本功之外，还应该看到，社会剧烈变革中产生的新思维、新技术、新手段带给火锅企业的挑战和机遇，让火锅企业必须重新规划发展战略，调整思路，完善自我，以融合、接纳、顺应的心态，掌握主动，抢占制高点。

第一，要学会用互联网思维看待火锅经营。现在，对互联网不是喜欢不喜欢的问题，更不是懂不懂的问题，而是会不会运用的问题。无论传统企业还是现代企业，不会运用互联网将寸步难行。所谓互联网思维，就是要让企业把战略定位确定在一个点上，完全聚焦，体现出企业的专业和优势，真诚分享，快速传播。互联网思维的禁忌，是坐井观天，固步自封，在缺失火锅企业核心竞争力的情况下，方向分散，行动缓慢，一定会在未来的竞争中处于下风，胜机难寻。

第二，要学会用资本运作的方式对待火锅经营。传统的火锅经营方式是：做火锅店就一定要实现盈利，不盈利的企业需要调整或关闭。但资本运作的思路不尽相同，他们的想法更长远，对火锅企业的影响力更关注。即使传统火锅经营理念明确否定的火锅企业，在资本运作面前，也许会价值千金。因为，他

们做火锅，是希望未来有新的投资人接盘，通过整体操控拉大溢价，运用投资人的心理预期实现获利。这样的方式方法，火锅企业不能消极等待，应该主动放宽视野，调整心态，汲取精华，创新发展。

第三，要学会用现代营销手段运营火锅企业。现代商业运作的一个显著特征是，火锅品牌的裂变快速而巨大，以往那种缓慢渐变的新老接替现象越来越少。昨天还是充满生机，但几天早上醒来可能就是老气横秋日暮途穷。会员营销、合作经营、跨界打劫、卡位抢占等方法正在颠覆改变原有的经营秩序，新品类、新品牌日新月异，吸引着“喜新厌旧”的顾客们的眼球，原地不动抱残守缺等于把一块块市场份额让给跃跃欲试的后来者。研究新市场，寻找新方法，让营销成为消费者津津乐道的话题，引导时尚潮流，改变购买行为，使火锅品牌深入人心。

第四，要学会用品牌力量带动火锅企业整体运营。品牌不仅仅是一个好听的名字或好看的符号，而是建立在完整信用体系之上的诚信承诺。在全民高度重视食品安全的今天，火锅管理者如果还在扬扬得意的停留在欺骗公众、忽悠媒体的层面上，火锅品牌无异于选择了“自取灭亡”的不归路。运作火锅品牌，必须要规划品牌的内涵和外延，必须要建立品牌的道德和良心，必须要完善品牌的主张和制度。那种在场面上慷慨激昂、背地里又缺失起码底线的火锅企业，其掺杂使假胡作非为的做法必将受到严惩。2015 年，新的《食品安全法》即将出台实施，一方面，火锅企业面临一次大考，不合格企业将要成为清场对象；另一方面，品牌火锅企业等于迎来了一次机会，能够让自己的坚守和标准得到社会的认可，让品质和规范得到公众点赞。

五、火锅行业 2014 大事记

（一）中国烹饪协会火锅专业委员会更名为火锅委员会

中国烹饪协会火锅委员会换届大会于 11 月 26 日在国家会议中心召开。机构名称由火锅专业委员会更名为火锅委员会，并选举产生主席、副主席等火锅委员会新一届领导班子。

（二）全国火锅店分等定级工作正式启动

依据中国商业联合会商业标准中心、中国烹饪协会及火锅行业相关单位、各地品牌火锅企业联合起草的《火锅店分等定级规定》（SB/T 10945-2012），全国火锅店分等定级工作正式于 2014 年 5 月在北京启动。目前，已在北京、云南、河南、吉林、新疆、江苏等地评选出星级火锅店近百家。

（三）火锅企业在餐饮百强中占据 28 个席位

根据中国烹饪协会发布的《2013 年度中国餐饮百强企业分析报告》显示，火锅企业 2013 年度在百强中占有 28 个席位。火锅业营业收入比重比 2012 年增加 1.2%，同比增速 11.2%，加盟经营方式是火锅扩张的首选，品牌火锅单店收入在 600 万元以上。

（四）2014 年健康火锅中国行系列活动成功举办

2014 年健康火锅中国行活动以“创新规范经营　探寻特色食材　助力地方发展　促进转型升级”为主题，先后走进武汉、景洪、包头、长春、辽源、长白山、抚顺、沈阳等地，宣贯行业标准，促进餐饮上下游对接，得到各地方政府、行业协会、品牌企业和广大消费者的热烈欢迎，对产业健康持续发展形成了深远影响。

（五）专业的火锅行业组织相继成立

2014 年，各地方餐饮行业协会重视火锅行业的发展，建立专业火锅行业组织：

（1）9 月 12 日，在 2014 年第三届大河火锅节上，宣布成立河南省餐饮与饭店行业协会火锅专业委员会。

（2）12 月 27 日，甘肃烹饪协会火锅专业委员正式成立。

（六）企业大事记

（1）呷哺呷哺香港主板隆重上市“连锁火锅第一股”诞生。

2014 年，呷哺呷哺一举将餐厅网络成功扩张至山西太原、河南郑州等地，通过 16 年的不懈努力，呷哺呷哺成功于北京、天津、上海三个直辖市及 6 省 26 个城市拥有 452 间直营餐厅；2014 年 12 月 17 日，呷哺呷哺餐饮管理（中国）控股有限公司于香港联合交易所有限公司主板隆重上市，股份代号 520，被美誉为“连锁火锅第一股”。

（2）靓健美食文化（北京）有限公司旗下靓健回转自助火锅店推出经营新理念，引进机器人送餐服务，达到利用新奇的创意吸引广大市民前来体验，引领美食生活的时尚风向标。

（3）8 月 26 日，重庆“白乐天”在较场口原址复原重建开堂。白乐天毛肚火锅馆始于民国十年，是重庆第一家毛肚火锅馆。由于抗战时期被毁，一代名馆、重庆火锅的始祖从此销声匿迹。重建不仅为重庆火锅文化源头证言，更是一次城市文化的复兴和城市精神的传承，备受社会各界强烈关注。

（4）吉林缘生泰餐饮有限公司积极支持和参与行业活动，2014 年 9 月成功承办了火锅委活动——健康火锅中国行走进长白山活动，得到了业界好评。

中国团餐产业发展报告

中国烹饪协会团餐委员会①

摘　要：随着经济发展和生活水平提高，我国餐饮业发展进入快车道，其中团餐行业在推动整体行业发展过程中发挥了举足轻重的作用，也越来越受到社会和客户的关注和重视。本文从多角度分析了 2014 年团餐行业的发展现状、面临的主要挑战、转型升级的关键点和未来行业前景的展望。

关键词：餐饮业；团餐行业；团餐发展

一、中国团餐：看不见的巨大市场

自 1991 年以来，中国餐饮业一直维持快速发展的状态（其中 1991—2012 年每年增速均超过 10%，2013 年为 9%，2014 年为 9.7%）。在经历了 2013 年的寒冬之后，2014 年触底反弹，全国餐饮收入达 27860 亿元，终结了连续 3 年增速下滑的颓势，尤其是年营业额 200 万元以上的限额以上餐饮企业，全年收入 8208 亿元，同比增长 2.2%，增速由负转正，比上年大幅增长四个百分点。随着“八项规定”成为餐饮行业“新常态”，中国餐饮行业已将重心逐渐从高端公务、商务宴请转移到更为健康理性的大众消费上来，在国民收入水平日益提高的当下，餐饮行业面对着极为广阔的市场，未来仍将处于稳定的快速发展期。

团餐主要通过上门服务或批量配送等形式为政府机关、企业、学校、医院及大型活动等单位提供饮食服务，正随着我国改革开放推进、后勤社会化改革的启动和现代化社会分工而迅速发展壮大。据中国移动 2012 年 8 月对全国移动用户午餐情况的调查显示，午餐在食堂用餐的有 59%，自带的占 14%，附近饭馆用餐的占 21%，叫外卖的占 6%，团餐模式已经占据了超过一半的午餐市场。

① 主要撰稿人：索迪斯中国。

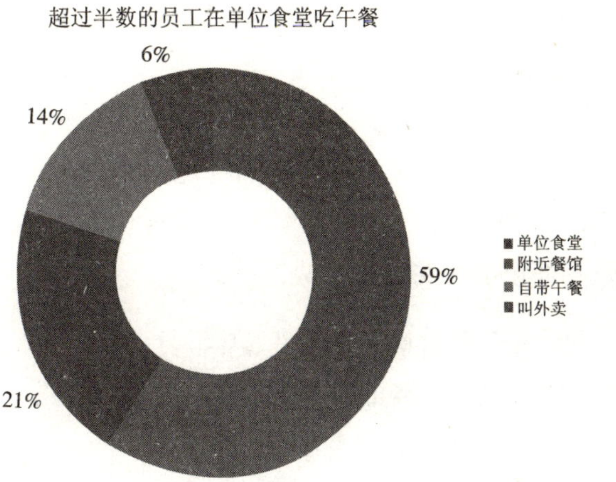

数据来源：中国移动 2012 年 8 月对全国移动用户午餐情况的调查。

然而相比其业务规模，团餐行业由于外包化、专业化的行业特点，社会认知度依然较低。根据安信证券报告，团餐行业规模已超过 7000 亿元人民币，占整个餐饮行业的近四成，而与行业规模庞大形成鲜明对比的是，团餐行业的社会认知度极低——2012 年至 2014 年底，团餐的百度指数平均值仅为 142，远远落后于火锅的 2342 和快餐的 1271。

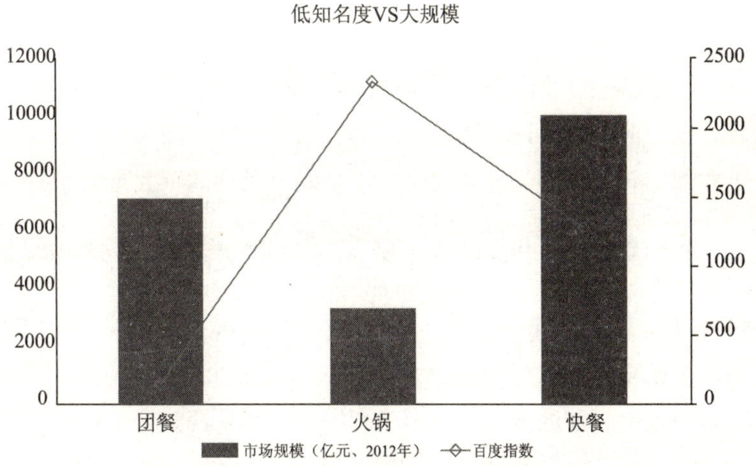

数据来源：2013 年安信证券《中国餐饮行业专题报告之团餐业专题》，百度指数（2012 年 1 月至 2014 年 12 月）。

值得欣喜的是，目前，社会化、专业化、规范化的团餐企业已经越来越受到各类单位团体的欢迎。对比欧美成熟市场，中国团餐行业尚处于提供廉价朴素餐食的初级阶段，未来，将会有更加广阔的市场等待更加优质化、个性化、智能化的团餐企业去探索。

二、2014 年中国团餐行业大事件

（一）中国烹饪协会团餐委员会成立

2014 年 11 月，中国烹饪协会在北京成功举行了十个委员会的换届及成立大会。团餐委员会作为本届大会的新增委员会，正式宣布成立，标志着团餐成为中国餐饮业中的重要业态和未来发展重心之一。

（二）索迪斯入选食品冷链物流国标试点

2014 年 5 月，《食品冷链物流追溯管理要求》国标试点授牌仪式在厦门举行。索迪斯作为团餐企业代表（唯一）入选中国首批冷链物流国标试点企业。说明国家在冷链物流（餐饮行业的供应链管理）问题上，团餐的重要性也被纳入考虑。

（三）高端餐企进军团餐市场

2014 年，全聚德、俏江南、净雅等高端餐企纷纷宣布进军团餐市场，标志着团餐开始引起公众关注。随着“三公”消费受限、高端餐饮业绩下滑，大牌餐企正在探寻新的盈利渠道，而团餐则是竞争激烈的一大市场。

（四）首家国内团餐公司获评全国 AAA 级信用企业

2014 年 11 月，健力源餐饮公司获发中国商业联合会中国 AAA 级信用企业，是国内首家获此称号的团餐企业。国内团餐企业进入企业信用评价体系，也预示着团餐这一领域的诚信安全越来越被市场所重视。

（五）团餐企业为铁路系统提供途中团餐配送

铁路团餐已经成为全国团餐事业中一支不可或缺的中坚力量。2014 年，团餐企业双瑞启用野战炊事车成功为高铁、动车旅游团体途中团餐配送。出餐车和加工中心“双厨房”模式，突破了铁路团餐固有的供应模式，增加了团餐

企业的配送半径，解决了大型团体在列车供餐的瓶颈。

（六）团餐变革论坛举办

2014年11月，由中国烹饪协会主办，沃膳网协办，百度作为合作搜索平台的“移动互联时代　团餐变革论坛”在北京国家会议中心举行。论坛以“新模式、新路径，团餐业的新互联时代”为主题，探讨团餐如何利用新思维驱动餐饮业的发展。

（七）廉政政策，催热团餐市场

2014年，中央进一步加紧八项规定的实施，要求各级党政机关、国有企事业单位要严格按照切实加强国内公务接待、会议、培训等公务活动用餐管理，公务活动用餐要求积极推行简餐和标准化饮食，严禁党政机关以会议、培训等名义组织宴请或大吃大喝。这一政策的实施，为团餐市场的发展提供了良好的机遇。

三、当前团餐行业扩张面临三大挑战

（一）外包程度低、特种外包需求未充分释放

外包程度偏低，始终是团餐行业面临的一大问题。

中国有大规模的企事业单位、机关团体，团体膳食存在巨大提升发展潜力。而一些特种行业由于有特殊要求，一般供应方式并不能满足需求。比如，公交系统、地铁系统、出租车司机、学校、医院、娱乐及公共服务等，普遍存在无法及时用餐、时间不固定、地点分散、人员不集中，以及对营养有特殊需求等现象，从而形成所述团餐供应的巨大空间。

根据安信证券发布的《中国餐饮行业专题报告之团餐业专题》显示，从市场份额来看，目前企业和学校是现阶段团餐市场的主要客户群体，约占市场规模的80%。而国家机关、事业单位、医院、大型活动等其他项目的总量则仅占20%，远没有将特种外包需求充分释放。

（二）成本需求双走高、定价维持低水平

当下，餐饮行业的发展普遍受到“四高一低”制约，即房租价格高、人工

费用高、能源价格高、原材料成本高、利润越来越低。其中人工成本和原材料成本的上涨表现较为突出。而对团餐这种一般不需支付房租同时也没有充分的市场定价权的劳动密集型产业，人员和原材料的成本压力就尤为明显。

近年来，食品原材料价格不断上涨，根据中国国家统计局的数据，食品成本除2012年中期出现小幅下跌以外，其余时间一路上涨，且增幅较大，自2011年1月至2014年12月，全国主要36个城市的食品消费价格指数上涨19%，平均每月增长11.5%。

同时不断上涨的还有劳动力成本，2014年，有包括北京、上海、江苏、深圳的19个地区调整了最低工资标准，平均增幅在14.1%。自2007年至2012年，上海一线工人的工资上涨了73%，华东二级城市上涨了83%。

对比不断上涨的成本，团餐企业的对外定价却一直维持在相对较低的水平。根据腾讯网2014年发布的白领午餐调查，在一线城市，白领的平均午餐消费为25元，其中60%以上的白领人群，午餐花费为20元以上。而根据中烹协的调查数据，针对一线城市企业的团餐定价基本在10～15元。

“成本和需求双走高”，在索迪斯中国工作了8年多的分店经理王生建就有这样的体会，“客户方的餐标水平在过去5年来基本没有变化，但对菜式创新和食品安全及质量的要求越来越高。比如，我们一直供应大排面、素浇面等受欢迎的传统口味，如今客户希望员工食堂里再能新增番茄牛肉面、酸汤肥牛面这些他们在外就餐时看到的更新潮的口味，同时也要求我们作为员工食堂的营运管理方，能在食品安全事件频发的社会大环境下对食品质量进一步加强把关。”

中国烹饪协会行业部的相关研究显示，“近年来，团餐行业的单价基本没有上涨。这些年人民生活质量提高了，团餐消费者的要求也越来越高，但企业往往受限于成本压力而导致团餐市场整体定价偏低，其能够提供的附加值从而也受到限制，这不利于满足消费者日益增长的需求，也不利于整个行业的健康发展。”

随着人工成本、水电、原材料成本等不可逆转的上升趋势，团餐企业的利润不断走低，目前大多数企业的利润率在10%以下，只能达到5%至8%的水平，净利润率不仅低于上市正餐公司7%的平均水平，更低于快餐10%左右的平均水平。

（三）初级阶段业务拓展难

目前我国团餐市场发展处于初级阶段，社会公众对团餐的关注度较低，对其认识也不全面，使得团餐企业很难在客户群体中建立信誉度和口碑。加之中国企业由自身承担后勤业务而非外包给专业第三方的固有思维，团餐企业在开展业务的过程中，尤其在国际化程度较低的中西部地区，需要付出大量的精力来进行客户培育和引导，业务拓展难度较大。

与已经有成熟行业巨头的欧美市场相比，中国团餐市场尚处于发展初级阶段。业内企业综合实力普遍较弱导致市场十分分散，市场位于较低层次的均衡状态，据中烹协统计，2013年全国餐饮企业百强中，团餐企业主营业务收入仅占百强企业总营收的不到5%。

业内人士分析，行业发展水平低、市场分散度高将使行业发展遇到瓶颈：一方面市场中的优秀企业开拓新业务难度较大、成本较高，无法很快地在行业内产生经验、知识、人才、标准规范等正外部性带动行业共同发展，另一方面行业内充斥着大量低水平、低效率的中小型企业，在没有外力推动的情况下无力也无心优化服务、打造品牌，拖累了行业整体发展，可能形成恶性循环。

另据索迪斯中国市场研究部研究显示，目前团餐主要客户群体以民营企业为主，行政事业单位、国有企业等机构的食堂市场化改革依然在进程中，诸多领域市场化程度依然较低，如中小学学生营养餐市场受政策影响较大，航空、铁路、船舶等市场则相对封闭。我国团餐市场尚未完全市场化、透明化。

面对这样的现状，团餐企业也非常希望国内市场能够走向不断成熟，让市场从单纯的低价竞争走向服务增值，形成良性发展。索迪斯大中国区总裁苏礼贤认为，目前后勤服务被普遍认为是满足基本需求的基本服务，而非促进企业绩效的推动力。随着中国人才争夺战的加剧和劳动力成本的上涨，员工与雇主之间的关系正逐步转变，对简单到一顿工作餐的理解也会发生演进。同样的变化还会发生在外包服务企业和客户之间。随着中国经济的转型，非核心业务被越来越多地梳理出来交由专业公司管理。单纯的外包买卖关系往往通过管理成本来实现效率，在今天的中国劳动力市场这种传统合作模式产生效率的空间已经很小，是时候应该考虑怎样通过外包合作伙伴关系为企业产生更大的价值。

四、行业升级面临两大关卡

（一）呼吁建立专业人才培养体系

在当下团餐行业面临结构性人才短缺的现况，有相应能力的一线管理人员面临短缺。

对比大众餐饮服务行业，团餐对于从业人员的需求有所不同。以一线服务员为例，大众餐饮服务行业，服务员每天应对顾客中，约 80%是陌生客流，而团餐服务员需要服务的顾客中约 90%是熟客，要与客户达成长期合作和信任伙伴关系。而对于门店厨师，大众餐饮有固定菜单，但团餐行业对于菜式创新的需求更大。以索迪斯为例，不同运营点根据餐标不同，要用 80 多种常规食材搭配出数百甚至上千种不同菜色。

有学习能力、沟通能力、创新意识、个人视野，甚至信息搜集、精确计算和预估原材料损耗等各项综合能力，能够准确地把握餐饮市场，并与客户达成良性沟通……这些是团餐行业对于一线管理人员的需求，但在国内，由于我国餐饮业内现代企业制度的普及速度和程度还存在着很大欠缺，对职业经理人的认可和使用没有予以足够的重视；同时，培养、培训机制相对落后，高等教育领域餐饮管理方面专业人才的培养数量、培养质量以及培养速度都难以满足急速发展的团餐行业需求。

对此，部分大型团餐企业不得不寻求欧美培训机构的帮助，和法国、英国等国家的专业团餐管理人员培训课程合作，以求培养符合企业标准的管理人员。当然与此同时培训成本也很高，会相应削弱人员成本的竞争优势。

所以，目前国内急需能够提供专业针对团餐以及餐饮行业服务人员的标准化第三方培训，这不仅仅能够解决团餐所面临的行业升级关卡，同时也是一个巨大的市场。

在可预见的未来，团餐领域的人才状况还将面临更多的机遇和挑战。一方面，是更大的市场和更多的专业人员需求，但另一方面，团餐一线工作比较枯燥、劳动强度高，要如何吸引新一代 90 后甚至未来 00 后年轻人加入，专业培训和清晰的职业发展通道必不可少。

（二）急需完善供应链

不同于大众餐饮，由于房租等场地成本费用较低，团餐企业对于原材料成本格外敏感，据业内统计，原材料成本占据团餐企业成本的50%以上。由此，团餐企业对于供应链的依赖也尤为明显。

同时，团餐企业出于使用原料广泛、制作工艺多、产品种类复杂、菜单不断更换等原因，对采购、生产加工、仓储，以及物流配送及其过程中的温度控制，均有很高要求。

但业内人士透露，从主观来说，目前由于行业整体集中度低，多数团餐企业还没有形成一个完善的、规范化运作的经营管理体制。绝大多数企业并没有原材料追溯系统，甚至并没有数据化信息系统。从客观条件来说，市场供应无法做到源头追溯和严格的食品质量把控，这也是团餐所面临的一大挑战。以上海为例，根据上海市商务委信息，上海的食用农产品本地生产供应量占比较低，约70%以上货源由市外提供，其中市外食品约75%首先进入批发市场集散，已形成“外省市—批发市场—零售市场”的食用农产品供应体系，以至于企业很难精确追溯原材料来源。

而在媒体上时常出现的团餐食品安全问题也从一个侧面反映出供应链监管的不足。《楚天都市报》2014年6月19日报道，武汉市一家制药公司发生集体食物中毒事件，造成64人入院，原因就在于外包团餐企业未能严格把控原材料和物流环节，使用了变质的原材料。

由此，如何运用科技手段、先进设施设备，通过制度规范、加强精细管理从采购验收、储存、可追溯体系、食品安全关键节点控制、品控管理、出厂检验把关、冷链配送、餐具清洗消毒等方面保障食品安全是决定团餐企业成功运营的首要关键因素。

出于行业的健康发展需求，团餐不仅要完善自身的标准化管理体系，同时也呼吁社会提供更完善的供应链条，从采购的源头提供安全、健康、合规的原材料。也呼吁政府部门对于食品农产品供应链源头加强管理，监督食品农产品经销链条上各经营体的合规性，并对物流仓储等重要环节设立清晰的监督管理执行机制，在监管层面全方位保障消费者的用餐安全。

五、团餐市场展望：形成社会合力，同促团餐发展

在当下国民经济持续发展、居民收入持续提高的大环境下，未来几年餐饮业将继续保持稳定较快增长。同时，随着市场经济的发展，市场专业化分工的理念越来越深入人心，专注于核心业务、将非核心业务外包给专业机构的做法也将被越来越多的企业和单位所接受和采用，我国团餐市场的潜力将进一步被开发。

（一）法律法规不断完善，行业生态逐渐形成

团餐市场发展时间较短，行业尚处于成长培育阶段，相关配套的标准规范处于完善的过程中。据中国烹饪协会副会长冯恩援观察，目前法律法规对于餐饮行业，尤其是食品安全方面的规定十分严格，然而由于团餐行业在大餐饮中的特殊性，其监管方面依然存在手续繁杂、多头管理的情况，此外，国内对团餐管理体系建设也缺乏理论总结和科学引导，虽然很多企业通过了 ISO9002 质量认证、10040 环保认证、HACCP 安全认证等标准认证，但认证由于其普适性，指标多为共性指标，不完全符合团体膳食的诸多特性，不利于企业根据相应标准要求提高自身管理水平。因此，需要行业协会更大地发挥其作用，目前已推动商务部于 2013 年颁布行业标准《团餐管理服务规范》，从多个角度对团餐经营管理提出了相应要求，对团餐行业法制化、规范化发展有着很好的促进作用，也为未来行业政策环境建立了良好的基础，下一步行业协会也将联合行业内核心企业在推动政府进一步简政放权，强化市场良性竞争，以及制定行业标准、签订自律公约等方面继续推进行业生态的优化。

B2B 服务的营收模式和 B2C 服务的税收模式也是影响团餐发展的一对矛盾。中国烹饪协会副会长冯恩援和千喜鹤董事长刘延云、和兴隆董事长黄溪河等业内人士均指出，现在团餐的主要税种仍然是和社会餐饮一样的营业税，然而团餐的营收模式大多以向企业收取服务管理费的 B2B 模式，而非社会餐饮直接向消费者售卖的模式，采取营业税为主的税种将使得企业无法抵扣成本，加重本已微利的行业的负担。作为“营改增”在团餐行业实行的主要倡议和推动者，索迪斯中国的多项内部研究已表明，实行“营改增”，即采用以增值税

为主要税种的征管模式，这将在降低企业成本的同时也能减少偷税漏税现象，有利于行业公平竞争，已成为团餐企业的共识和期盼。此外，冯恩援也认为，团餐作为餐饮行业的中坚力量需要更多地争取政策支持，以形成良好的从商环境和投资环境。

（二）企业合规不断深入，公平竞争渐成主流

食品安全是团餐行业的头等大事，也是国计民生的重要领域，在法律法规不断健全、行业不断发展壮大的同时，业内企业也逐渐认识到合规经营对于行业健康的重要性。刘延云指出，目前业内企业基层员工大多数为外来务工人员，流动性较大，管理难度也较大，行业协会需要运用其影响力，推动企业关注员工的培训和发展，做好员工培训工作、保障好员工社保和休假等福利。提升企业合规水平，做好员工社保、严格执行安全标准等虽然短期可能会增加企业成本，但是从长远看，能够培养更有素质的员工，提升企业管理能力，非常有利于企业发展。

中国烹饪协会副会长李亚光指出，在企业合规经营的基础上，行业内的公平竞争将成为主流。企业通过提升管理能力、开发新产品、开拓新市场，以及提供高质量及个性化的服务等方式参与行业竞争，而非通过违规手段来压缩成本大打价格战，这将有助于在行业内形成良性竞争氛围，推动企业开拓创新、精进业务，进而促进行业健康发展。

（三）创新能力不断提升，信息化引领发展潮流

由于目前高端餐饮仍处于萧条期，越来越多的餐饮企业进入团餐领域，目标市场和细分领域的激烈竞争使得企业创新能力不断加强。目前，团餐企业已开始创新商业模式，除了承接传统的食堂外包业务外，开始涉足不具备开设食堂的市场如写字楼、社区村居、商业地产美食广场等，不断寻求新的利润增长点。进入新的业务领域将倒逼企业管理模式创新，不断提高运营效率，从而适应新环境，以及应对能源价格、人力成本、原料成本上升等一系列挑战。

此外，团餐领域也已开展信息化建设，引入 ERP 管理，通过运用现代信息技术优化资源配置，实现营养化配餐、标准化投料、工艺化生产、数字化管理，使企业管理向精细化方向发展。同时，刘延云也指出，随着移动互联网和

信息服务平台的普及，出现了解决产业上下游信息不对称问题的手段，也使得团餐行业获得了取得更大社会认同的良机，团餐企业通过抓住这次机遇有效整合并拓展采购资源、物流资源、销售渠道，为未来企业优化产业链、降低生产成本并提供个性化优质服务打下良好基础。

（四）资源配置不断优化，专业化分工成为趋势

相比欧美成熟市场，目前我国团餐仍处于发展的初级阶段，业务分散、利润较低，盲目低水平扩张，不升级行业、不培育市场，单纯打价格战的道路是不可持续的。

针对团餐发展的趋势，黄溪河表示，任何企业所拥有的资源和能力都是有限的，不应该也不可能贪大求全，而应该在自身领域内脚踏实地、精耕细作，因此在原材料、配送、中央厨房、现场烹饪服务等领域形成专业化分工，并通过行业竞争和行业规范产生龙头企业将成为行业趋势。刘延云也认同这一观点，认为专业分工将有助于团餐通过市场手段将优质资源集中起来，在细分领域的核心企业间形成高效、稳定的合作伙伴关系，树立业内标杆。这种良性互动在形成之后会对行业产生极强的正外部性，为团餐形成良好的知识和经验积累、深入的行业研究、专业人才培育等，能有效推动行业健康发展。李亚光也指出，和任何其他行业领域一样，团餐的发展必然是建立在科学分析、实证研究的基础上的，目前团餐企业在摸着石头过河的过程中已经初步总结了一部分经验，中国烹饪协会团餐委员会正式建立后，一系列针对团餐领域的行业调研也将被提上议事日程，接下来行业协会要发挥其作用，联合企业和第三方专业机构对团餐领域进行深入研究，并为业内企业提供相关建议。

展望未来，团餐市场依然广阔，细分领域也有待挖掘，在做大蛋糕、优化市场方面企业有着共同的目标和利益，因此在竞争中合作，共享和整合资源达到优化升级、合作多赢将成为行业主流。

中国清真餐饮产业发展现状及政策建议

中国烹饪协会清真委员会[①]

摘　要：近年来，在国家及各省区相关政策的大力扶持下，我国清真餐饮产业获得长足的发展。在“一带一路”国家战略深入实施的大背景下，进一步发挥我国清真产业特色优势，推动清真产业健康可持续发展，对解决各族穆斯林群众的民生问题、促进民族地区经济发展、帮助少数民族人口就业、推动餐饮食品市场的繁荣发展，提升我国面向穆斯林世界对外开放水平，其社会意义和经济价值十分重大。

关键词：清真餐饮；清真产业；政策建议

一、中国清真产业的发展现状

（一）清真餐饮及主要经营者的人口构成

清真餐饮是指符合伊斯兰教饮食规范加工生产的食品。信仰伊斯兰教的各民族穆斯林是生产经营和食用清真饮食的主体，同时还有更广泛的各民族清真饮食消费者。

伊斯兰教于唐朝永徽二年（公元 651 年）传入中国，迄今已 1364 年。元朝时，蒙古势力伸向西亚，东西方交流通畅，来华的阿拉伯人和波斯人增多，逐渐与中国各族人民融合成回回民族。新疆距阿拉伯世界较近，经过从 10 世纪至 18 世纪的演化，当地人民信仰了伊斯兰教。

---

① 主要撰稿：白剑波、虎恩德、李龙、李朋、马志军、张文春等，云南省清真食品用品行业协会、西安饭店与餐饮协会清真专业委员会、宁夏餐饮饭店协会、甘肃省民族发展商会、辽宁省清真商业食品管理协会、四川国际商会清真专业委员会、新疆特色餐饮发展领导小组、青海省烹饪协会提供各省相关资料，给予大力支持，在此表示深深谢意。

我国穆斯林人口有2300万人，约占全国少数民族人口20%。我国全民信奉伊斯兰教的10个穆斯林民族中，人口最多的是回族和维吾尔族，两个民族的人口占我国穆斯林人口近90%。因此，我国清真餐饮的主要经营者是回族和维吾尔族。在全国回族人口中，宁夏占20.53%，甘肃占11.89%，河南占9.05%，新疆占9.29%，青海占7.88%，云南占6.60%，河北占5.39%，山东占5.06%，安徽占3.10%，辽宁占2.32%，北京占2.35%，内蒙古占2.09%。

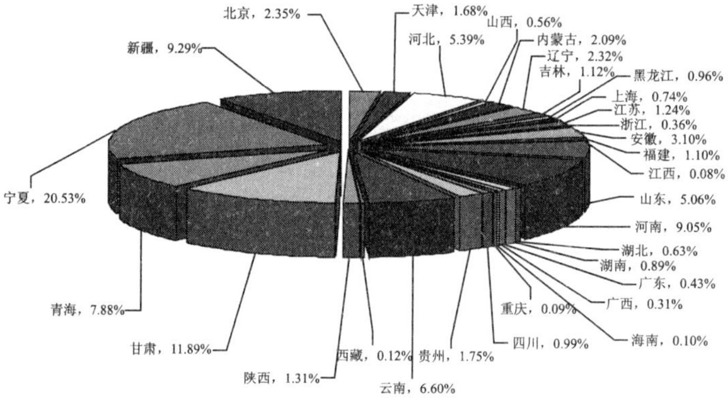

图1　全国回族人口省区分布比例

数据来源：根据2010年第六次全国人口普查主要数据统计整理。

回族是中国少数民族分布最广的民族，素有“回回遍天下”的说法。回族人口主要呈“大分散、小集中”的特点，在大陆31个省、自治区、直辖市中均有分布，基本遍及所有县市。按经济区域划分，62.83%都集中在西部地区。按行政区域划分，回族人口列前三位的分别是宁夏、甘肃和新疆。在全国维吾尔族人口中，新疆占99.36%。全国穆斯林人口超过50万人的省、自治区有新疆（1340万人）、宁夏（217.5万人）、甘肃（183.9万人）、河南（96.6万人）、青海（94.9万人）、云南（70万人）、河北（57万人）、山东（54万人）等。通过以上数据，对我们了解中国各地清真餐饮的发展及现状具有参考价值。

在“一带一路”国家战略深入实施的大背景下，进一步发挥我国清真产业特色优势，推动清真产业健康可持续发展，对解决各族穆斯林群众的民生问题、促进民族地区经济发展、帮助少数民族人口就业、推动餐饮食品市场的繁荣发展，提升我国面向穆斯林世界对外开放水平，其社会意义和经济价值十分重大。

（二）清真产品市场需求巨大

目前，全世界20亿穆斯林人口对清真产品的巨大需求，全球清真产业总值超过3.2万亿美元。其中，清真食品市场总值超过6500亿美元，约占全球食品行业的17%。预测表明，到2020年，全球清真食品市场将达到8500亿美元。清真食品以其独特的文化内涵、严格的原材料选配和加工，保证了其安全性，从而使其消费群体从穆斯林人群扩展到非穆斯林人群，非穆斯林人群对清真食品的消费正逐步增多。不断扩大的市场基于逐渐增长的消费群体，推动了清真产业的快速发展，并对全球贸易和区域经济产生重大影响。

我国西北是回族、维吾尔族主要聚居区，具有发展包括清真食品在内的清真产业得天独厚的优势。广阔的国际市场也将为中国清真产业发展带来积极影响。如宁夏回族自治区目前已形成以清真肉制品、乳品和调味品等为主体的清真食品产业体系和以回族服饰、少数民族文字印刷品、少数民族建筑装饰用品等为主的穆斯林用品产业体系。“十一五”期间，宁夏清真产业年均增速达到20%以上。截至2012年，清真食品工业企业约655家，从业人员约2万人。其中，规模以上清真食品工业企业102家，占规模以上食品工业的77%，实现工业总产值174.3亿元，占食品工业的82.23%。银川市是宁夏回族自治区首府，是全区政治、经济、文化的中心，现有人口132.96万人，有汉族、回族等25个民族。根据上年推算，2014年，银川市清真食品和穆斯林用品产业实现营业收入120亿元以上，其中清真餐饮企业实现营业额20亿元以上。

（三）我国清真餐饮发展特点

1. 我国清真餐饮产业分布广泛，全国主要县区都有清真餐饮分布

近年来，在国家及各省区相关政策的大力扶持下，我国清真餐饮产业获得长足的发展，有数据表明包括清真餐饮在内的清真产业年均保持10%以上的增速。在我国近2400多个市县中，有97.3%的市、县有清真食品和用品产业。饮食、副食、食品经营户约12万多户，其中专门生产、经营清真食品的

企业约有6000多家。另据统计，“十一五”期间，我国民族特需商品定点生产企业中，清真食品产值3046.7亿元，上交税86亿元。在全国主要县市均有清真餐饮产业分布是其显著特点。

2. 西北地区是清真餐饮产业发展的主要区域

西北地区是我国广大穆斯林聚居地区。根据2010年全国第六次人口普查统计显示，新疆穆斯林人口达1340万，占新疆总人口的一半多。据宁夏回族自治区统计局数据，2014年末，宁夏常住人口661.54万人，回族人口达236.14万人，占人口比重的35.70%。同时，宁夏回族人口也是全国各省、区、市回族人口聚居最多的省区，占全国回族人口的比重超过1/5。甘肃、青海的穆斯林人口仅次于新疆和宁夏，都在百万以上。由此可见，西北地区清真产业消费群体比较庞大。

目前西北五省区制定的各种清真管理条例主要有《宁夏回族自治区清真食品管理条例》《宁夏回族自治区清真食品认证通则》《青海省清真食品生产经营管理条例》《甘肃省清真食品管理条例》《新疆维吾尔自治区清真食品管理条例》《乌鲁木齐市清真食品管理办法》《陕西省清真食品生产经营管理办法》等等。总体上看，西北地区清真产业发展的政策环境、监督管理和支持措施较为完善，这有利于清真产业的健康发展。

3. 清真检测认证工作取得新进展

宁夏清真食品国际贸易认证中心于2008年1月由自治区人民政府批准成立，试行开展清真食品认证工作。通过5年摸索和努力，与马来西亚、沙特、埃及、卡塔尔等9个国家和地区的11个机构签署了清真食品标准互认合作协议；率先制定了清真食品认证标准，填补了我国清真食品标准的空白，并与陕西、云南、甘肃、青海达成了五省区清真食品认证地方联盟标准。2014年10月，经国家认证认可监督管理委员会批准，我国首个国家级清真食品贸易认证中心——宁夏清真食品国际贸易认证中心在宁夏银川正式设立。另外，宁夏和甘肃还分别建立了国家清真食品质量监督检验中心国家清真食品检测重点实验室，清真检测认证体系逐步形成。这对促进我国与阿拉伯国家及世界穆斯林地区的清真食品贸易、服务“一带一路”国家战略将产生积极的作用。

4. 省级清真行业协会相继成立，行业自律工作进一步加强

近两年，甘肃省清真食品行业协会、青海省清真食品行业协会、云南省清真食品用品行业协会、陕西省清真食品行业商会、河南省清真食品行业协会等省级清真行业协会相继成立，代表着我国清真产业发展充满活力的发展趋势。清真行业组织的成立，有其特定的市场背景，一方面是清真企业规模小、散、乱、弱的特性制约着产业的健康发展，另一方面是清真市场出现的假冒伪劣清真产品严重扰乱了市场经营秩序，内在发展能力不足，外在行业发展受威胁，两个因素结合在一起，成了本轮部分省区推动成立省级清真行业协会的大背景。这一方面反映出清真企业的行业共识在逐步形成，另一方面也表明清真企业加强行业自律、维护行业健康发展的意识进一步加强。

二、影响清真餐饮发展的主要问题

目前影响中国清真餐饮产业发展的主要问题有以下五个方面：

（1）亟须制定出台全国清真标准体系和清真认证制度，从政策、监督管理和资金等方面支持清真产业发展。尽管 2014 年宁夏、陕西等五省出台的清真食品认证通则，但在真正实施与落实方面，还有很多操作难度。另外，一些中小型清真食品厂的清真产品，目前还是民委、伊协、清真寺等，都在进行监管与认证，出现如此乱象的原因是没有一个统一的监管机构与标准。比如市场上出的“清真”矿泉水，本来没有必要认证的，不知出于什么原因，一定要打上“清真”二字，其后果是扰乱认证的严肃性。而很多严肃监管与认证的鸡、鸭、牛羊肉等产品，则疏于管理，出现不少漏洞。不管是从规范国内清真市场的角度，还是从促进国际贸易的角度，我们都亟须制定或完善相关政策和监督管理制度，出台全国清真标准体系和清真认证制度，为清真产业健康发展保驾护航。

（2）清真行业准入把关和审核不严格，常态化监管机制不完善，监管工作落实不到位，清真市场秩序混乱，埋下了民族关系不和谐隐患。由于我国清真行业组织建设滞后，清真行业准入把关和审核不严格，清真市场监督管理机制不完善，相关部门监管不力，一些经营者唯利是图导致行业恶性竞争，市场上充斥着不能严格按照“清真”标准和要求制作的清真产品，或是假冒清真产品畅通无阻地流入市场，造成了混乱无序的市场局面，一方面损害了清真食品“清洁卫生、营养健康、安全可靠”的品牌形象，另一方面也成为新时期引发民族关系不和谐的潜在因素。

（3）清真企业规模与实力弱小，产业化发展程度较低，专业人才匮乏，导致清真品牌缺乏影响力，拓展国内外市场乏力。目前，我国清真企业普遍存在散小乱、技术力量薄弱、专业人才匮乏、资金短缺、产业层次低等一系列问题，各企业单打独斗，资源分散，力量薄弱，已经成为我国清真品牌形象提升和清真产品拓展国际市场的瓶颈制约，严重阻碍着云南清真产业健康、快速、有序发展。

（4）清真专业知识宣传与普及不到位，清真知识不仅要让业内人知道，更要宣传到全社会，以免因无知而出现民族矛盾与纠纷。同时，中国清真餐饮烹饪技术培训相对滞后，这在一定程度上阻碍了清真烹饪技术的开发和清真餐饮技术的提高。

（5）中国清真餐饮食品业的发展有很大的空间，就目前而言清真餐饮烹饪原料选材基本来自当地，外来原料很少，烹调方式单一，应用现代科技手段的不多，调味基本沿用传统，没有创新，清真快餐、清真西餐、清真茶餐厅、清真小炒店数量远远无法满足广大消费者的需求。

三、推进清真餐饮发展的几点政策建议

清真餐饮产业的发展是一个系统工程，需要高起点谋划、长远性策划、科学性规划，政府主导、企业主体、市场运作，力争产生更大的社会效益和经济效益。具体建议如下：

（1）进一步解放思想，更新观念，从服务“一带一路”国家战略的高度和从改善穆斯林民生问题、促进民族团结和谐、民族地区经济发展的需要，深化我国清真餐饮产业发展的思想认识，积极支持搭建面向穆斯林国家的文化交流和经贸合作平台，积极利用国内国外两种资源、两个市场，引进来和走出去相结合，推动我国清真餐饮产业的转型升级发展。

（2）充分发挥政府的宏观管理作用，推动依法治理清真行业的相关工作，尽快制定出台全国清真标准体系和清真认证制度，依靠法律规范清真餐饮行业的监督管理工作，为清真产业健康发展提供法律和制度保证。

（3）将清真餐饮产业作为我国民族特色产业中的重要产业，从政策、资

金、组织、措施等方面给予全方位支持，引导和培育清真餐饮产业走集约化、集群化、集团化发展道路，做优产品，做强企业，做大品牌，做长产业，推进清真餐饮产业规范化、标准化、品牌化、国际化发展。

（4）对清真餐饮企业加大相关法律法规、政策宣贯工作和经营管理人才培训工作，政府部门应积极支持清真行业协会开展行业法律法规政策宣贯、技术交流和人才培训服务，并将行业协会相关服务纳入政府购买社会服务范围予以支持，依托政府和行业组织力量提升清真餐饮企业的内生发展动力，促进清真产业健康可持续发展。

（5）搭建全国权威性的清真信息网络平台，畅通清真市场监督举报渠道和假冒清真产品的曝光渠道，整顿行业秩序，规范市场发展，探索建立“政府主导、协会参与、民众举报、网络曝光、执法查处”的清真监管模式，营造出风清气正的清真产业发展软环境。

餐饮行业供应商管理机制解决方案
——以联合利华番茄可持续采购项目为例

联合利华饮食策划①

摘　要： 近年来，餐饮行业食品安全问题频发，其中，由于原材料管理和上游供应商的管理出现问题导致的食品安全问题最为集中。所以，逐步实现原材料的可追溯，建立完善、科学的供应商管理机制，实现整个餐饮行业供应链的有效管理，是餐饮食品安全的基础和保障。本文以联合利华供应商三级管控机制为切入点，阐述了如何建立供应商管控机制，提升供应商质量管理水平，确保产品的质量安全，并以联合利华番茄可持续采购项目为例具体展开，为餐饮行业建立供应商管理系统、提升供应链管理效率，逐步实现行业可持续发展提供了借鉴。

关键词： 供应商；餐饮行业；联合利华

一、餐饮行业采购链条的现状分析

近年来，餐饮行业食品安全问题频发，已经成为影响行业发展最为重要的因素之一。然而，回顾和探寻事件发生原因，很多食品安全问题不仅关系到餐饮企业本身，也关系到整个行业供应链条中的上游环节。

随着餐饮行业不断发展，整个产业供应链环节也越来越长，不仅有一级供应商，还有二级、三级、四级甚至更长，环节涉及过多，复杂冗长，出现食品安全问题的可能性更大。再加上整个餐饮行业人员的食品安全意识参差不齐，规模较小以及小作坊似的供应商和初级加工商的食品安全意识还有待提升。

---

① 联合利华集团旗下成员，19 世纪 80 年代起涉足餐饮行业，专业服务团队遍布全球 74 个国家，为包含独立餐厅、大型酒店及连锁快餐等各种类型与规模的客户，提供高品质专业用料与专业餐饮解决方案。在汤料、汁、酱、茶等诸多领域，拥有家乐、好乐门、立顿等品牌。

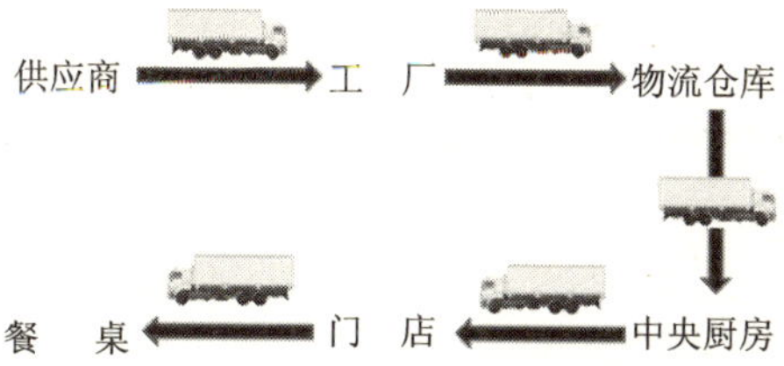

图 1　餐饮行业供应链条

任何一个供应商都可以影响下游客户的产品质量和声誉，在端到端的供应链中，供应商处在最前端。而在食品安全问题频发的当下，供应商的质量管理面临着严重的挑战。传统的供应商管理方法只是确保供应商证照的齐全，但并不能了解供应商质量水平。因此，建立有效的供应商管理机制，对整个餐饮行业供应链实现高效管理，建立可持续发展的餐饮行业生态具有重要意义。

二、联合利华供应商三级管控机制

联合利华作为一家跨国企业，产品结构复杂。每年，公司采购约 1400 万吨各类原料，750 万吨为可再生原料，农户、种植者及初级加工厂可对 90%的可再生原料施加影响，因此，基于公司的可持续行动计划，将供应商纳入到可持续采购的管理机制中，对于完成公司可持续发展的目标具有重要意义。

首先，联合利华作为一家跨国公司，将国外的产品引入中国市场时，必须符合中国的相关法规要求。其次，为了满足客户定制化的要求，在符合相关法律法规安全的基础上，需要快速找到供应商，采购符合质量要求的产品。

为了更主动地了解、管理、改善供应商质量，联合利华开发实施了三级管控机制，即准入制度——技术拜访——质量回顾，从而加强对于供应商的管理，也对可持续采购进行把控。

（一）准入制度

在准入制度中，采购部门会针对不同的物料和供应商进行风险等级的评估，并根据评估结果对该物料和供应商进行不同标准的检验、监测和后期跟进管理。

第一，在物料评估风险等级中，不同风险等级的物料会予以不同方式的管理。根据不同风险等级的物料、供应商采取相应的准入制度。联合利华的风险评估体系中，涉及 1000 余类别的原材料，仅食品的包材和原料就涉及 3500 种。

表 1　联合利华采购物料评估风险等级表

根据物料本身的风险	高风险	中风险	低风险
原料	蔬菜及其制品，肉类及其制品，农作物等	调味品，复合调味料，食品添加剂等	单一化合物，盐，味精等
风险	重金属，农药残留，微生物风险等	违法添加，超量添加，物理异物风险等	密度，含量等

资料来源：企业内部资料。

在联合利华的采购物料列表中，种植于土地中的作物是风险度较高的物料，包括重金属含量、农药残留、微生物情况都是重点检验的项目。

第二，在供应商评估风险等级中，会根据供应商的相关资质予以相应的管理。首先，服务于联合利华的供应商必须符合联合利华供应商要求。例如对于中、高风险的供应商须获得第三方颁发的食品安全系统证书（BRC \ IFS \ FSSC22000 等）。

表 2　联合利华供应商质量评估内容

根据供应商风险	质量评估
高风险	第三方质量标准，例如 FSSC22000 第三方审核机构进行审核 每年回顾
中风险	第三方质量标准，例如 FSSC22000 第三方审核机构进行审核 每两年回顾
低风险	产品调查问卷 供应商自我审查 每两年回顾

资料来源：企业内部资料。

第三，所有物料的采购必须符合联合利华的技术性要求，将通过全球研发测试。这一测试包括两方面的内容，一方面是确保产品安全性，另一方面是满足客户的需求。

研发测试主要集中于当物料用于产品中是否能够保持稳定性。例如，通过感官测试配方原料是否会对包材有影响，通过运输测试了解物料跌落过程中是否能够保持稳定性，通过对高风险配方引入微生物等挑战性测试来确保物料加工成产品后的稳定性。

最后，供应商必须通过社会责任审核。

（二）技术拜访

针对高风险的供应商，对目标供应商进行定期的拜访来评估其质量管理水平和风险，同时，在拜访过程中，也会了解供应商遇到的问题，并与其共同寻找解决方案。联合利华跨团队形成专家小组，涉及质量部、研发部和法律法规等部门。

在技术拜访过程中，专家小组会根据 A 至 D 等级对供应商作出风险评估并提交至公司供应链部门，为不符合供应商管理标准的供应商提供帮助和建议。专家小组会特别针对供应商容易出现质量管理问题的关注点进行有针对性的评估和检查。

以食品类的供应商为例，专家小组将更关注运输处藏、原料包材、加工工艺、清洗清洁、加工工厂整体设计以及相应法律法规执行等容易出现食品安全问题的关键点来进行评估。

表 3　以洋葱采购为例，联合利华对供应商技术拜访关注点列表

运输储藏	（1）仓库，车辆卫生状况 （2）混放，混运 （3）仓库过敏源管理
法律法规	（1）重金属，农残，致病菌检测 （2）新法规执行 （3）标签符合性 （4）联合利华标准符合性
原料包材	（1）原料包材检测计划——质量风险 （2）食品添加剂添加记录——食品安全 （3）原料保质期——食品安全 （4）原包材储藏环境——过敏源，质量风险
工艺	（1）是否去根——微生物风险 （2）是否有漂洗——微生物，化学残留风险 （3）是否有交叉污染风险——过敏源 （4）关键点控制——质量稳定性
清洗	（1）人员卫生，发网——异物风险 （2）清洗流程，消毒剂——微生物，化学危害 （3）在线涂抹测试——微生物风险 （4）清洗消毒验证
工厂设计	（1）外围虫害管理——异物风险 （2）实验室设计——交叉污染 （3）生产大厅流动性——交叉污染 （4）工艺水——微生物，化学污染

资料来源：企业内部资料。

（三）质量回顾

公司的质量回顾遵循 PDCA 原则，即 PLAN-DO-CHECK-ACTION（计划—行动—检查—行动），形成一个不断循环的链条，公司要求所有供应商能够根据这一循环来不断发现缺陷，解决问题，提高质量。

联合利华在采购的过程中，在每一次到货时进行验收，记录其物料中存在的缺陷。公司关注包括化学属性、物理属性、微生物属性、运输质量等类别中 30 余种具体缺陷。根据缺陷的类别，公司在供应商和原料之间建立联系，并在 SNCR 系统中通过自动统计进行优先级排序。这一系统使得公司随时可以了解到，截至此时中国地区过去的一年之内，某一种原料的供应商发现缺陷的等级。在此基础之上，公司每年会选择 10～20 家供应商，由公司专业团队与其一起发现和改善其问题。

在质量回顾过程中，以下项目都是公司与供应商共同关注的重点。第一，在入厂检测规则中，根据物料的风险高低确定需要进行入厂检测的具体项目，同时，仍要求供应商提供批检报告或年度检测报告等非入厂检测项目。所有物料入厂录入可追溯系统数据，并合理保存留样，以备后查。

第二，在质量事件记录与反馈过程中，建立物料质量事件记录系统，并记录和汇报所有与质量、服务相关问题，这些问题不仅实时反馈给供应商，还将不断由专业团队与供应商每月回顾事件解决率，并持续跟踪回顾每一个供应商的质量表现。

第三，变更管理是需要特别关注的环节，当所采购的物料出现变更时，要明确物料“变更”的范围，并按照变更管理流程进行相应的风险评估，如收到变更需求后，联合质量、研发、采购、工厂等部门进行风险评估。

第四，与法律法规相关的内容，当法律法规更新时，通知供应商进行相关行动，同时，帮助供应商解读新法律法规，并协助其制订行动计划。

联合利华不仅在筛选供应商方面有着严格的机制，也邀请供应商加入公司的可持续发展战略，使其认识自己应该承担的社会责任。凭借着对生态、低碳发展趋势的深度解读与超前实践，联合利华将可持续发展纳入公司长期发展战略，并已在该领域展开了诸多积极有效的探索与实践。

在供应商管理系统中，联合利华实践了可持续农业项目，一方面确保了其所采购的农业物料的安全性，同时，也在改善农户种植水平、减少对环境不利影响等方面积累了经验。

三、联合利华供应商管理与番茄可持续采购项目

世界上每10个番茄中，就有两个产于中国新疆，在这里，北纬40度黄金生长线上，每天16小时光照，悬殊的昼夜温差和干燥的土壤种出了世界上最好的番茄。

如果消费者愿意，一瓶原料来自新疆的家乐品牌番茄酱，不管运送到世界任何一个餐桌，都可以追溯出原料番茄出自哪一片农田，甚至是哪天采收的。联合利华和供应商可持续番茄采购项目反映出的是全球最大的农产品采购商和亚洲最大的番茄制造商所建立的互惠互利的商业模式，也集中体现了联合利华的可持续农业采购。

在联合利华的可持续农业采购标准中，提高土地利用率、促进生物多样性、促进土壤保持和改良、关注农户和农场雇工的生活状况、监控资源的有效利用，减少温室气体排放，减轻污染、关注化学品使用产生的影响、提高水资源利用效率和减少温室气体排放都是被重点关注的。

2004年，联合利华携手番茄供应商在新疆开展可持续发展农业项目，联合利华可持续农业的战略规划得到了积极贯彻与有效实践。供应商致力于为全球消费者提供质量安全可靠的一流食品，它“从田间到餐桌”理念与联合利华的“农产品原料可持续采购”不谋而合，充分体现出两个企业在保证食品质量安全及食品安全可追溯性方面目标的一致。

联合利华从原料源头开始，保证食品的质量安全及安全可追溯性，通过实行“订单农业”，在“公司+基地+农户”的成熟运作模式支持下，90%以上的原料基地建设面积纳入到“原料第一车间”的管理体系中。并根据“良种良法”的原则，严格采用好品种、新技术、新模式，提高单产，提升品质，提升产业竞争能力。

番茄的育种、土壤的监测、施肥试验、滴灌设备的使用等等涉及整个番茄种植的过程需要长期的实践。联合利华农艺师长期在种植基地与农户共同解决生产和种植过程中遇到的问题。解决了当地农民根据土地长势施肥，不仅浪费

了大量资金，还不能提高产量，以及实现农残达标的诸多问题。

（一）测土平衡施肥：控制氮肥的使用量，减少过度施肥的问题，实现精细化管理

合理施肥涉及减少农药残留、增加土壤污染、购买肥料投入资金等诸多问题，直接关系到番茄产量。在联合利华专家的指导下，农户在施肥前，针对所选试验地块土壤中水解性氮、有效磷、速效钾等的检测结果，通过配比施肥以达到均衡施肥的效果，提高化肥利用率，达到增产增收的目的。

测土平衡施肥，不仅节省了投入成本，而且为作物提供了更加适宜的生长条件，通过各试验点习惯用量与推荐用量对比，整体上产量较常规施肥增加。结合亩产与下肥量成本分析，推荐肥料达到了很好的效果，实现了科学种田，提高肥料的利用率，最终达到投入产出最大化。

同时，测土平衡施肥也逐渐使得番茄果实的农药残留检出比例降低，满足番茄采购的农残检测标准。从 2005 年至 2010 年，对番茄果实农药残留检测的比例中可以看出，以往农户根据经验施肥造成 68%的果实检出农药残留，到实施了测土平衡施肥，番茄果实农药残留检出比例下降超过 50%。

（二）可降解膜的试验和应用，减少对环境的不利影响

农业种植中农用地膜的使用能够有效控制土壤的温度和湿度，减少水分和营养物的流失，促进了农作物的高产和稳产，增加农业生产效益。这一技术在番茄种植中也广泛应用。

但是由于地膜的一次性使用，每年都会有大量的残膜留在土壤里。塑料地膜在自然界中很难降解，这些地膜的碎片可在土壤中形成阻隔层，使土壤中的水、气、肥等流动受阻，不仅会造成土壤结构板结，严重危害该地区的生态环境，还会造成白色污染。

在考虑增加产量的同时，联合利华还要求供应商与其共同减少对环境的不利影响，共同践行可持续行动计划。在新疆番茄种植基地，联合利华专家团队与农户共同开展可降解膜的试验和应用，解决废弃地膜造成的“白色污染”问题，助力当地农业的可持续发展。

（三）滴灌技术的应用，节约用水

新疆的土地面积占全国的1/6，但水资源总量却只占到中国的2.9%，单位面积产水量在中国为倒数第三位。该地区降水量稀少，近80%的地下水都来自地表水的转化和补给。① 因此，在新疆地区开展种植，节约用水极为重要。

在番茄种植基地，滴灌种植技术推广应用，面积快速增加，2011年达32万亩，占番茄种植总面积的50%，总节水量达30%。同时，滴灌技术与施肥相结合，也明显提高了肥效。

（四）虫害病害预防系统：环境生态考虑

病虫害的防治措施分为农业防治、物理防治、化学防治以及生物防治措施，目前常规生产中多采用化学防治措施，打农药是常用的方法。物理防治比如黄板篮板，黑光灯、糖醋液引诱等；农业防治主要是轮作、有机肥料的科学使用，科学管理，适合的栽培方法等；生物防治主要利用天敌，如赤眼蜂、丽蚜小蜂、一些生物菌类的应用技术等。

（五）农民田间学校：联合利华开展免费专业培训，提高当地农户生计

在联合利华的可持续行动计划中，重要的一部分就是改善当地小农生计，与供应商共同成长和发展。在番茄种植基地，联合利华专家团队通过培训等方式，提高该地区农户番茄种植水平。培训内容涉及番茄选种、测土施肥方法、虫害病害预防方法等科学种植方法。这一培训持续了多年，到目前为止培训农户超过5000人。

在“新疆可持续农业项目”上，联合利华与供应商分享及推广可持续性农业项目所取得的成果、发展经验，农业专家则与当地企业分享可持续农业的成功经验，以完善农业服务体系。

联合利华的可持续农业采购不仅关注企业自身利益，注重农产品本身质量与追溯性，更重要的是致力于环境与当地社区的协调发展。可持续农业是指切

---

① http：//www.people.com.cn/GB/channel4/27/20000828/205308.html 5th，March，2015.

实可行的、能带来经济效益的、对环境友好且符合社区条件与发展需求的农业实践，它是高产、高效、具有竞争力的农业生产方式。这一可持续的供应商管理和可持续采购模式，也应用到棕榈油、红茶、蘑菇等诸多原材料的采购中。

可持续农业采购并不完全出于对成本的考虑，对于联合利华来说，可持续发展背后蕴含着经济学和社会学意义，可持续发展的双赢结果是来自消费者吃得更好，生活得更好，且企业对社会有所贡献。而正是公司基于这一理念而推动的管理模式，也使得联合利华的产品能够以最佳品质为更多消费者服务。

老（残）餐桌现状与老年营养餐标准研究
——以北京市为调研范围[①]

付　萍[②]　王晓芳

摘　要：2014年撰写了“基于政策需求视角下的老年餐发展模式分析”的报告。指出了养老供餐的政策方向与解决方法。之后，我们对北京市养老餐运行情况进行了独立调查，目的在于建立行业相关标准，以促进老年餐饮产业的健康发展。

关键字：老年餐；养老餐桌；老年营养餐

2013年国务院出台了《关于加快发展养老服务业的若干意见》（国发〔2013〕35号）和《关于促进健康服务业发展的若干意见》（国发〔2013〕40号）2014年2月10日，卫计委和农业部联合发布了《中国食物与营养发展纲要》（2014—2020年），将老年人列为重点人群，强调研究开发适合老年人身体健康需要的食物产品，重点发展营养强化食品和低盐、低脂食物。2015年1月29日北京市第十四届人民代表大会第三次会议通过的北京市居家养老服务条例（北京市人民代表大会公告第4号）第三条第一款明确提出：居家养老服务应当以居住在家老年人的服务需求为导向，坚持自愿选择、就近便利、安全优质、价格合理的原则。

居家养老服务主要包括以下内容：为老年人提供社区老年餐桌、定点餐饮、自助型餐饮配送、开放单位食堂等用餐服务。该条例将于2015年5月1日起施行，是促进助老供餐产业发展的政策依据，为餐饮业大力发展老年餐

---

① 本报告来源于中国红十字基金会中国肯德基餐饮健康基金《北京市老（残）餐桌现况与老年营养餐标准研究》。

② 付萍：中国疾病预防控制中心营养与健康所教授，硕士生导师，中国老年学与老年医学学会营养与食品专业委员会主任。

服务带来了新的机遇和挑战。2014 年撰写了“基于政策需求视角下的老年餐发展模式分析”的报告，强调了助老供餐可能成为未来各地政府养老政策的重要抓手和技术手段。2014 年是北京市养老（助残）餐桌运行第五个年头，在中国红十字基金会肯德基健康餐饮基金的支持下，我们对北京市养老（助残）餐桌运行情况进行了独立调查，目的在于发现问题，促进产业的发展。

本文所界定的老年餐为老年营养餐，其定义为：以健康长寿为目标，依据老年人的生理特质和营养需要，合理搭配食材，全面营养，科学烹饪，提供的安全、营养、适口的老年餐食。其特征为有中国特色的、各地风味的中式套餐；有老年人特色的饮食文化；是中国居家养老服务体系中的重要组成部分。

在此基础上，从餐饮产业运行的角度，我们重点分析以老年营养餐为供餐内容的老年餐桌的发展。

一、研究方法

本研究以北京市有关部委的 2013 年底养老（助残）餐桌运营机构为基础目标，了解这些企业老年餐运行情况。调查方法包括：电话调查、大型餐饮企业部分门店企业自填调查表和实地考察等方式。

抽样方法：（1）电话调查采用纯随机法抽取起始号码为随机抽取的人民币序列号尾号，抽样间隔为 10，起始号码为 6，抽取 10％样本为调查对象。据调查显示，由市老龄委提供的社区老年所服务电话远郊地区的电话几乎都是村民或居民私人电话，基本没有真正的社区养老（助残）餐桌，朝阳区和石景山区未获得联系电话，因此我们仅以四个城区作为代表，按抽取 10％共计 204 个机构进行电话调查；全市参与提供养老（助残）餐桌服务的餐饮企业共 3250 家，为了获得更准确结果加点抽样量，随机抽取 15％起始号为 1，抽样间隔 6，共计 478 家餐饮企业为调查样本。（2）餐饮企业自填表：选取有代表性的大型餐饮企业门店，发放问卷由相关负责人填写问卷。（3）现场考察：对电话访问中回答有老年套餐的企业进行实地调查和试吃。

二、调查结果

（一）社区养老（助残）餐桌运营情况

据调查显示，由于所提供的社区老年所服务电话远郊地区的电话几乎都是村民或居民私人电话，基本没有真正的社区养老（助残）餐桌，朝阳区和石景山区未获得联系电话，因此我们仅以四个城区作为代表，按抽取10%的机构进行电话调查，一共调查了204家社区，结果见表1。

表1　机构养老餐桌运营实际情况

所在地区	机构养老（助残）餐桌			
	抽样数（N）	占样本总量（%）	现有老年餐桌（N）	占被调查样本（%）
海淀	106	16%	4	4%
西城	30	17%	8	27%
东城	18	17.6%	0	0%
丰台	50	16%	2	4%
合计	204	100%	14	6.9%

北京市各区县社区托老所实际上都是居委会所在地，仅有6.9%的机构真正有自营的养老（助残）餐桌。海淀区抽取的106个社区托老所只有4家有养老（助残）餐桌服务，占比不足4%；东城区抽取的18个社区均没有该服务，但社区周围有餐饮企业提供相应服务；丰台区50个社区只有2个有老年餐桌服务，仅占4%；西城区30个社区托老所中有8个提供相关的养老（助残）餐桌服务，是最高的，仅占27%。通过这个结果我们可以得出，所谓的社区托老所大部分只是居委会所在地，在其周围有餐饮企业签约提供本社区养老（助残）餐桌服务，到目前为止多数并没有对社区老人开展这项服务，这些机构可能是未来政府主导的居家养老的主要场所和可利用资源，如何发挥这些机构的积极性对老年营养餐产业化运作至关重要。

（二）餐饮企业养老（助残）餐桌运营现状

根据相关部委2013年的统计数据，全市参与提供养老（助残）餐桌服务的餐厅共有3250家，我们通过随机抽样的方法，调查了分布在北京16个地区的488家餐厅，占北京全市餐饮企业的15%，我们统计了在这些企业中提供养老（助残）餐桌服务的实际运营情况，见表2。

表2 餐厅老年餐桌运营现状

所在区	经营老年餐桌的餐厅			
	抽样门店数（N）	占样本总量（%）	现有老年餐桌（N）	占被调查样本（%）
朝阳	56	11.5	35	62.5
西城	45	9.2	20	44.0
东城	29	6.0	18	62.0
海淀	55	11.3	25	45.5
昌平	39	8.0	3	7.7
大兴	12	2.5	9	75.0
房山	31	6.4	13	42.0
丰台	45	9.2	20	44.0
怀柔	17	3.5	8	47.0
门头沟	15	3.1	3	20.0
密云	12	2.5	6	50.0
平谷	35	7.2	26	74.0
石景山	23	4.7	4	17.4
顺义	27	5.5	27	100
通州	5	1.0	4	80.0
延庆	41	8.4	13	31.7
合计	487	100	234	48.0

结果显示，仍在经营养老（助残）餐桌的餐厅仅占抽样的48%，前三位分别是顺义区100%、通州80%、平谷74%，而昌平最少仅7.7%。根据这个比例推算，仍在运营的老年餐桌朝阳区208家、西城区487家、东城区110家、海淀区153家、昌平区18家、大兴55家、房山94家、丰台122家、怀柔48家、门头沟21家、密云177、平谷360家、石景山25家、顺义169家、通州34家、延庆155家。顺义、通州、大兴、平谷、朝阳、东城这六个地区的企业性养老（助残）餐桌服务运营得较好，仍有60%以上餐厅还在经营老年餐桌。而昌平、石景山、门头沟、延庆地区的运营情况却不尽如人意。

针对仍在经营老年餐桌的234家餐饮企业，我们对具体的服务情况进行了10个问题的电话调查，其中66.7%为无障碍餐厅，轮椅能直接进入；42.7%能提供送餐服务；仅11.5%有专门的老年套餐（见表3）。

表3 仍经营老年餐桌的234个餐厅服务情况调查

序号	问题	数量	占比（%）
1	以签约形式提供老年餐	233	99.5%
2	有专门的老年套餐	27	11.5%
3	老人用餐有时间限制	13	5.5%
4	餐轮椅能直接进去	156	66.7%
5	能给送餐	100	42.7%

实地考察：我们对在电话中回答有老年套餐的27家餐厅逐一进行实地考察，发现真正有老年套餐的只有3家。

表4 北京老年餐桌运营情况

单位名称			养老餐桌	餐厅基本情况			
区、县	街道	餐厅类型	运营模式	餐厅类型	营业面积	开设时间	总数
西城	福绥境	中式快餐	公办	普通	450	1992	45
西城	西长安街	小吃店	签约	清真	475	2005	32
西城	西长安街	西式快餐	签约	普通	200	2010	14
西城	西长安街	面馆	签约	普通	100	2007	16
西城	新街口	风味餐厅	公办	普通	900	1995	46
西城	新街口	包子	签约	普通	200	2009	20
西城	月坛南街	中式连锁快餐	自建	普通	220	2006	22
朝阳	西坝河南里	中式连锁快餐	自建	普通	292	2005	12
朝阳	樱花东街	中式连锁快餐	自建	普通	456	2005	26

表4部分反映了北京老年餐桌运营情况。西城区4个街道被调查的7家餐厅，包含一个清真餐厅，营业面积共为2545m^2。朝阳区2个街道38家餐厅全部属于社会餐饮，有中央厨房配置，餐厅营业面积748m^2。

表5 北京市餐厅老年餐桌调查总结

餐厅名称	老年套餐	老年餐日均服务量		就餐类型及供餐平均费用		
		食堂	送餐	早餐	午餐	晚餐
汇丰饺子楼	有	80	10	5	30	26
曙光小吃店	没有	60	5	7	12	10
香妃烤鸡	没有	50	10	—	20	—
西单新川面馆	没有	10	0	—	15	—
华天延吉餐厅	没有	5	0	5	15	15
北京庆丰包子铺	有	150	15	—	10	—
嘉和一品三里河餐厅	有	17	1	8	15	18

我们仅随机调查了几家快餐店，从中可以看出，注重营养的连锁餐饮企业都有能力提供老年套餐。表5中日均服务总量为413人次/日，其中堂食为372人次/日，占抽样总数的90%；选择送餐服务的41人次/日，占抽样总数的10%；由此可见大多数老人习惯上门用餐。设有专门老年套餐的3家餐厅日均用餐总人数达到273人，没有专设老年套餐的4家餐厅日均用餐人数为140人，占用餐总人数的33%。可见提供适合老人食用的套餐，更受老人欢迎。一日三餐的餐厅消费金额统计：汇丰饺子楼61元；曙光小吃29元；华天延吉餐厅35元；嘉和一品41元；香妃烤鸡20元；西单新川面馆15元；庆丰

包子铺 10 元。平均消费金额：早餐 6.9 元，午餐 16.4 元，晚餐 17.5 元。日均消费约在 41 元左右，在大多数家庭经济承受范围内。这几家餐厅提供的套餐种类较丰富，做到了干稀搭配，荤素搭配，但是主食成品较单一，没有做到粗细合理搭配，谷类和薯类合理搭配。

北京市养老（助残）餐桌的供餐企业，运行状态参差不齐，众多小餐厅情况基本无法提供适合老年人的餐食。无论是社区托老所还是餐饮企业，实际经营情况远不如相关部委所提供的资料那么乐观。利润薄使经营中的多数餐饮企业没有能力开发老年餐食品种，随着新政不断推出和制度完善，技术先进、管理优良的连锁餐饮企业，特别是团餐企业，将看好未来老年餐这一巨大的市场，成为未来解决老年人一日三餐的主力军。

三、存在的问题与政策建议

北京市养老（助残）餐桌已运营满 5 年，作为政府民心工程的重要内容在助老工程中发挥了至关重要的作用。由解决老人吃饭难题的普通“养老（助残）餐桌”转变为为老人提供搭配合理、营养充分、适合不同需求的“老年营养餐”已显得十分迫切。为了及时出台具有指导意义的老年营养餐配餐技术标准（要求），为老年人提供一份“充满爱意的生命盒饭”，打造区域性助老供餐体系，根据调查结果提出以下建议：

（一）社区机构助老供餐应进行结构性治理，引入民间资本产业化运作

从相关资料看，所谓的社区托老所均设在属地居委会所在地，在其周围有餐饮企业签约提供本社区养老（助残）餐桌服务，截止到调查完成时，多数并没有对社区老人开放服务，这正是未来政府主导的居家养老的主要场所和可利用资源，发挥这些机构的积极性对老年营养餐产业化运作至关重要。

（二）餐饮企业是助老供餐的中坚力量，形式上可满足不同消费者的需求

对北京市与相关部门签约的餐饮企业调查，目前约 48%养老（助残）餐桌运行正常，社会餐饮企业因经营区域广及提供食物的多样性的优势，依然是

当前解决老年人日常饮食问题的主要力量。政府部门如果能从政策层面，给予从事老年餐饮服务的餐饮企业一定的优惠和扶植，鼓励社会餐饮利用其自身优势，进入并站稳这个市场，以满足日趋多元化的老年餐饮产业发展的需求。

（三）尽快推出老年营养餐技术标准（要求），使餐饮企业有章可循

到目前为止，餐饮业助老供餐还没有相应的技术标准，各地所谓的“老年餐”实际为餐饮企业按各自原有的食谱供老人选择，无法满足老人对饮食品质上“质量高体积小”，加工上“软烂精细”，口味上“清淡少油少盐”的要求。同时，老年餐的营养标准规定应提供的食物量、食物搭配和每餐食物的能量和主要营养素供给量等信息，保证了消费者获得均衡营养。同时，为行业人才的培训提供了科学指导，规范了社会化管理和评价。中国营养学会正式推出《中国居民膳食营养素参考摄入量》（2013 年版），这一最新版本的膳食营养纲领性文件为制定老年营养餐技术要求提供了依据，使之具有领先性和前瞻性。

参考文献：

[1]《中国食物与营养发展纲要》（2014—2020 年）。
[2]《中国老龄事业发展“十二五”规划》（国发〔2011〕28 号）。
[3]《国务院关于促进健康服务业发展的若干意见》（国发〔2013〕40 号）。
[4]《国务院关于加快发展养老服务业的若干意见》（国发〔2013〕35 号）。
[5]《北京市人民政府关于加快推进养老服务业发展的意见》（京政发〔2013〕32 号）。
[6] 王陇德主编：《2002 年中国居民营养与健康状况综合报告》，人民卫生出版社 2005 年版。
[7] 中国营养学会老年营养分会主编：《中国老年人膳食指南》，山东美术出版社 2010 年版。
[8] http：//www. aoa. gov/AoARoot/AoA _ Programs/HCLTC/Nutrition _ Services/index. aspx. Nutrition Services (OAA Title IIIC)。
[9]《中国居民膳食指南》，中国营养学会 2008 年版。
[10]《中国居民膳食营养素参考摄入量》，中国营养学会 DRIs2013 年版。

生 态 篇

中国服务领跑餐饮发展新时代
——以北京宴为例

杨秀龙[1]　吴坚[2]

摘　要： 餐饮企业走过了依靠市场自然增长而高速发展的“幸福时光”，当竞争日趋激烈、宏观环境变得不那么“给力”时，餐饮企业从来没有像今天这样渴望顾客。无论是高端餐饮企业还是大众化餐饮企业，其实都面临同样的问题。如何留住顾客？如何转化顾客？都知道20%顾客带来80%业绩，但20%顾客在哪里？北京宴中国服务模式的成功实践，为餐饮行业提供了实现“中国服务”落地并引爆企业业绩增长的理念、准则与方法。以顾客至上为核心的“中国服务”理念不仅将领跑餐饮发展新时代，或许会对餐饮以外的服务行业以及传统产业都产生重要影响。

关键词： 餐饮企业；餐饮发展；北京宴

在餐饮业一片肃杀的“寒冬”中，北京宴的逆势成功无疑已成为一种现象级的奇迹，或许一年前还有人将信将疑，然而，到今天已不由你不信了。至今为止，“北京宴现象”不仅引起了从央视到参考消息、人民日报等权威媒体的关注，长江商学院、中瑞酒店管理学院、商业评论等学术界也纷纷走进北京宴一探究竟。2013年8月，长江商学院专门以“北京宴的人力资源管理之道”和“国八条后，北京宴如何转型升级”为题，作了案例研究并列入教学案例库。全国同行也不约而同对北京宴进行了明察暗访，至今已接待参观、交流的同行近20000人次，平均每月600人次，目前，已举办专题研修班24期，来自全国同行612家，3208人次参加了学习交流。然而，2013年初，在国八

① 杨秀龙：北京宴董事长，中国服务创始人。

② 吴坚：硕士，中国餐饮产业研究院院长，微信公众平台［餐饮商学院］院长、创始人，中国烹饪协会企业家委员会执行主席。

条颁布之后，北京宴也同样经历了业绩大跳水，从一天的生意 60 万元，最惨时只有两千块钱收入。那么，让北京宴起死回生的妙法究竟是什么？答案就是：中国服务！

正是得益于中国服务的理念，让北京宴在短短的三个月时间便扭亏为盈，走出困境，进而迅速蹿红，并成为餐饮行业的标杆。

一、关于中国服务

“中国服务”的概念是在 2010 年 9 月 28 日北京国际饭店召开的“中国服务”发展论坛上被首度提出，举起“中国服务”从旅游业开始的旗帜。当年，经国家语言资源监测与研究中心等机构专家审定入选 2010 年年度新词语，并收录《中国语言生活状况报告》。

“中国服务”一经提出就被提高到国家战略层面，定义中国服务是自主创新，具有中国品牌的特色服务的国家新品牌、新战略；是城市经济发展方式转变、推动产业结构优化升级的重要策略，与“中国制造”一起，成为产业振兴和中国腾飞的两个翅膀。

然而，“中国服务”却一直停留在概念阶段，不仅缺乏具体的实践，也缺乏对中国服务的理论解读，直到 2012 年北京宴将“中国服务”付诸实践，并建立了“中国服务”体系，才赋予“中国服务”以生命力。

随着北京宴被央视、人民日报等权威媒体作为转型升级标杆企业而广受赞誉；行业协会及全国同行的广泛关注；长江商学院、商业评论等学术界的总结推广；加之北京宴“相约北京宴，助力中国服务”体验学习班的分享传播，让中国服务的影响力持续引爆。

那么，北京宴的中国服务成功实践带给我们的启示是什么？有什么诀窍？

二、中国服务的核心：以顾客为导向

餐饮企业走过了依靠市场自然增长而高速发展的“幸福时光”，当竞争日趋激烈、宏观环境变得不那么“给力”时，餐饮企业从来没有像今天这样渴望顾客。无论是高端餐饮企业还是大众化餐饮企业，其实都面临同样的问题。

德鲁克先生明确地告诉我们：企业就是创造顾客；企业只有两个功能——营销和创新。因此，企业需要不断地理解顾客的价值，企业需要不断地通过营销和创新来体现顾客的价值，这样才能够在市场中存活下来。如果说，北京宴的中国服务成功实践有什么诀窍的话，那就是以顾客为导向，这是北京宴倡导的中国服务的核心！以消费者为导向提醒我们，去找出“消费者需要的是什么”，去“注意消费者”，而不是问“我们的消费者在哪儿”、“请消费者注意”。

北京宴的中国服务理念正是紧紧围绕顾客的价值创造，站在顾客的角度，不断探寻顾客心中的问题：一是顾客为什么愿意来？二是顾客最讨厌什么？三是顾客最怕什么？四是顾客希望什么？五是顾客得到什么？这五个问题构成了顾客到店消费的顾虑！

许多人可能会说，这还不简单?！在中国每个企业都会谈，以市场为导向，以客户为中心，但是许多人其实都没有理解这两句话的含义，以顾客为中心，是要站在顾客的立场上为他带来价值！

北京宴倡导的中国服务针对顾客的五大困扰，从情感、态度、利益、方向及目标的五个方面，提出了针对性解决方案，构成了中国服务以顾客为导向的五大原理。即从情感上的亲情服务、从态度上不说“不”的文化、从利益上不让客人吃亏、从方向上追寻顾客需求以及以追求顾客赞誉为目标。

北京宴的成功之道正是高度重视顾客的需求，并把满足顾客受欢迎、受尊重、被理解以及享受舒适的四大需求作为构筑中国服务体系的立足点，所有的服务设计都紧紧围绕顾客的需求展开。

在北京宴，每天都发生着这样的感动：当看到客人咳嗽时，北京宴的员工会给客人悄悄端上一碗银耳雪梨汤；当得知客人胃不好，吃得不多时，会给客人端一碗热腾腾的小米粥；当看到客人喝酒过多时，会给客人准备一杯蜂蜜水解酒；当客人因感动而坚持要给小费时，会准备好平安果并把小费包在里面，写好爱心卡说明，在客人临走时送还给客人。

服务来自于对每一个顾客的体验的认识，来自于对每一个顾客价值的理解，能够站在顾客的角度来看待问题，同时又超越顾客的想象，给顾客带来惊喜。这样的服务不是单纯的承诺，而是创造性的承诺，是用心和创意带给顾客超值的体验。

很多时候，企业经常幻想留住所有顾客，这不现实。但是像北京宴这样的服务，真的可以留住顾客。其实，经营服务，就是经营顾客的心！俗话说，金杯银杯不如顾客的口碑，金奖银奖不如顾客的夸奖，贝恩（Bain&Company）咨询公司研究表明，被服务感动的顾客有较低的价格敏感度、较高的重复购买率、对于企业或品牌的评价 80％～90％都是赞美之词。没有这种客户关注，所有的一切不过是一场交易！交易性的服务无法给客户留下持久而积极的印象，更无法带来客户忠诚度！因此，从这个层面讲，北京宴的中国服务模式不仅是服务创新的典范，而且是营销模式的升级，是完整的以经营为中心的服务设计！不管高端中端低端，都得盯着市场变；不管中餐洋餐快餐，都得围着顾客转。赢得顾客是企业终生的话题。以往我们可以用产品和服务来获得顾客。但是现在，我们需要用顾客的体验来赢得顾客，企业要持续地探求新的价值创造和交付方式。一场围绕顾客和顾客价值的创造与交付而展开的竞争正在形成，一场打破传统竞争规则和勾勒新的竞争蓝图的经营模式也正在形成，如果我们不理解，不调整，不变革，我们就会被淘汰。

以顾客为导向就是我们要找的“风口”！事实上，北京宴中国服务模式的成功，正是坚持了以顾客为导向的原则，并将顾客驱动动力来源发挥至极致。有趣的是，无论以顾客为中心的思维，还是为达到“极致”而不断创新的“迭代”思维，均与互联网思维不谋而合。

可见“中国服务”不仅本就是酒店餐饮业的看家本领，而且踩到了时代的节拍，必将领跑餐饮发展新时代！

三、中国服务的落地：标准化是基础、个性化是保障

无形的文化一定要通过有形的工作标准、规范与流程进行塑造！北京宴的成功实践证明了这一点。

在基本制度、基本工作标准与基本流程方面，北京宴与大多数企业并无二致，只是北京宴坚持了以顾客为中心的原则，围绕中国服务理念进行了优化设计。例如，北京宴的“五位一体”及“糖文化”就是北京宴向所有的客人显示积极热情的态度所做的设计。

围绕“顾客”进行流程设计的。

“估清”这个词想必餐饮企业都不陌生，通常指后厨原材料用完或供应不

上了。但用作会议主题却是北京宴独创。而且，在北京宴每日午市、晚市前必开一次。

“估清”会的主要工作流程：

“估清”的内容：顾客的需求。

“估清”会时间：上午10：20、下午4：20。

“估清”会参加人员：客服部与楼面服务部全体管理人员。

“估清”会议程：客服部将写清顾客需求的表单面对面交给服务部，完成顾客需求的“交接”手续。

“估清”会时间节点：估清会前服务部人员必须用餐完毕，以保证估清会后立刻投入按客情单内容落实相应事项；而客服部人员估清会前不得用餐，应保证客情落实到位，在估清会后客服人员用餐完毕，进入相应包间检查服务部对相关事项落实情况……

从上述“估清”会流程不难得出以下三个结论：

一是“估清”会估清的不是“菜”，而是“顾客需求”，这是一切围绕顾客的需求展开工作的流程；

二是以“估清”会形式，固化客服部对“顾客需求”的事先征询与挖掘；

三是“估清”会形成以顾客需求为中心的管理循环。

可见，没有明确的过程规范与结果标准，何来执行力？没有完整的“以顾客为中心”的流程设计，何来让针对顾客的个性化服务落地?!

因此，北京宴的成功实践带给我们的启示就是：我们需要重新审视我们的标准、规范与流程，一切应围绕“以顾客为导向”进行优化设计。事实上，我常说，在中国每个企业都会谈，以市场为导向，以客户为中心，但是许多人其实都没有理解这两句话的含义，以顾客为中心，是要站在顾客的立场上为他带来价值！

四、中国服务的标准：可复制的服务执行体系

很多时候企业会认为服务难以衡量，也因此常常把服务确定为承诺的条款。这并没有什么错误，服务本身就是承诺和行动，但是一个真正带来顾客忠诚度的服务，却必须给予顾客意外的惊喜，并超越顾客的期望值。这说起来好

像很难，但是如果员工愿意用心去做，就是非常容易做到的事情。最重要的还是员工的创意以及对于顾客导向的价值认同——用心，一切创意皆有可能。

中国服务理念体系从“顾客”的需求出发，针对满足并超越顾客的需求的各个层面进行了精心设计，根据5W2H思考问题的方法，涵括了从目的、时机、人员、方法、程度等十大层面，形成了完整的服务体系。

（一）第一个W（Why）：为什么要这么做，理由何在，原因是什么

服务是为他人做事，做他人需要的事。因此，所有的工作都应该是从客人需求出发。即：顾客的四个基本需求：受欢迎的需求、受重视的需求、被理解的需求及享受舒适的需求。

顾客的四个基本需求是以顾客为中心的根本出发点，北京宴人认为：是否理解与抓住顾客的四个基本需求，是奠定服务基调的根本！一切离开顾客需求的服务都是无效的！

（二）第二个W（What）：干什么

干什么决定了工作的方向，即优质服务“三个境界”：让顾客满意；让顾客惊喜；让顾客感动。

（1）所谓让顾客满意就是，顾客认为必须做到的，我们按规范、规定、标准向顾客提供服务，通常就可以让顾客满意；

（2）所谓让顾客惊喜就是，顾客认为可以不做，但我们做到了，了解并使用了客人的喜好、忌讳等信息，就可以给顾客以惊喜；

（3）所谓让顾客感动就是，顾客想都没想，或认为酒店不可能做的事情。特别是在顾客有困难需要帮助，同时认为这与酒店毫无关系时，我们帮助了他，就创造了顾客感动。

（三）第三个W（When）：什么时候做，什么时机最适宜

什么时候做是对前两个问题的界定，对此，北京宴用两个四个之前做了规定，即：

其一，优质服务的四个之前：预测顾客需求，要在顾客到来之前；满足顾客需求，要在顾客开口之前；化解顾客抱怨，要在顾客不悦之前；给顾客一个惊喜，在顾客离店之前。

其二，处理顾客抱怨的四个之前：顾客不悦之前，消费结束之前，顾客离店之前，离店 24 小时之前。

（四）第四个 W（Who）：谁去做，由谁来承担，谁来完成，谁负责

为顾客用心做事，员工去做最好。让客人体会到每一位员工的亲情；满足顾客开口需求，主管去做最好，让客人感到受尊重；而帮助顾客解决困难，化解顾客抱怨，经理去做最好，让客人感到受重视。

（五）第五个 W（Where）：从哪入手

服务当中的三个机会，一是当你准备向客人说不时，用心做事的机会就到了；二是当客人有个性需求时，让客人惊喜的机会就到了；三是当客人有困难需要帮助时，让客人感动的机会就到了。

（一）第一个 h（how）：怎么做，如何实施，方法怎样

如何做的三个方法：

第一个方法是，完成优质服务的四个步骤，即，向顾客显示积极热情的态度；识别顾客的需求；满足顾客的需求；让客人成为我们的回头客。

第二个方法是，给顾客惊喜的“五字方针”，即“查问听看用”：查——查看客人档案；问——询问客人要求；听——倾听客人谈话；看——观察客人形色；用——用是关键。

第三个方法是，优质服务的“六”不原则，即，上道工序不对下道工序说不；二线部门不对一线部门说不；上级不对员工提出的困难说不；下级不对上级的命令说不；被检查者不对检查者查出的问题说不；全员不对客人说不。

（二）第二个 h（how much）：做到什么程度

凡是客人有开口需求（合法）或员工为顾客的事情向其他部门员工提出的要求，任何人不得说“不”，尽了最大努力确定不能给予满足的，必须立即向上级反馈，直至董事长。

凡是向顾客承诺没有兑现（包括没有按照酒店的规定程序去做）的，必须

立即向上级反馈，直至董事长。

凡是客人有抱怨或投诉，任何人不得置之不理，必须立即向上级反馈，直至董事长。有关部门或领导必须在客人离店前给予满意的回复。

凡是对客服务中，遇到自己无权或无能力解决的事情，必须立即向上级反馈，直至董事长。

显而易见，上述5W2H七大方面的十大要点，对要解决问题的目的、对象、地点、时间、人员和方法提出一系列解决问题的答案，构筑了中国服务的完整服务执行体系，让中国服务有章可循，容易复制。

然而，北京宴的中国服务之道，根本上是建立在高标准、规范化的基础上，并且不断训练与强化。因此，中国服务不是口号，也不是喊出来的，而是高标准范式的体现！

五、中国服务你学得会：卓越服务是设计出来的

要保证企业的正常运转，少不了基本的服务设计，例如规范的接待程序、标准的工作流程等，但为何北京宴的中国服务设计能够收获顾客的广泛赞誉而成为驱动顾客持续热捧的方式？其实，卓越服务是设计出来的，中国服务你学得会！

（一）服务设计的基础：顾客的四个基本需求

许多人认为的服务就是：为他人做事情。如果你把服务当成只是为他人做事情，那么，最终的结果就只是一种“交易”，如果顾客只是为你为他所做的事情买单，而且前提还是你的服务没有差错。除非你提供的服务是独门生意，否则顾客凭什么舍别人而非要选择你？

服务不仅是为他人做事情，更重要的是要做他人需要的事情！因此，能否围绕顾客的需求展开服务设计就成为关键了。所谓探其所好，才能投其所好。而所有的服务都需要满足顾客的四个基本需求，即受欢迎、受重视、享受舒适、被理解的需求。北京宴针对顾客这四大需求专门进行了设计。

1. 受欢迎需求的设计

要让顾客感受到受欢迎，需要做到，让顾客感到你十分乐意见到他，并且

他的到来对你来说很重要。对于有业务往来的顾客，如果顾客感到自己像一个局外人的话，那么这位顾客就不会成为回头客。

对此，北京宴每个岗位围绕“五位一体”设计出 5 块糖，向所有的客人显示积极热情的态度。

2. 受重视需求的设计

自尊是人类的强烈需求，我们都喜欢受到别人重视，顾客也一样，为此，你所做的任何事情都要本着重视顾客的原则。要让顾客感受到受尊重需要做到，让顾客感到对于你来说，他自己始终是一个特殊的人物，在享受别人享受不到的特殊的关照。

对此，北京宴针对不同的顾客需求，以私人订制进行了相关设计，例如一场生日宴，北京宴从门牌号、欢迎屏、房间照片、沙盘、团队送福、专业主持人、煮生日面、定格美好瞬间等方面进行了订制设计。

3. 享受舒适的需求的设计

要让顾客享受到舒适，需要做到让顾客完全得到他期望的服务后，再享受到超出他期望值的服务时，顾客才会感受到舒适。

对此，北京宴在餐中针对不同顾客的特点，以 72 项个性化设计，适时向顾客送出关怀与惊喜，例如，当听到客人要去赶飞机、火车、汽车等出发去外地，用彩纸包装好苹果，并写好两张爱心卡，一张连同苹果包起来，另外一张写好连同包装好的平安果一起交给客人，祝其“一路平安，好人一生平安”；当听到客人开公司或者创业时，用彩纸包好一个火龙果，并写好爱心卡一起送给客人，祝其事业“红红火火”……

4. 被理解的需求的设计

要让顾客感受到被理解，需要做到让顾客感到在与你有效的交流过程中，你始终关注他发出的信息，而且能够在感情上分享或分担顾客的喜悦和忧愁。

对此，北京宴独创了桌上沙盘技术，以个性化的沙盘内容设计满足顾客被理解的需求。

例如，如果是清华大学设宴，沙盘上就会写上清华大学的校训：“天行健，君子以自强不息；地势坤，君子以厚德载物”；如果是长江商学院设宴，沙盘上就会写上长江商学院的校训：取势、明道、优术；如果是清华大学与长江商学院合作的主题，则在沙盘上就会以两个学院的 LOGO 加上握手的手势，寓意合作共赢……

（二）服务设计的标准：让顾客回头

北京宴从顾客的感受出发将顾客的需求满足分成三个层次，这就是让顾客满意、让顾客惊喜、让顾客感动的三个服务境界。

所谓让顾客满意就是，顾客认为必须做到的，我们按规范、规定、标准向顾客提供服务，通常就可以让顾客满意。为此，相应的服务设计方向就是，理念上把客人当亲人，视客人为家人；态度上，在为顾客服务的整个过程中，始终要展现给顾客的应当是积极热情的态度；标准上，要求合乎规范和标准的服务。

让顾客惊喜就是，顾客认为可以不做，但我们做到了，通常了解并使用了客人的喜好、忌讳等信息，就可以给顾客以惊喜。为此，相应的服务设计方向就是，理念上深化，即客人就是亲人，就是家人；识别顾客潜在需求、挖掘顾客潜在需求，并且在顾客到来之前、开口之前及时识别和满足；行动上，凡是顾客提出的需求，无论酒店和个人是否有能力解决，都要尽最大的努力去做，这样，才会给顾客惊喜。

顾客想都没想，或认为酒店不可能做的事情，特别是在顾客有困难需要帮助，同时认为这与酒店毫无关系时，我们帮助了他，就创造了顾客感动。为此，相应的服务设计方向就是，理念升华，即客人胜似亲人、胜似家人，宁可牺牲酒店和自己的利益，也要为顾客排忧解难，尽管这些不属于酒店的服务范畴；行动上，想顾客所想，急顾客所急，帮顾客所需。

可见，不同的顾客感受标准意味着不同的服务设计标准。大多数企业的标准化、规范化的工作标准与流程设计仅能做到让顾客满意；标准化加上个性化的服务设计可以令顾客惊喜，例如以海底捞为代表的个性化服务就属于这一类；而只有在标准化及个性化基础上，将随意、分散的个性化升级到系统的有明确目标的整体设计，才能真正做到让顾客感动。这就是北京宴中国服务的宴会私人订制服务设计。

北京宴认为，经营服务就是经营顾客的心，经营顾客的心就是经营顾客的感受，没有给顾客留下美好印象和值得传颂的故事的服务是零服务。

事实上，对顾客需求满足的程度构成了顾客是否愿意再次光临的衡量标准。

（三）极致的服务设计：宴会私人订制

中央提出八项规定以来，高端餐饮遭遇寒冬。一些高端餐饮企业积极转型升级，挖掘自身特色，扩展平民市场，加强优质服务，在赢得同行赞誉和顾客口碑的同时，也找到了一片新的“蓝海”。

2013 年冬，北京宴“南山厅”，当天是宴会主人母亲大寿的日子。在推蛋糕、吹蜡烛后，一位厨师穿着厨师服、带着厨师帽和口罩，为老寿星现场煮长寿面。面条煮好后，主持人说：“伴随儿女成长的，是妈妈早起为我们煮的一碗热气腾腾的炝锅面，今天我们厨师亲手为您煮了一碗，您尝尝有没有您煮面的味道?”老寿星拿起筷子尝了一口，惊讶地说：“你怎么知道我煮面的味道?”

这时，厨师没有说话，慢慢直起腰，把口罩慢慢摘了下来，老寿星惊呆了。原来，是儿子穿上厨师服，为母亲亲手煮的长寿面。当《烛光里的妈妈》音乐响起，老寿星和儿子相拥而泣，其他的客人也为之感动。

这样的温情还不断在北京宴上演……布满寿星不同时期照片的房间里，寿星拉着亲朋好友，回忆着过去的甜蜜与苦涩；子女如果能给过寿父母写出 200 字的“爸爸妈妈我想对你说”，表达感激，北京宴会有特殊礼物相送。北京宴董事长杨秀龙介绍，这样的宴会设计源自其经营理念。“家风传承和感情表达都是需要契机的，中国文化一直是羞于表达，我们的宴会应该提供这样的机会。”在他看来，北京宴卖的不是菜，而是中国的传统文化和品位。

除了生日宴，北京宴还针对八项规定后客源市场的变化，精心设计出包括家宴、婚宴、满月宴等十二大宴会策划。在一份金婚策划上，从宴会厅内水牌、门牌、照片、台历，到沙盘、欢迎屏、房间布置等 20 个项目，北京宴都可根据客人需要订制。

一位网友说，让我非常欣赏的是北京宴可以根据客人需求，做很多独享的细节设计，贴心周到的用餐体验给人一种宾至如归的感觉。

依靠宴会私人订制，北京宴完成了八项规定后的华丽转身。2014 年，北京宴在整个北京餐饮业持续下滑的背景下，实现了人次和营业额的双丰收，其中人次增长了近 10 万人，增幅为 96.38%；营业额增长了 2000 余万，增长幅度为 43.28%。杨秀龙说，2015 年，北京宴还将在华贸和金宝街再开两家分店，争取更为广阔的发展空间。①

北京宴正是凭借其宴会私人订制的服务设计，不仅让顾客满意、让顾客惊喜、更让顾客感动，从而留住顾客的心，不仅让顾客回头，更让顾客成为北京宴的粉丝，成为北京宴的推销者。而粉丝的最大特征就是，较低的价格敏感度、较高的重复购买率及对于企业或品牌的评价 80%～90%都是赞美之词……

六、结语：中国服务领跑餐饮发展新时代

中国服务无疑让北京宴取得了巨大的成功，然而，中国服务以顾客为中心的理念与实践，不仅是酒店餐饮行业的立足的根本，更是产业互联网时代的呼唤，未来 30 年必将是中国服务业发展的黄金时期。顾客至上为核心的“中国服务”理念不仅将领跑餐饮发展新时代，或许会对餐饮以外的服务行业甚至制造业都产生重要影响。事实上，在举办 24 期以传授北京宴经验的管理培训班后，已有著名的电商企业和制造企业准备引入其“中国服务”管理体系，促进企业转型升级。

因为企业只有不断地理解顾客的价值，不断地通过营销和创新来体现顾客的价值，才能够在市场中存活下来。

① 《宴会“私人订制”吃出温情》，《人民日报》2015 年 2 月 19 日。

中国“互联网+”模式下重构行业生态圈

——供应链巨人肩膀上的餐饮酒店产业生态圈

众美联集团

摘　要： 2015 年餐饮业将迎来 3 万亿元的巨量市场，而其中 8000 亿的餐饮供应链蓝海才是由表及里的内增式变革的开始。本文从餐饮行业“to C 端”与“to B 端”的互联网化及供应链发展，餐饮行业的“痛点”和“契机”等方面论述了中国“互联网+”模式下重构行业生态圈。

关键词： 餐饮酒店产业链；互联网化；B2B；供应链管理；集成业务流程；集合订单

随着互联网的高速发展，餐饮行业也不例外的以互联网平台为基础，屹立风口，顺势而为，利用信息通信技术进行跨界融合。面对大众消费领域 B2C 的复合式增长，3 万亿元的中国餐饮业市场无疑是一块谁都不能一口吃下的“巨型蛋糕”，这其中 8000 亿的餐饮供应链蓝海才是由表及里的内增式变革的开始。大众点评、美团、拉手网等一系列 O2O 模式猛烈开启的团购类网站已然抓住了大众的消费终端，面对如此巨大的市场，就连微信也在适宜的时间及时推出了针对各行业的微信端系统化解决方案。面对如此门户大开的 C 端互联网化市场，对 B 端的平台和供应链系统的建设也形成了巨大的挑战。链接互联网信息大爆炸的今天，市场的日趋成熟和转变是餐饮人主动出击迎接挑战的原发动力。透过餐饮发展的历史和经历，我们的痛点和领悟只有身先士卒承继于行业 20 余年的餐饮人自己知晓个中滋味和扭力要素在何处。谁才是下一个值得改变和革新的行业，在我们眼中没有绝对，却只有唯一——餐饮酒店行业产业链大整合。

一、中国餐饮酒店行业市场的“吨位”

2015 年，餐饮业将迎来 3 万亿元的巨量市场！

国家统计局最新发布的数据显示，2014 年全国餐饮收入 27860 亿元，同比增长 9.7%，比上年加快 0.7 个百分点，终止了连续三年增速下滑的颓势。中国烹饪协会会长姜俊贤表示，按照这一增速，2015 年中国餐饮业将迈入 3 万亿元新时代。

统计数据表明，限额以上单位餐饮收入 8208 亿元，同比增长 2.2%，增速由负转正，比上年大幅增长 4 个百分点。其中，2014 年 12 月，餐饮收入 2728 亿元，同比增长 10.1%；限额以上单位餐饮收入 845 亿元，同比增长 3.8%。两者增速都是连续 4 个月企稳回升。

纵观 2014 年餐饮业发展状况，姜俊贤表示，2014 年餐饮业实现了全行业止跌回升，限上餐饮企业处于扭亏为盈的转折，开始转为“正能量”。高端餐饮转型完成了第一阶段“找方向”，逐渐步入“提高管理水平，常态化下可持续发展”的阶段，大众化餐饮仍然展现出市场需求强劲的生命力。

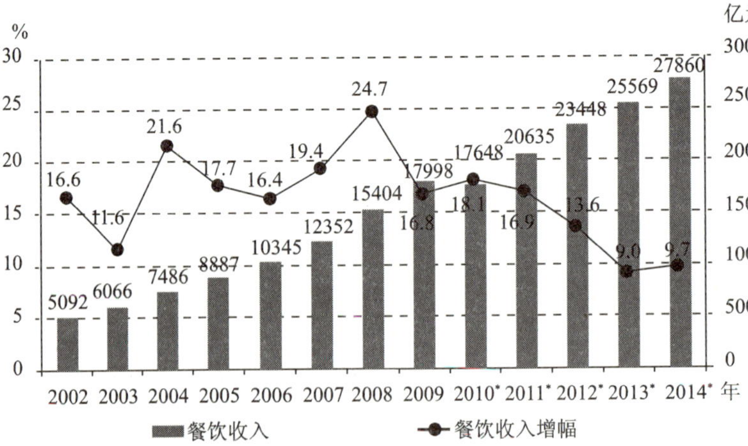

图 1　全国餐饮收入及同比增幅状况（2002—2014 年）

*注：2010 年起，国家统计局将统计口径由住宿餐饮业零售额调整为餐饮收入。

展望 2015 年餐饮业的形势，姜俊贤表示，餐饮业将步入新的发展状态，餐饮企业应着重关注以下几方面：（1）餐饮服务大众化、个性化、多元化成为市场主体，并且表现为常态化；（2）提高管理水平不是空话，盈利能力成为检验企业健康状态的标准；（3）新技术、新产品、新业态、新模式联手互联网共同发展，拉动投资大量增加。

二、餐饮行业 B2C 与 B2B 的互联网化及供应链发展

自 1994 年中国成为国际互联网大家庭中的一员至今，中国的互联网应用大致经历了三个关键发展阶段：（1）第一个阶段是 2000 年前后，几大门户网站相继创立并成功上市，信息的互联网成为当时的主流；（2）第二个阶段是 2003—2005 年左右，娱乐、游戏等互联网公司相继上市，这是中国互联网的娱乐时代；（3）第三个阶段是 2007 年至今，电子商务在中国蓬勃发展，淘宝、京东商城、一号店等企业炙手可热，这是商品的互联网阶段。

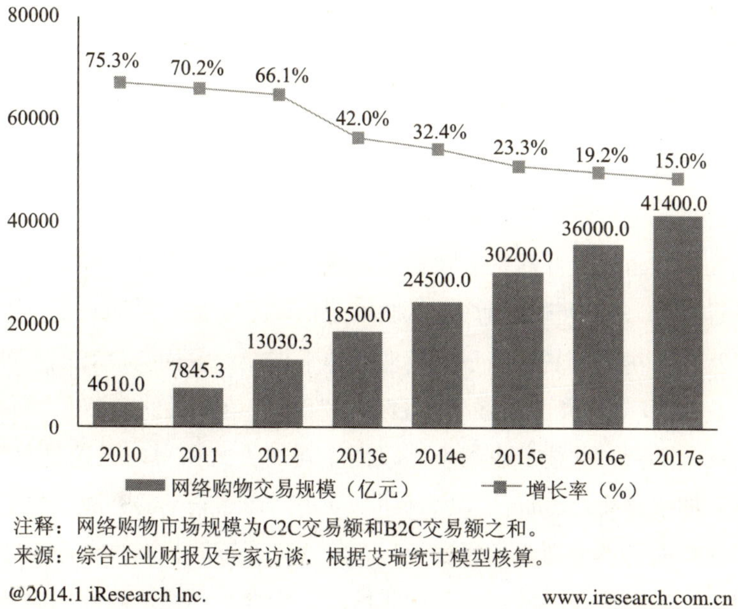

图 2　2010—2017 年中国网络购物市场交易规模

伴随着互联网的不断发展，互联网向各行业、各领域渗透融合，在国民经济和社会各领域中的影响和地位也日益突出。以最具代表性的网购为例，2012 年中国网购市场交易规模为 1.3 万亿，占社会消费品零售总额的比例为 6.2%；2013 年网购市场交易规模预计 1.85 万亿，占社会消费品零售总额的

比例将上升到 7.7%，2014 年，中国网络购物市场交易规模达到 2.8 万亿，增长 48.7%，仍然维持在较高的增长水平。

根据国家统计局 2014 年全年社会消费品零售总额数据，2014 年，网络购物交易额大致相当于社会消费品零售总额的 10.7%，年度线上渗透率首次突破 10%。预计到 2015 年网购占社会消费品零售总额的比重将达到 10%。中国网购交易规模占社会消费品零售总额比例继续上升的同时，中国网购市场开始步入成熟期；2013 年以后，中国网购增速将有明显放缓，预计到 2015 年网购增速为 23.3%。目前网购市场以实物商品交易为主，而人们的日常消费中，吃喝玩乐等本地生活服务是比实物商品购买更大的一块支出；下一步生活服务和互联网的结合将产生一个远远大于实物商品网购交易额的市场，而餐饮行业是生活服务领域最大的机会所在。

作为市场的试金石，C 端的流量和营收直接反映着行业的起伏与发展，而作为餐饮行业人士的我们知道，B 端的革新与整合才是餐饮人最棘手和深层次的问题。C 端复合式增长，是有类互联网金融的突破效应，互联网及移动互联网的高速发展由 C 端强力传导至 B 端，必将在一定程度上倒推 B2B 的深层革新与整合。餐饮 O2O 的发展将随着 C 端和 B 端的互联网化及市场认知，以及逐步完善的供应链体系的发展开始由线上驱动向线下驱动转变。现阶段市场的发展几乎完全是由线上互联网企业推动，线下餐饮商户大多是被动地接受。

从长远来看，随着餐饮商户的互联网意识逐渐加强，对网络工具的熟悉程度加深，互联网对线下餐饮商户的门槛会越来越低；餐饮商户有望积极主动推进餐饮行业 O2O 的发展。从线上平台的角度看，培育餐饮商户，使它们能够自主使用线上平台，这能节省线上互联网企业的人力物力；无论是 BAT 的大平台战略，抑或是大众点评、美团网还是众美联商城未来的开放，它们都依赖于包括餐饮在内的本地商户的自我觉醒；方式可能不同，有自上而下，有自下而上，都需要时间培育，待到线下的餐饮商户能自主利用互联网的时候，中国餐饮业 O2O 才能真正爆发，成为能产生下一个引擎般的巨大市场。

三、餐饮行业的“痛点”和“契机”

虽然拥有巨量的市场，但如今的餐饮业环境和整体趋势都不容乐观，随着中央“八项规定”、“限制三公消费”的深入推行，反奢靡之风刷新了餐饮业，加速了餐饮业转型的到来。同时，餐饮行业面临的老问题依旧存在：“四高一低”（即房租、人工、原材料、水电成本高）；食品安全、消费投诉、媒体曝光风险高；门店销售难增长，利润水平持续走低等。加上餐饮行业发展尚不完善，企业之间的竞争基本属于初级水平，从业人员文化程度相对较低，直接导致餐饮企业间产品的同质化严重，进而引起竞相削价，恶性竞争。

而其间说到餐饮人的痛点，那最为浅显的表现便是交易环节的不透明与信息不对称，反映在整个产业中则是行业中整个供应链管理的巨大难题有待进一步调整完善。供应链本身其实是很传统的产业，一直都存在。但供应链管理并非简单的采购，对大中型餐饮企业而言，每天面临数量众多且种类繁杂的采购需求，中间渠道链接太长，损耗过多，若与餐饮酒店相关的食材、器材等原材料及成品的供应链与互联网相结合，可给整个行业带来颠覆性的创新。只有通过科学系统的管理及平台对接才可能满足，才能系统化的保证这万亿餐饮市场供应的高效、稳定与安全。因此，供应链互联网化是降低企业成本的重要手段，同时也是未来供应链管理的重要趋势。

四、“互联网+”时代，站在供应链巨人的肩膀上构建产业生态圈

通用电气的前CEO杰克·韦尔奇曾经说过，“如果你在供应链运作上不具备竞争优势，就干脆不要竞争。”英国管理学者克里斯多夫（Martin Christopher）更进一步强调供应链的重要性，他说：“市场上只有供应链而没有企业，21世纪的竞争不是企业和企业之间的竞争，而是供应链和供应链之间的竞争。”在美国市场，餐饮供应链市场领先者Sysco较早进入这个行业，目前年营业额为444亿美金，占据市场25%的份额。但在中国，餐饮供应链领域并没有出现一家与此类似的知名企业。

在此背景下，众美联充分借鉴国外经验，结合我国实际情况，将各类餐饮酒店行业信息、需求等集约化，以上下游的企业为核心，覆盖产业链的商流、信息流、物流、资金流，将B2B的各类有着同质需求的企业重组起来行成集合订单，充当上游供应商的统筹采购，精选最合适和优质的源头供应商洽谈，为商家提供相对市场较低的采购价，可以为商家节省相当可观的采购成本，再

加上互联网的综合效应，将技术与信息全面嫁接、重组与撮合。对于下游的供应商来说，集合订单的魅力则来自于量的增加和稳定性，在这样的特定条件和需求下还会产生新的符合市场规律和需求的批量定制化产品，由市场的需求反馈来更好地优化生产线，这又是一个值得欣喜的变化和良性循环。

巨大前景机会使不少创业者开始涌入这一市场。供应链产业其实是很传统的产业，一直都存在，而供应链管理并非简单的采购。对大型餐饮企业而言，每天面临数量众多且种类繁杂的采购需求，只有通过科学系统的管理才可能满足餐厅供应的高效、稳定与安全。这么多创业公司和投资人为何争相进入这片蓝海，除了行业本身长期积累痛点需要解决外，食材采购是一个高频高额的刚性需求，商家几乎每天都需要采购，复购率高，黏性强，流水大，更多在于食材采购对餐饮业食品安全的重要性。而借助互联网平台的技术和优势将为这一难题提供科学、系统、严谨的解决方案，无论线上和线下的商务行为都将通过平台进行数据化、可视化的交易，那我们的源头和终端都成为一个透明的链条，在此环节上的每一个商品和交易行为都将做到可追溯，相信这对行业人士是拥有巨大吸引力和信任度的。而众美联能做的就是为B端的餐饮酒店企业提供一个垂直产业链的采购管理平台。

在互联网+的时代下，平台优势凸显，随着供应链的整体完善，整个行业的上下游及第三方将逐渐打通，形成完整的生态圈，主要表现在以下几个方面：

顾客权力：不断增加的顾客权力对供应链的设计和管理有重要的影响。顾客需要和期望相对迅速，供应链应该快速和敏捷，而不是缓慢和僵化。

长期定位：长期定位更看重关系型交换，而短期交换倾向于交易型交换。运作良好的供应链从整体上提高单个公司和供应链的长期绩效。对长期绩效的强调表明供应链应该与产业上下游，中介和服务性企业等不同的参加者采取长期而不是短期合作。

杠杆技术：可以说杠杆技术是对供应链产生影响的变化的中心，计算能力和互联网这两个主要因素促成了大部分的变化。

跨组织沟通的增强：供应链依靠大量的实时信息，因此信息要能够在组织间无缝的传递和对接。

库存控制：供应链管理的另一个特征包括库存控制范畴下的各种活动，在供应链中库存控制是通过技术杠杆来完成从间断模式到连续模式的转变。

组织间协作：供应链管理的一个主要目标是从整体上优化供应链的绩效，而不是优化单个企业的绩效，因此供应链的参加者之间所共享的平台和协作就显得尤为重要。

中国目前在互联网上的高速发展，互联网之于中国，是技术革新，也是人文革新，是技术系统和社会系统相辅相成作用下的结果。互联网用信息化、技术化的手段，反映着我们与生俱来独特的社会及人文属性。人文与价值观真正发挥着灵魂般的力量。作为一个企业，衡量它价值的标准有很多，而站在整个行业生态圈的构建角度，我们就多了很多不同的视角和思考维度，当我们以供应链为整个生态圈的链条，以垂直产业链发展为背景的前提下，可以做的、核心的、具有自身优势的一个个点和面将不断浮现，这既是生态圈的高价值，也是平台化、集约化发展的最优选择。而真正的产业升级和转型重构的重心显然还是在传统产业里！“互联网+”是技术手段也是思维方式，代表着一个时代的来临！但我们生活的世界、自然的规律、物质和事物的属性仍然是不变的，只有利用好它将之转化为技术手段和运营思维，再结合餐饮人、餐饮行业本身的特质和经验才能将深度做出来。套用一个谈资：“做互联网餐饮，好吃的还是那些做美食出身的；能够长时间活跃在新媒体自媒体圈的，大多数都是媒体出身的那些人；小米手机究竟能出货多少，最终还是要富士康来决定。”

产业生态的思维造就了产业互联网的基因。作为企业家的我们思考的原点应该是企业上游、下游、合作伙伴等组成的整个行业的生态圈。企业家首先要考虑产业生态的繁荣与衍化，时刻铭记：领袖级的企业家造就了伟大的企业，更是突破了产业发展中的壁垒和瓶颈，引领了行业的变革，最终培植了繁荣的产业生态，让人文关怀和价值体现在企业的转型与革新中，同时也将带动整个产业生态的转型与蜕变！

互联网经济下的餐饮商业模式创新

王璞[①]　史俊[②]

摘　要： 互联网经济下的餐饮商业模式的创新，既是机遇更是挑战。在这个转型过程中，餐饮企业需从我是谁、做什么、怎么做三方面入手，通过以全服务链为核心的标准化流程体系建设，以粉丝管理为核心的无边界人力资源管理，形成企业的核心竞争力。

关键词： 互联网经济；餐饮商业模式；餐饮企业

"从农耕时代到工业时代到信息时代，技术力量不断推动人类创造新的世界。互联网，正以改变一切的力量，在全球范围掀起一场影响人类所有层面的深刻变革，人类正站在一个新的时代到来的前沿。"——《互联网时代》

中国餐饮行业走到今天，正站在历史的十字路口，如何彻底摆脱作坊式生产、低端竞争、行业从业人员能力素质不高的现状，真正和世界先进的餐饮服务水平对接，需要以文化来带动餐饮和消费者互动，提升行业整体水平。值得庆幸的是，互联网经济为行业升级转型提供了基础和可行性。

互联网经济的本质不仅仅是物理上的网络连接，更重要的是人与人之间的情感交流，使沟通有了更为便捷的通道和方式。餐饮作为最接近消费者，最能传递中国文化核心内涵的行业，站在了互联网转型的风口浪尖上。餐饮行业的特质决定了——这是最容易通过对消费者的研究和理解，来快速满足消费者需求的服务行业。所以，在现阶段的餐饮发展过程中，大众休闲餐饮的比重越来越大，同时也出现了大量带有互联网色彩的模式创新和探索，如皇太吉煎饼、雕爷牛腩、西少爷肉夹馍等餐饮品牌的出现，这是互联网经济下餐饮行业对于

---

① 王璞：北大纵横管理咨询集团创始人、首席专家。
② 史俊：北大纵横连锁研究院院长、餐饮行业中心总经理。

新的商业模式的尝试和探索。但由于创新者大多是非餐饮行业人员，在商业模式设计上还没有抓住行业的核心要素，导致产品、服务、环境等要素与消费者的预期有较大差距，这种简单依赖引爆眼球的商业炒作和互联网传播，是品牌持续发展能力不足的重要原因，消费者也会很快退去激情，回归理性。这些品牌的出现同时也引发了餐饮人的思考——我们真的理解消费者吗？

工业化时代的思维模式仍禁锢着很多传统企业家的思维，导致变革过程中难以突破行业和自我认知的限制，很多餐饮企业在发展过程中难以可持续发展，三年格局一变化已成为行业的发展规律，百年老店的创业梦想在餐饮行业举步维艰。原因是这些企业一味地强调自身的产品优势，本着一招鲜吃遍天的思想，而不是站在消费者角度去审视自己，同样，消费者也不会为企业的自我良好感觉买单。事实上，我们离消费者太远了！

中国餐饮的发展必定会结束这种散乱无序的竞争状态，随着互联网经济的发展，中国餐饮会呈现两大趋势，一是多个大型餐饮连锁集团会控制大部分市场份额，每个集团会形成诸多小而美的餐饮品牌集群，有着强大的后台连锁服务支持体系，对大众消费者的需求变化非常了解，能够快速进行自身的品牌和产品创新来满足消费的需求，具备高效的盈利模式复制能力，对整个连锁体系人、财、物、信息的控制能力强大，能够成为餐饮生态圈的主导者，整合多种产业和业态来满足消费者体验，如现在的西贝等餐饮企业已初具雏形。二是随着餐饮行业的发展，行业中将涌现百家规模的中式米其林星级餐厅，以餐饮大师品牌产品为主导的高端餐饮企业，来满足中高端消费者的需求，让中餐成为世界主流的文化餐饮，从而带动中国餐饮文化的全球化布局。这一切都依赖于互联网经济下的餐饮商业模式的创新，既是机遇更是挑战。在这个转型过程中，餐饮企业必须回答好三个问题：我是谁？做什么？怎么做？

一、我是谁

以自身的理解来设计的产品，通过推销让消费者被动接受，这是工业化产品思维的特征，也是餐饮企业惯性思维的基础。当今互联网经济下消费者主权的形成，简单的产品设计已经不能满足消费者自身的价值认同和文化体验的需求了，传统餐饮企业的连锁单店产品设计，最大的问题就是站在自己角度看待消费者，从而难以突破自身局限，简单的商业模式设计，简单的客户体验，简单的盈利能力，最后让消费者难以产生持久共鸣，导致其满意度低，黏性不强，难以形成忠诚度。所以，今天餐饮企业的创新商业模式必须尊重消费者的需求和习惯，要知道哪些是我们的忠实消费群体，哪些是我们高贡献的消费群体，如何设计不同的产品和体验来满足他们不同层面的需求，如何构建一张网来触及消费者，黏住消费者，消费者才是我们最重要的资源。哪怕产品的毛利低，但后台商业模式设计已经解决了现金流的问题，给予消费者的就是性价比最好的产品体验。如果餐饮企业只把自己当做“餐厅”，那就只能以单一的模式发展，陷于无序和复杂的竞争环境中，任凭消费者的来去而无所适从。如果餐饮企业定位自己是“餐饮文化体验平台”，那就会有清晰的文化理念和价值观来传递影响消费者，餐饮企业的业态和产品组合就更为丰富，盈利能力多样化，也能更准确地贴近消费者需求，行业产业链条才能更快地打通，保证更多产业的对接，整合更多的资源来为我所用，如咖啡陪你开设在咖啡厅里的小微银行，就为咖啡陪你的客户体验和盈利能力提供了保障。不了解消费者，没有清晰的文化价值观，不能和消费者形成共鸣、共享、共创、共生的生态环境，便无法创造出最优秀的互联网基因的餐饮企业。这样的模式创新，对餐饮企业来讲，是一种突破，也是一次挑战。相比较技术上的困难，最困难的还是思维方式的转变，这种转变会带给餐饮企业不一样的发展机会，西贝、外婆家、绿茶等餐饮企业已经做了诸多的有益尝试，让消费者在品尝美味的过程中，快速理解和接受餐饮文化的核心内容，产生共鸣，持久信任和忠诚于这个餐饮品牌。

二、做什么

餐饮商业模式创新的过程中，餐饮企业清楚自身的平台定位，那必须围绕消费者需求来设定企业的产品、服务、环境等核心要素，同时设计线上线下互为融合商业模式，以保证消费者的满意度和忠诚度的提升。

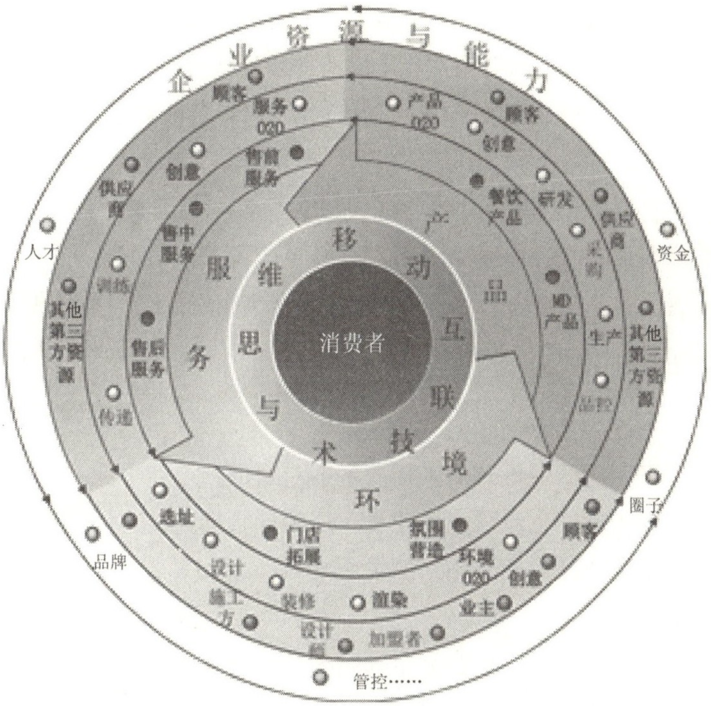

图1　餐饮商业模式箭靶模型

通过这个模型餐饮企业会明确在转型过程中核心要解决的问题是什么：

餐饮企业的目标消费者是谁

目标消费者的核心需求是什么

围绕消费者的核心需求的餐饮企业定位

围绕整体定位的定位分解（包含环境定位、产品定位、服务定位）

围绕消费者体验的多业态组合及盈利模式设计

围绕消费者满意度的全服务链管理体系的设计

线上粉丝管理体系的设计

线下连锁单店的分类和网络布局

资源能力的需求和获得

组织体系的支撑和完善

这个模型对餐饮企业而言，是一张战略地图，是餐饮企业发展过程中的行动指引，如果餐饮企业通过这个模型切实地了解目标消费者的需求和消费习惯，从而明确自身的发展目标和整体定位，那么企业的所有行为都是有的放矢的，而不是盲目无序的。围绕消费者，餐饮企业必须设计出让消费者满意的产品、服务、环境的综合体验，让自身的文化内涵通过线上与消费者产生共鸣，引导消费者到线下体验，通过有文化的产品设计打动消费者，更能够让消费者参与到企业的管理活动中来，从菜品研发到环境设计、营销活动、营运标准，无处不存在消费者的意见和智慧，并且通过众筹等模式分享利益，从而增强消费者的黏性和忠诚度。海底捞在其捞粉的管理过程中，结合单店的产品、服务、环境的极致设计，让消费者的满意度始终处于较高的水平，也为企业持续扩张提供了可能性。

三、怎么做

餐饮企业在明确商业模式后，需要形成自身的核心竞争力。而这其中，以全服务链为核心的标准化流程体系建设，以粉丝管理为核心的无边界人力资源管理，成为餐饮企业商业模式创新的重中之重。

1. 全服务链流程体系建设

任何商业模式，最后一定会落实到组织层面进行操作，所以必须设计合理的组织结构和管理流程、制度、表单来实现组织运行，来保障商业模式的实现。这也是企业知识管理体系的基础。餐饮企业在发展过程中会大量引入职业经理人，就必须有准确的游戏规则，把企业的知识管理体系建立起来，避免个体和小团队影响企业整体的发展，避免出现执行性颠覆的不良后果。

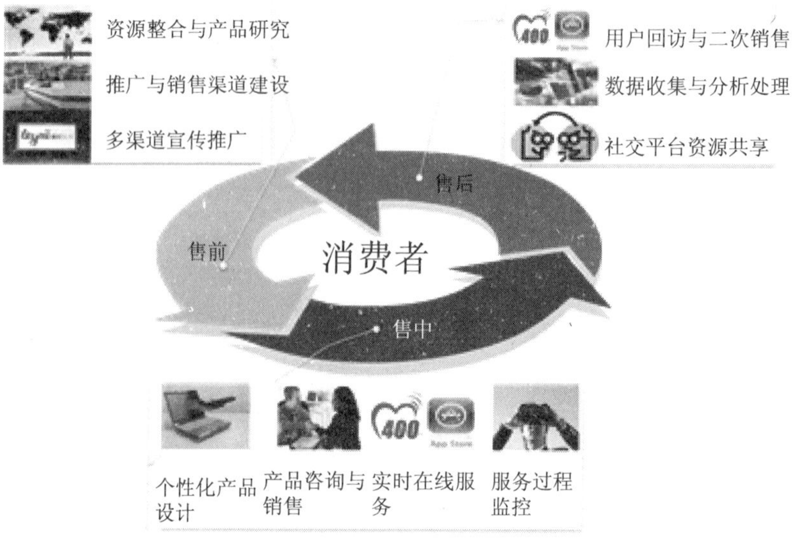

全服务链模式的提出，有别于以往餐饮企业常做的售前、售中、售后的工作，看似相同的步骤，责任和内容却大相径庭，这也对餐饮企业转型提出了较高要求。售前，作为餐饮企业和消费者接触的最前端，核心责任就是吸引和管理好企业粉丝，也就是对企业文化、理念、价值观认同的消费者，通过粉丝的获取、分类、选择、培养、使用、保留的过程，形成对线下单店的有效人流转移，保证单店盈利的稳定性。粉丝的获得和转化率是售前工作的最重要的考核指标。售中是消费者充分体验餐饮企业文化的关键过程，主要是通过单店的产品、服务、环境来实现全方位的消费者体验。这就需要在每一个环节上精心设计，要有抓住消费者眼球的内容，才是售中体验的目标。如何提升在服务动线过程中消费者满意度是这个模块的核心考核指标。售后有别于我们过去餐饮企业的会员管理，不是产品活动的推销，更不是简单的投诉处理。其最核心的目标就是让在单店内体验过产品、服务和环境的消费者，在走出单店后，还能参与到企业的管理过程中去，包含我们的选址、营建、营运、菜品研发、营销等诸多管理环节，都需要打破过去本位主义的流程和管理机制，通过消费者的参与和意见主导，倒逼企业内部管理的完善和优化，这是餐饮企业今后实现自我修复的能力基础，也是消费者自我实现的重要体现，这样的游戏会培养出一批忠诚于企业的粉丝客户，更有利于企业社会化人才的选用。如小米在针对千万粉丝的管理过程中，通过米聊专注消费者的意见和智慧，每个月推出更新的版本来满足消费者，这种行为让米粉的忠诚度和满意度始终保持在一个较高的水平，也为其他产品的推出做好了铺垫。

牢牢地抓住消费者，牢牢地围绕消费者需求和全服务链来设计餐饮企业管理手册，让我们的流程和动作都是围绕消费者的满意度来展开，这才是真正有用的流程和管理，不然所有行为都是脱离消费者的，是不具备效率和效果的。

2. 无边界人力资源体系建设

所有的模式和组织都是依赖人去完成的，而现在的商业模式要求我们扩张人力资源的范围，把粉丝管理的思想纳入人力资源的范畴来运行。特别是人才匮乏的餐饮行业，就更需要新的人力资源的管理方式来整合全国乃至全球的资源来支撑创新商业模式的实现。所以餐饮企业可以运用的是无边界人力资源的思想来设计其自身的粉丝管理制度，把内部和外部粉丝进行分类的管理，餐饮企业必须清楚一点，人民才是获胜的基础。餐饮品牌要做大做强，必须利用广大的粉丝资源来共创，那么我们的游戏规则必须有共鸣、共享、共建、共生的互联网基因，甚至今后的众筹体系或许会成为品牌扩张的核心模式。

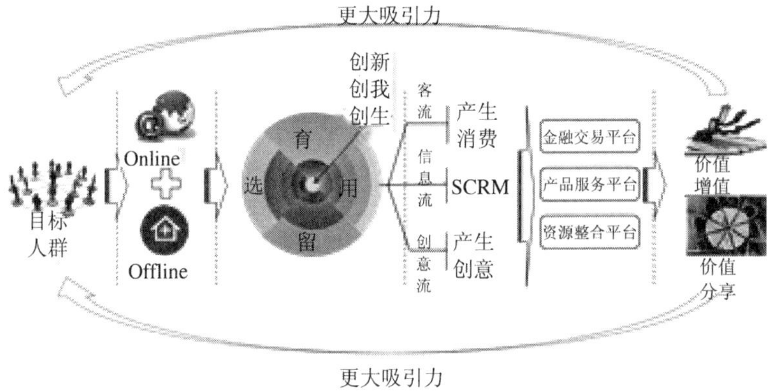

粉丝管理是我们的商业模式能够落地和实现的基础，也是我们现在不具备的能力，更是我们今后形成平台的核心能力。餐饮行业的消费者和从业人员忠诚度都不是很高，一个好的“选育用留”的游戏规则，能够不断地给平台带来人流、信息流、创意流，能够聚集消费者的力量来实现我们的战略目标，能够创造属于我们自己的生态圈，是粉丝管理的目标。对于本来人力资源管理就不成熟的餐饮企业而言，要形成对几十万、几百万、几千万粉丝的管理能力，就需要新的互联网思维方式、新的互联网工具、新的互联网人员来完成，这既是艰难的挑战，同时也是有成效、见效快的机遇。

餐饮企业的商业模式转型，需要有胆识、有魄力、有创新精神的企业家及核心团队来创造，随着互联网经济的发展，会有一大批既懂得互联网思维，又热爱餐饮行业的年轻人投入到行业的转型过程中去，牢牢抓住这样的机遇，中国餐饮在世界的崛起指日可待，同时也将迎来餐饮人伟大中国梦的实现！

站在互联网的风口：连锁餐饮企业“风”将往哪吹

吴 坚

摘　要：经历了30多年高速发展的中国餐饮业，却仍然没能产生出世界级的企业，当下，站在互联网的风口，笔者坚信，只要找对了风向，便一定会诞生出世界性的企业！这是历史的机遇！

关键词：连锁餐饮；餐饮企业；互联网

中国的餐饮连锁发展模式伴随中国餐饮的高速发展，不仅取得了长足的进步，而且成为了餐饮企业做强做大的战略选择与发展路径。

然而，即便从改革开放起算，经历了30多年高速发展的中国餐饮业，却仍然没能产生出世界级的企业，正如中粮集团宁高宁先生所说：“为什么各种各样的餐馆遍地都是，也有不少百年老店，可只有麦当劳几家餐厅变成了世界性的企业”，甚至营业规模尚难突破50亿元人民币！

当下，站在互联网的风口，笔者坚信，只要找对了风向，便一定会诞生出世界性的企业！这是历史的机遇！

一、连锁餐饮企业迎来互联网＋时代

中国餐饮连锁企业的发展历程与全行业一样，经历了改革开放初期的导入期，20世纪80年代至90年代末的成长期，21世纪至今的成熟期，即将迎来新的历史发展窗口期。

（一）连锁餐饮业导入期

这个时期，伴随改革开放，中国连锁餐饮开始进入创始时代，这一段时期连锁餐饮以“商标商品连锁”为主要的方式，销售额比重在连锁领域里占很小份额，发展速度缓慢。

（二）连锁餐饮业成长期

20 世纪 80 年代至 90 年代末，伴随改革开放的深入，中国经济步入繁荣阶段，为连锁餐饮的发展提供得天独厚的便利条件，促进了连锁餐饮在这一时期的快速健康发展，可谓成长时代。

（三）连锁餐饮业成熟期

进入 21 世纪，连锁餐饮企业逐渐迈向成熟，进入成熟时代。只是“成熟”的代价有些惨烈：在享受了 2010 年前十年间的高速发展，2011 年全行业进入了微利时代，然而 2013 年宏观经济环境及政策环境的变化更让连锁企业“猝不及防”，加上接踵而来的移动互联网的冲击，加剧了连锁企业的调整与洗牌。正是在激荡的变化中，让连锁餐饮企业逐渐迈向成熟。

（四）连锁餐饮业窗口期

进入 2015 年，站在互联网的风口，中国餐饮连锁企业迎来新的历史发展窗口期，机遇当前，能否“乘风”飞起，不仅取决于对“风向”的把握，而且有赖自身的“筋骨”是否足够强壮！中国餐饮仍然可以维持一个相当长时间的高速增长，但必须抓住机遇，从内部开始互联网信息化变革。

二、连锁餐饮企业发展呈现出六大特点

站在互联网的风口，对连锁餐饮企业而言不仅是挑战，更是机遇，互联网只是改变了产品、服务和传播的方式，并没有改变商业的基本运行规律。目前，连锁餐饮企业发展呈现出以下六大特点：

（一）餐饮市场回归理性

无论是市场层面还是行业层面，经过 2013 年的政策倒逼与转型实践，2014 年已逐步回归理性。

从市场层面，餐饮消费在去“三公”消费后回归理性，经济实惠、方便快捷的大众化餐饮得到市场的认可和欢迎。从行业层面，对行业的危机根源有了更深层次的认识，餐饮行业 30 年的高速增长更大程度上是来源于市场的自然增长而不是我们的能力。转变思维模式追求优质运营；补短板，打造“筋骨强壮”的企业成为行业的共识。2013 年度中国餐饮百强企业分析报告显示，为增强竞争力、吸引消费者，连锁餐饮企业尤其是餐饮百强企业更加注重提高企业自身的服务以及菜品质量。2013 年百强企业在人员培训和研发投入方面的支出大幅增加，增速分别高达 36.5%、24.1%。这显示出餐饮企业已认识到，苦练内功、创新进取、以质取胜才是摆脱当前困境的法宝。

（二）盈利能力持续走低

产品同质化严重，经营能力薄弱、税费过重成为行业发展的“紧箍咒”。房地产高位运行、人口红利消失、CPI 不断上涨等导致目前行业中“四高一低”现象严重，盈利能力持续走低。

2013 年度中国餐饮百强企业分析报告显示，百强企业平均单店收入、平均每平劳效都比上年降低，降幅分别为 12.9%、9.0%。2013 年餐饮百强平均净利润率仅为 4.1%，比 2012 年百强企业的 7.73%跌落 3.62 个百分点，情况不容乐观，而且总资产收益率为 11.1%，也比上年下滑 0.7 个百分点。

外婆家旗下的“炉鱼”在红遍杭州之后登陆上海，以 100 余餐位创造了翻台 10 次的成绩，更是创下了开店首日就接待顾客超 1300 人的纪录。但随着租金、人工、食材、能源等成本不断上涨，餐饮企业已进入微利时代，要有足够高的上座率、翻台率才能有利润可言。据调查，当前餐饮企业的上座率要达到 125%才能保本，而之前仅为 75%就可以。

因此，微利时代如何突破利润瓶颈成为行业亟待破解的课题。

（三）经营扩张步伐放缓

中国餐饮 2013 年度百强企业数据显示，在严峻的市场形势下，餐饮百强企业扩张步伐有所放缓，有 7 家企业收缩了城市布局，撤出部分城市，而且还有 14 家企业关闭了部分门店，其中以餐馆酒楼、火锅企业居多。

（四）连锁扩张方式与业态相关

连锁企业在选择经营方式上，基本上仍以直营＋加盟（承包）为主。

2013 年度餐饮百强企业中，有 41％的企业采取全部直营连锁或者承包的经营方式，59％的企业采取直营＋加盟（承包）的经营方式。

在连锁扩张方式的选择上，不同的业态呈现不同的特点。例如，加盟经营方式依然是火锅企业对外扩张的首选，直营加盟比为 2∶5，远高于其他业态。结合近几年百强企业的直营加盟比，快餐和餐馆酒楼的直营加盟比有所下降，主要以直营为主。虽然从往期历史情况来看，餐馆酒楼也经历过加盟门店数增长的阶段，但随着品牌的发展与培育，加之经营业绩的影响，减少加盟门店数、强化对门店的直营控制成为餐馆酒楼的共识。而对于快餐来说，直营加盟比为 3∶1，是近几年来直营加盟比最为稳定的业态。团膳企业由于经营模式的特殊性，都是采取直营连锁或承包的经营方式。西餐直营店对加盟店的比重不到 1∶2，但外资企业大部分门店主要采取加盟模式，直营店对加盟店的比重可达到 1∶4 左右。

（五）中餐国际化步伐加快

在国内餐饮市场发展放缓的情况下，部分企业纷纷走出国门，探索开拓海外市场。

然而，目前进军海外市场的餐饮企业仅有海底捞、全聚德、眉州东坡、黄记煌等少数几家，而真正在海外站稳脚跟，能够规模化、连锁化发展的企业几乎没有。

（六）多品牌多业态发展成潮流

餐饮业发展或整合子品牌进行多品牌经营，此一观念存在已久，但在过去因餐饮业高速增长，只要抓住机会几乎无往不利，并未引起广泛的讨论与运用。然而，在竞争日趋激烈、利润下行的情况下，企业为了维持经营与获利，纷纷向此种做法靠拢，企图借此扩大市场占有率，巩固自身地位。尤其是 2013 年以来，受“四高一低”及宏观经济与政策环境等诸多因素影响，餐饮行业遭遇“寒冬”，困境之下，多品牌经营模式似乎成了许多餐饮企业解困或逆袭的选择。

例如，小南国将重心放在人均消费在70～80元和100～150元之间的“南小馆”、“小小南国”等新品牌的培育与发展上，逐步减少其一直主打的上海小南国餐厅的比例，收到了良好的效果。

三、连锁经营成为餐饮业主要经营模式

连锁经营具有成本优势、价格优势、品牌优势，从而成为餐饮业经营模式的主要发展方向。无论从餐饮企业内部运营角度还是市场角度，三个动力推进餐饮企业朝连锁化与品牌化方向发展：

一是从餐饮企业内部运营角度，连锁化经营带来的成本节约效应，提高了企业的生存能力。

二是从市场角度，消费者对食品安全的意识显著提升，规模化连锁餐饮品牌背书效应，使得“连锁”和“质量保证”成为消费者潜在的餐饮决策要素，由此也推动了餐饮企业向现代化经营与管理的方向转变，注重塑造自己独特的品牌。

三是连锁经营不仅可提高效率、降低成本，更能帮助餐饮业突破发展中的管理瓶颈。

四、连锁餐饮企业面临的挑战与对策

连锁餐饮企业的健康发展，与全行业一样，需要破解三大层面的问题：一是盈利模式的创新；二是突破利润的瓶颈；三是食品安全的策略。

（一）盈利模式的创新成为赢得竞争的关键

一个好的盈利模式就是需要以目标市场的顾客价值创造为依据构筑从环境到产品以及服务体系，并不断地升级与强化，从而形成可持续性发展的核心竞争力。

1. 市场细分

中国的市场特征已经从商品经济转向了产品经济，产品经济意味着小

众化消费阶段。步入中产阶层的消费者不再满足于大路货，他们开始追求有个性、有特色、有品位的产品。到了这个阶段，企业要从服务大众转向服务小众，也就是说过去是“为人民服务”，而将来是“为部分人服务”。到了小众化消费阶段，企业与企业之间的竞争就是看谁能够把握小众化市场的独特需求，并根据这种独特的需求来制定企业战略，并开发出相应的产品和服务。

2. 小企业时代来临

随着小众化市场的出现，中小企业时代就正式开启了。在以温饱型和小康型消费者为主的大众化消费阶段，明星企业是大企业，人们很自然地将“大”跟“强”画上等号。而在小众化时代，成功的企业往往是一些中等规模的企业。因为既然是小众化市场，它的需求量肯定是有限的，规模经济效益在小众化市场上会被削弱，而满足不同小众化市场的需求，更多的是靠差异化的产品，这就给中等规模的企业创造了机会。只要看看如今市场上“小食代”餐饮业态的盛行就不难理解了。

3. 顾客为王的思维

对于企业来说，规模已经不是最主要的概念，最主要的概念在于稳定持续盈利，而这则取决于企业是否有能力与顾客走在一起，这是今天商业的逻辑。在5年前，10年前，企业追求规模、追求增长速度还是一个明智的选择，毕竟在那个规模的时代，没有规模企业就无法获得有利的竞争环境；在一个速度的时代，没有增长速度肯定不行。所以才有“快鱼吃慢鱼，大鱼吃小鱼”的观念。但是，随着技术创新、顾客能力的提升、商业模式的改变、市场与产业的发展、企业竞争的关键已经不再是大和小的关系，也不再是快与慢的关系，而是创造与变革的关系。

今天，企业需要真正关心的问题是：企业的利润增长是否稳健？企业与哪些顾客在一起？

（二）突破利润的瓶颈

在行业“四高一低”现象不断恶化的营商环境下，如何突破利润的瓶颈成为连锁企业乃至全行业不得不面对的挑战。那么，在餐饮行业的困境与潮流之下，行业应如何应变？其未来的发展趋势又是怎样？

1. 标准化

标准化体现着严格的组织纪律性，它是克服管理随意性、无序性、粗放性的有效手段，是由人治管理走向法治管理的必然过程。标准化、规范化发展成为主要发展潮流，未来的餐饮业没有稳定一贯的待客品质就没有常常光临的老顾客。尽快让自己餐厅管理步入标准化，是业者不能忽视的课题。

2. 专卖化

餐厅贩卖的餐饮种类应该愈多愈好还是简单为宜？过去一直没有定论。现在随着人事费用不断上涨和从业者逐渐建立了正确的成本观念，“卖的东西愈精愈少愈有利润”，慢慢成为一种共识。

目前中、西餐厅所卖的餐饮种类均力求简化，以缩小厨房的人事支出，并让制作材料的采购、库存单纯化，减少呆人和呆料的损耗。为了提供消费者较多的选择，餐厅会运用套餐、特餐、简餐做变化，这些都是合乎时代潮流的做法。未来餐厅贩卖餐饮的种类将进一步简化，而且须凸显所谓的专卖化。如此借着诉求明确，口味突出，才能在市场上别树一帜，找到有利的生存空间。

3. 小型化

伴随原料、店铺租金、人工成本的增长，餐饮行业开始进入微利时代。目前餐饮业面对的是竞争激烈、客人要求愈来愈高并逐渐走向分众化的景况，也就是所谓的“买方市场”。为了提高运营效率，专卖化、少而精已成必然。事实上，一家餐厅能否吸引众多顾客，靠的往往是供餐的内容和品质，而与场地大小、座位多寡关系甚微。现在的品牌餐厅，以外婆家和绿茶餐厅为代表，经营面积大多在二百到三百平米。门店的小型化已成为主要趋势。

4. 精细化

餐饮企业要实现高速良性发展，增强赢利能力的重要着力点，就必须实行精细化管理。实行精细化管理的前提是：量化的标准、工作的程序、可执行的管理工具。精细化管理要求我们的管理人员关注每一个细节，只要建立流程导向的管理思维，运用流程管理的方法就能够管理好每一个细节。

“吧台式火锅”呷哺呷哺，将“火锅快餐化”，推出了不同种类的套餐，并强化运营流程的标准化。在翻台率大幅“提速”的同时，让火锅成功加入了快餐的行列。而且，颠覆传统火锅的吧台式布局让店铺单位面积内的顾客容量增加了 30%以上，并且一名服务员最多能同时为 20 位顾客服务，大大降低了人力成本。

5. 工厂化

中央厨房在餐饮连锁企业发展中的重要地位，未来饮食连锁企业要想做大做强，工业化的中央厨房必不可少。集中采购、集中生产、集中配送，通过中央厨房的方式管控整个生产过程，是现代连锁餐饮企业稳健、安全发展的必由之路，这已经成为业内人士的共识。

中央厨房使中餐标准化生产成为可能，且降低了企业运营成本。相比中餐的传统厨房，中央厨房的优越性体现在，将中餐复杂的选拣、洗净、切配、烹饪等加工要素实现工业化、标准化。而且大多数菜肴经过速冻，真空包装，具备了储存时间长的特点。最重要的是，菜肴不仅保鲜，而且保证味道纯正不变质，这些半制成品套餐热菜制作加工时间短，省却了一半的劳动力。

同时，透过中央生产，可以有效控制质量、食品安全性及提高效率；同时可保持餐厅产品的一致性及稳定性。大力发展连锁餐饮企业的中央厨房发展模式，将有效提高餐饮企业的资源综合利用水平和环境保护水平，并能从根本上保障餐饮食品安全。

6. 智能化

通过餐饮 O2O、手机 App 客户端、微信等现代信息化手段，实现在线点餐、预订桌位、在线支付等，成为餐饮消费的新形势。据中国烹饪协会相关统计，目前国内已有 27%的餐饮企业推出了 App 服务。现代信息化手段可精准统计用餐时间、备菜量，既提高了翻台率，又节约了原材料。

电子商务营销模式的创新将给传统餐饮业向现代服务业的转变带来巨大推动力。

（三）食品安全仍是重中之重

民以食为天，食以安为先。无疑，在激烈的市场竞争中，餐饮企业在注重规模化发展的同时，更要加强企业规范化的管理。特别是与消费者健康息息相关的食品安全，因为其不仅是餐饮企业生存的立身之本，也将成为行业可持续发展的基石。食品安全问题对于餐饮企业来说，可谓“牵一发而动全身”，更是企业生存与发展的根本。

五、连锁餐饮企业“风”将往哪吹

（一）站在互联网的风口：传统企业的“春天到来了”

不管你愿不愿意承认：传统行业正经历困境，而具有互联网基因的企业却风光无限。为什么一夜之间，那些从没做过餐饮的互联网人却做得风生水起。一时间，曾经的老餐饮人觉得世界变了，变得看不懂了！传统企业出现“集体焦虑”。

究其原因，互联网不仅仅是技术，更是生活方式，是从未有过的全新顾客价值体验。这种全新的顾客价值属性，传统企业从原有的商业模式中，无法找到理解的途径。顾客新需求和新顾客两个因素的叠加，给新兴互联网企业一个机会窗口，而让传统企业应对不及。

到了今天，传统企业从最初的慌乱与迷茫中苏醒过来，新顾客也从单纯互联网工具化思维回归到理性思维，新兴企业也从消费端转向产品和服务端。传统企业只要做到平台开放、产品极致、专业服务，互联网企业就一定会与其融合，一起释放产业价值，并迎来一个更为巨大的新商业时代的到来。

（二）互联网催生产品思维：打造让顾客尖叫的产品

随着互联网时代的到来，我们的信息量成倍地增加，我们每一年产生的信息量，大概是我们过去所有人类文明所产生的信息量，海量的信息导致消费者提取信息的疲劳和信息的碎片化。在海量信息中，可能就记取一两个碎片信息，在这种背景下，给消费者提供更多的产品并不能增加自己被记忆的概率，只有产品做的足够好，例如，产品创新、宣传方式够特别等，甚至让顾客尖叫，顾客才会在万千商品中记住你！

今天，如果你觉得生意难做，如果你觉得资源有限，如果你觉得消费者不能轻易被打动，我们就回归简单，回归原点，把产品做好，把产品背后的故事讲得更真实，更感人，也就有了一个好的机会。

（三）连锁餐饮产业链整合：餐饮供应链或成 O2O 下一个风口

随着餐饮品牌的规模逐渐做大，供应链成本占比与绝对值都将上升，借助供应链效益提升所产生的成本降低效益变的极为可观。这很可能是解决目前中国餐饮企业成本、管理以及食品安全等诸多议题的关键切入点。然而，由于餐饮行业的供应链体系长，且诚信体系普遍缺失，导致餐饮企业无法高效管理上游供应链，因此，尽管中国餐饮业年营收超过 3 万亿元，食材采购规模达 8000 亿元，餐饮供应链领域并没有出现一家知名大企业。而在美国市场，餐饮供应链市场领先者 Sysco 较早进入这个行业，目前年营业额为 444 亿美元，占据市场的 25%的份额。

可见，中国餐饮供应链服务市场是一座待开发的金矿，由于巨大的市场空间与高度分散的市场结构，市场的进入者都有机会分得一杯羹。洞察先机的行业实践者与创新者会是这场盛宴的胜利者，广大消费者成为了最终的受惠者。

结束语　加速换挡，迎接中国餐饮品牌发展新周期

中国经济已经进入“新常态”转换期。可以预见，当一场变革的“阵痛”过后，中国经济社会必将建立新秩序。在以品牌战略推动经济可持续增长的大趋势下，餐饮品牌应做好迎接新一轮成长周期的准备，适时加速换挡，借政策东风推动转型升级与国际化步伐，凭借核心优势傲立全球舞台。

移动互联网时代：餐饮业子品牌的创立与管理

吴　坚

摘　要： 餐饮终端是拉动整个产业链的引擎。餐饮企业需要在深刻理解消费者需求的基础上根据企业能力选择终端形式及组合。未来餐饮企业的旗舰应该是跨业态的餐饮平台。这种餐饮平台最大程度上满足了消费者的多元化餐饮需求。子品牌创立将是餐饮企业发展的阶段性战略选择。如何进行子品牌组合以及管理子品牌组合将是考验团队战略规划能力、管理能力及执行力的关键。

关键词： 餐饮业；餐饮平台；餐饮企业

餐饮业发展或整合子品牌进行多品牌经营，此一观念存在已久，但在过去因餐饮业高速增长，只要抓住机会几乎无往不利，并未引起广泛的讨论与运用。然而，在竞争日趋激烈、利润下行的情况下，企业为了维持经营与获利，纷纷向此种做法靠拢，企图借此扩大市场占有率，巩固自身地位。尤其是2013年以来，受“四高一低”及宏观经济与政策环境等诸多因素影响，餐饮行业遭遇“寒冬”，困境之下，多品牌经营模式似乎成了许多餐饮企业解困或逆袭的选择。然而，多品牌经营对于中国餐饮业而言显然是个新课题，多品牌经营也并非万灵丹，为此，笔者曾以“破解餐饮企业多品牌的经营与迷思”一文，剖析了诸如：多品牌经营是机遇还是陷阱？究竟企业多品牌运作的动机是什么？多品牌运作有哪些形态？多品牌运作的困难与瓶颈又有哪些等等，论述了餐饮企业多品牌的四种经营动机、三大类型，以及多品牌经营的六大瓶颈与破解的六大原则。

餐饮终端是拉动整个产业链的引擎。因此，我们要思考，我们需要多大的引擎，是多个引擎还是单一引擎？我们把引擎放在哪儿？……

进入2014年，许多企业纷纷创立“子品牌”，试水多品牌运作，于是各式各样的“潮牌”、“爆品”纷至沓来，然而，纵观行业的子品牌创立与发展，只能说喜忧参半。概括起来，可以归纳为三种类型：

一是先知先觉的成功者，所谓先知先觉就是，先“知晓了市场变化的规律”，先“觉察了品牌族群的喜好”，其成功者如外婆家、西贝等。有人一定会质疑，外婆家有“炉鱼”等一众成功子品牌为标杆，自是成功代表；然而，西贝虽然非常成功，却并无成功的子品牌，将西贝也作为成功代表难免牵强，其实，这是笔者故意为之，殊不知，西贝品牌的蜕变，却正是子品牌创立的真谛！

二是不知不觉的跟随者，不知不觉者在餐饮行业大有人在，许多新兴企业一创立又是小而精、又是小时尚、又是选择商业综合体开店，生意也十分火爆，然而，创立的子品牌却又玩起高大上……令人大跌眼镜。前30年的市场是完全增长的市场，而现在，我们遇到的最大变化是外部市场不再增长，甚至有可能萎缩。在这个背景下，我们能做什么，选择什么是对的，就显得非常重要。

三是后知后觉的模仿者，模仿者早已成为餐饮业的通病了，加之，餐饮业无专利保护的特点，使得行业“模仿”成风，大家都有体会：当一种菜品流行了，它的特色也就消失了。为什么？就是因为菜品本身无法实施专利保护。菜品如此，品牌创立也不例外。且看2014年风靡一时的“一鱼一货”，其中，“炉鱼”一出，“烤鱼”一火，探鱼、鱼非鱼、鱼里、幻鱼……竞相登场。然而，齐白石曾有名言，“学我者生，似我者死。”美国思想家爱默生也说过：“羡慕就是无知，模仿就是自杀。”模仿永远成不了经典，“模仿”得了他人的形，却永不可能超越别人，相反，还可能迷失方向。

毫无疑问，每个企业、每个企业家都想成为子品牌创建的“先知先觉”成功者，然而，究竟该如何建立？创立子品牌，企业要做哪些转变和准备？其实，只需要想明白“为什么要创立子品牌？”便不难搞清楚“该做什么”了，知道了“做什么”，如何做不外乎就是些具体的方法了。这就是所谓的“解决问题的金字塔”，“解决问题的金字塔”是指解决问题时按照Why、What和How三个层级来思考的思维框架。这也构成了本文的逻辑。

一、为什么要创立子品牌

为什么要创立子品牌？这个命题并不新鲜，笔者在2013年，曾论述了企业采取多品牌运作的四大动机，包括：品牌的诱人魅力、规避宏观经济不景气、借多品牌扩大消费阶层以及借品牌创新对付同质化。

然而，当下大多数餐饮企业在持续的寒冬下，正面临转型的空前压力，能够像“西贝”一样，通过主品牌不断蜕变而成功实现华丽转型的少之又少，毕竟，“硬着陆”需要实力与功力，实力不济、功力不足者，难逃“杀敌一千，自损八百”的“自杀型”结局；然而，“软着陆”也不都是坦途，两年的转型实践表明，不论用降低或改名等手段，想将原先的“高大上”转变成“接地气”都不好使，而通过创立子品牌，实现“软着陆”却不失为可行之策。例如，杭州名人名家凭借联手外婆家创立“Uncle5”品牌，助其成功转型。

其实，今天企业不是要不要建立子品牌的问题，除非你刚好“踩到节拍”或者如“西贝”般实现自我蜕变，否则，通过子品牌的创立，实现商业模式的创新，便成为必由之路。当然，子品牌的创立也并非灵丹妙药，不乏失败的案例。因此，回答什么是子品牌的成功基因？不仅是对企业“为什么要创立子品牌”的深层次思考，甚至可以说，关乎企业建立子品牌的生死存亡！

（一）消费心理：互联网一代引发消费变革

今天为何如“外婆家”等小时尚餐厅特别火；而如“炉鱼”、“雕爷牛腩”等极致单品餐饮店也广受追捧？笔者认为，其核心在于，一是主力消费群体变了；二是互联网的出现。互联网一代引发消费变革，消费行为和消费方式都在改变。

首先，年轻群体的崛起。“80后”成为消费主力，这个群体的消费心理跟过去不一样了，他们整个的生活环境和生活经历跟“70后”、“60后”的人完全不一样。“80后”跟以前的消费者有什么明显不同？

第一，追求平等意识。甭管你是领导还是家长，都要平等相待，以理服人。既不能居高临下地发号施令，也不能低三下四地乞求。

第二，渴望成名。这是好事，因为他们有动力努力地去做。

第三，希望有话语权。他要坐在驾驶者的位置上，而不是副驾驶的位置上，不能任人摆布，什么事情他要有发言权，你要征求他的意见，而不是告诉他要做什么。

第四，越来越注重品位。现在连很多中学生都已经有这样一个特点，非名牌不要，很多产品即使质量不错，但如果没牌子，他们也不要。说明这一代很讲究品位和生活的质量。

第五，普遍迷恋网络。他们的上网时间远远大于看电视的时间，很多的电视剧尤其是长篇的电视剧对他们来说已经没有吸引力了，这些人喜欢按照自己的爱好和需求主动地去找自己想看的节目。

“80 后”的这些特征就决定了中国的小众化市场正在孕育之中。

其次，是互联网的出现，互联网改变了我们整个生活的环境和生活的方式。消费群体的消费心理和消费行为的变化，使得中国现在整个商业面临着一个颠覆，所谓颠覆不是说因为互联网的出现，而是说互联网加速了时代转变的到来。

尤其是“85 后”，特别是“90 后”，他们被叫作互联网的原住民。因此，企业最大的挑战在于这群人的消费习惯消费心理改变了。新一代消费者更乐于为品质买单。

因此，许多企业创立子品牌以满足互联网一代的消费群体的需求为目标，于是许多“少而精”的品牌大行其道。催生了如“炉鱼”等最近特别火的众多极致单品的创立。

（二）市场特征：产品经济下开启中小企业时代

随着小众化市场的出现，中小企业时代就正式开启了。在以温饱型和小康型消费者为主的大众化消费阶段，明星企业是大企业，人们很自然地将“大”跟“强”画上等号。而在小众化时代就不同了，成功的企业往往是一些中等规模的企业。因为既然是个小众化市场，它的需求量肯定是有限的，规模经济效益在小众化市场上会被削弱，而满足不同小众化市场的需求，更多的是靠差异化的产品，这就给中等规模的企业创造了机会。所以我们才说，小众化市场的出现也就是中国中小企业时代的开端。

当整个社会走向个性化消费的时候，小企业时代就会来临，我相信未来

10 年、20 年，中国市场上会出现很多非常成功的中小企业。它们可能是某个行业的隐形冠军，并不太知名也不一定上市，但是却能凭借独到的差异化产品满足某个特定消费群体的需要，拥有非常稳定、忠诚的目标客户群体。

餐饮业这两年盛行的“小而美”的品牌，正是小企业时代到来的最好说明。

（三）运营效率：规模小比规模大容易赚钱

许多人会有种错觉，总认为规模越大、餐位越多一定会比规模小要更赚钱，其实不见得！餐饮业的经营方式和别的行业有很多不同，最大不同之处，是其他行业从早到晚都可能有生意上门，餐饮业却只有午晚两餐用餐时段可以产生收益。一天加起来的营业时间，大概不超过 6 小时。因此除非经营的是从开门到打烊不断有客人来消费的麦当劳、肯德基，否则你每天、每个月可以用来赚钱的时间，其实非常短暂。

那么经营一家餐厅可以得到多少收益？究竟是能赚钱还是注定会赔钱，只要看一个数据就一目了然。这个数据是：

全月营业额÷全部座位数÷180 小时＝每个座位每小时可产生的营业额

座位/小时营业额，我相信绝大多数从业者从来没有计算过。大家认为每天的营业额和每个月的营业总额最重要，根本没必要去算那么细微的一笔账。这种想法在从前也许无可厚非，但处于高房租、高人事成本的今日，营业额早已不能作为计算经营效益的唯一指标了。营业额和若干年前相比没有减少，但从前有合理利润现在却只能打平甚至小有亏损，这种餐厅大有人在。如果不从细微、精确的账目上去找真相，经营者又怎能发现真正的问题出在哪里？又怎能知道自己应该从什么方向去努力呢？

目前餐饮业面对的是竞争激烈、客人要求愈来愈高并逐渐走向分众化的景况，也就是所谓的“买方市场”。一家餐厅能否吸引众多顾客，靠的往往是供餐的内容和品质，而与场地大小、座位多寡关系甚微。

事实上，七八十个座位的小型餐厅只要制作水准高，卖的菜肴有特色，很容易成为餐餐有人预约订位或排队候位的名餐厅。一旦达到高翻台率，维持可观的座位/小时营业额，小餐厅一样可以创造中、大型餐厅的销售业绩，获得很大的利润。

行文至此，不仅是否需要开创子品牌已不言自明，而且，也勾勒出了子品牌的战略蓝图：小而美、少而精……今年元月，在乌镇召开的西贝莜面村2015年品牌战略年会上，对西贝小而美店面的描绘是：小而美的店面，是好吃战略的门店模式，与之相衔接的是少而精的菜单，全新服务模式，还有价值链及支持系统。……可见，结论相近，其间不是巧合，而是暗合市场规律使然。所谓西贝小而美的店是指西贝三代店，从一代店的四五千平方米到三代店的300～600平方米，五年间不断“迭代”，营业额从不到5亿元增长到20亿元。综上所述，西贝可称为“子品牌创立与发展”的成功典型。

因此，创立子品牌不仅是企业转型的需要，更是战略的选择。未来餐饮企业的旗舰应该是跨业态的餐饮平台。这种餐饮平台最大程度上满足了消费者的多元化餐饮需求。如何进行子品牌组合以及管理子品牌组合将是考验团队战略规划能力、管理能力及执行力的关键。那么，对于子品牌的建立，企业要做哪些转变和准备呢?

二、如何建立成功的子品牌战略

在“为什么要创立子品牌?”中，描绘了餐饮企业建立子品牌的战略蓝图，即“小而美”、“少而精”。然而，要实现战略方向落地，企业需要“做正确的事”！互联网时代，思维的改变，是“1”。其他的随“1”而进行的运营和行动，都是“0”。如果没有“1”，所有的“0”，都是白费。而这种互联网思维的改变，主要包含两个层面：产品思维层面的改变和商业模式层面的改变。产品思维层面的改变就是建立极致单品战略，而商业模式层面的改变就是打造品牌族群。

（一）极致单品战略是子品牌建立的战略选择

一个面包店，一个月能卖100多万！你相信吗？你认为靠什么？这就是“原麦山丘”，靠的就是把单品做到极致！事实上，互联网时代经营的核心，是用户的口碑。而口碑产生的充分条件，是要把单品做到极致，让单品的价值超过用户预期，好到大家愿意口口相传。只有完成了口口相传，才能最终实现单品爆发，让排队成为习惯。

极致单品战略应成为当下餐饮企业子品牌建立的战略选择。

第一，互联网时代，聚焦才不会被淹没。随着互联网时代的到来，信息量成倍地增加，每一年产生的信息量，大概是我们过去所有人类文明所产生的信息量，海量的信息导致消费者提取信息的疲劳和信息的碎片化。在海量信息中，可能就记取一两个碎片信息，在这种背景下，给消费者提供更多的产品并不能增加自己被记忆的概率，只有产品做的足够好，让顾客尖叫，顾客才会在万千商品中记住你！

第二，少而精，专卖化渐成潮流。餐厅贩卖的餐饮种类应该愈多愈好还是简单为宜？过去一直没有定论。现在随着人事费用不断上涨和从业者逐渐建立了正确的成本观念，“卖的东西愈精愈少愈有利润”，慢慢成为一种共识。传统型的中、西餐厅菜单都是又厚又重的一本，打开数数里面的菜式，动辄在百种以上。那么繁复的种类，厨房要有庞大的人力才能应付顾客点菜。同时，做菜的材料采购、保存上不但麻烦，又常常造成不必要的浪费。所以这类老式餐厅未来几年将快速被市场淘汰。目前中、西餐厅所卖的餐饮种类均力求简化，以缩小厨房的人事支出，并让制作材料的采购、库存单纯化，减少呆人和呆料的损耗。为了提供消费者较多的选择，餐厅会运用套餐、特餐、简餐做变化，这些都是合乎时代潮流的做法。未来餐厅贩卖餐饮的种类将进一步简化，而且须凸显所谓的专卖化。如此借着诉求明确，口味突出，才能在市场上别树一帜，找到有利的生存空间。

第三，专注才能成为专家。互联网时代，强调专一，只有专一才会集中力量把产品做到极致。少就是多，少就是美，少才可能产生极致。因此，改变从前的那种数十数百的产品线，做单一单品并引爆它，是第一个改变。

将来的社会，肯定只会细分的越来越精密，“一颗螺丝钉”的精神将再次发扬光大，只不过，在这里，螺丝钉意味着高、精、尖的专家。而要想成为专家，你就必须更加专注，做人如此，做产品更是如此。

这几年经营不善倒闭的企业都是因为诱惑太多，背离了做产品的初心。在产业互联网时代，我们更应该抛弃我们的浮躁，放弃我们的诱惑，回归产品的原点和初心，承诺把自己的东西做好。产品思维为什么重要？很简单的一个道理，产品是企业和消费者打交道的唯一一道桥梁，还有别的桥梁吗？

第四，极致，就能单品绝杀。所谓极致，就是将产品的外观、性能、体验甚至更新换代的速度，都做到企业能力的极限。因为在互联网时代，产品信息不再不对称，而是全透明。在产品信息全透明的时代，消费者将用“鼠标”而不是像传统时代用“脚”的移动，来剔除那些未做到极致的产品。而只有那些做到极致的、超出用户预期的单品，才能让用户尖叫，并为之买单。任何一个产品，只要你做到极致，就没有理由不受欢迎，尤其还是消费者心目当中的极致，那它一定会赢得市场和掌声。女孩子为什么会怕撞衫呢？我的答案是因为你的产品做得还不够好，如果这件衣服好到极致，好到每个人都以穿它为荣，你是不会害怕撞衫的。就像很多女孩子喜欢拎一个LV的包，很多女孩子都会用苹果手机，为什么？因为你觉得它好，好到足以忽略你我之间有什么不同。其实是单品战略还是多品战略不重要，重要的是你是否获得了营销的关键点，找到你的目标群体，把这个目标群体做透做专做精，来取得你的胜利；把一个产品做精做透，然后在此基础之上再取得第二个产品的发展。这就是为何像“炉鱼”、“雕爷牛腩”甚至“黄太吉”等被热捧的原因。因此，今天，如果你觉得生意难做，如果你觉得资源有限，如果你觉得消费者不轻易被打动，那就回归简单，回归原点，把产品做好，把产品背后的故事讲得更真实，更感人，也就有了一个好的机会。

（二）打造品牌族群是子品牌成功的关键

“粉丝”，“草根”，“屌丝”，一个个新名词，反映了当前互联网上群体的活跃。

这些群体自由表达自己的价值主张，痛快地给予消费评价，这股新生的消费潮流已经在改变传统的购买方式，给品牌打造带来了新的挑战与思路。我们知道，现在许多顾客在选择你之前，先查看你的评价，如果你的评价不好，消费者马上就不再用人民币给你投票了。所以说，今天为什么极致单品会被热捧，就是因为时代变了，是消费行为和消费方式都在改变。

因为这个时代变了，所以企业的战略方向也在发生改变。以前企业的产品研发，是自我研发的，尽管为了搞清楚消费者想要什么，很多企业强调市场调研，做消费者访谈等，很多产品都是做了市场调研以后开发的，但销售的并不好，消费者并不为我们买单，问题就在于市场调研往往以局部代替整体。小米手机的红火，让人再次见识到了粉丝群参与对打造新品牌的重大作用。从前我们认为消费者是上帝，现在变成了与消费者合谋，也就是找到自己的族群，就是兴趣、爱好、价值观相同的一群人，这么一群人他们跟你合谋，他们需要什么，你就生产什么。这就是族群战略。

一个可以获得消费者忠诚的品牌有很多项构成要素，如过硬的产品品质、优美的品牌故事、独特的品牌文化等。但是，有一个重要层面却往往被我们所忽视，那就是品牌族群。可以说，在移动互联网时代，无论是新生品牌也好，老品牌也好，要接“地气”的话，都要打造自己的“品牌族群”。互联网时代以前，大家沟通的成本非常高，而且各层次、各地域沟通起来非常不方便，所以，族群不容易形成。进入互联网时代后，圈子非常容易形成。那么，我们需要如何打造极致单品？又该如何建立所谓的品牌族群？

三、如何让子品牌战略落地

目标明确、战略清晰后，如何让子品牌战略落地便成为重点了。为此，需要围绕子品牌的战略目标，找到并制定具体的实施方案。

（一）打造极致单品的五种方法

第一，能否标准化、规模化是前提。

企业要践行单品战略，就要实现规模化，没有规模，单品怎么盈利呢？一定要够规模，你这个单品才有存在的价值，所以，标准化是你能否实现单品极致的一个重要的指标。

第二，三种创新手段助力企业向极致单品迈进。

有三种手段可以帮助企业向极致单品靠近。第一种创新是颠覆式创新。你最牛，你最有能力，那你就做颠覆式创新，比如说苹果它就做了颠覆式的创新，智能手机一下子颠覆了原有的手机行业。是否颠覆式创新，要看每家企业的积累，要判断企业对消费者的了解和把握程度；第二种创新叫改良型创新。虽然做不到颠覆，但是可以做的比同行更好一点，比过去更好一点，每天都在赶超，每天都在往前走，消费者也会为这种努力买单；第三种创新叫微创新。很多产品，哪怕你只是把微创新做好了，也一样的会赢得市场的回报，比如三只松鼠的案例，它发明核桃新的包装，新的接触点，就是在这一点上它让你觉得这个核桃有了新的生命。

第三，打造极致单品，要做减法和除法。

企业在落实极致单品思维的时候，要做减法，而不是要做加法。首先企业家要问自己，你这个产品的“1”是什么，也就是说你能给消费者的核心价值是什么，我们常说一生二，二生三，三生万物，你的“1”把握不住，那你后面所有的价值都可能是零。要把产品做到极致，首先要做减法，做减法更容易做到极致。除了做减法，还应该做除法，就是把你认为并非不可或缺的元素剔除掉。如家酒店就做了很多除法。别的酒店当时都有大堂的时候，如家把大堂给剔除了，只剩一个前台，但是如家把床做的很舒服，让出差的人员能得到很好的休息。需要强调的一点是，要做极致单品，企业必须要做好资源倾斜和重点投入的准备，否则，凭空是出不了极致单品的。

第四，不断改进产品，不断升级文宣。

黄太吉的煎饼果子，单品策略加上一流的文宣，效果非同一般。黄太吉的口号是“吃煎饼果子喝豆浆，然后思考人生”，很多顾客从外地赶过来，买一份煎饼果子，到二楼一群人堵在那里思考人生。所以说这就是它的一流文宣，这种单品策略有利于我们做一流的文宣，形成眼球经济。黄太吉还有一个口号：“所有的披萨和汉堡都是纸老虎”，改编自毛泽东语录的这句话很有意思，不断改进产品，不断升级文宣，黄太吉成了被迷恋被追捧的煎饼果子。

第五，扁而爽的组织架构。

在移动互联网时代，有很多东西都变了，互联网最大的特点就是讲究民主平等，“85后”尤其是“90后”这些互联网的原住民，用以前管理员工的方式已经行不通了。产业互联网时代，组织需要实行三个关键转变。

第一个关键点要把你的员工当客户来看，这话不新鲜，但是好多人做不到。什么叫把员工当客户看呢，就是从原来的外部营销向内部营销的转化，只有满意的员工才能有满意的顾客，我们讲价值传播，通过谁传播？是通过你的员工传递出去的。

第二个关键点是领导风格要转变，不再是领导发布完命令就完事，而要让你的员工参与和互动起来，让下属参与决策，也就是管理要民主化。领导不是带头的大哥，而是一个领头人，领导团队去创新、去形成共识，去带领团队作战。市场风云变幻，尤其是产业互联网时代，变化的更快，这都要依靠团队极强的洞察力和应变能力，孤胆英雄过去不行，现在更不行了。

第三个关键点是组织架构要转变，要做更好的产品，要有更好的模式，我觉得最好的组织形式是扁而爽的。扁就是不要有太多的层级，老板和员工之间最好就是一级的差别，这个最有利于发挥企业的创造力。爽就是要让员工精神上愉快。现今，年轻人上班看重钱也看重心情，或者更看重心情。有些企业会发现，只要颁布个什么处罚措施，有些员工一挨罚心情不爽，工作都不要了，走人了。其实，人也只有在心情爽的时候才有创造力。

（二）建立起品牌族群的四个路径

企业如何打造出自己的品牌族群？有同样爱好的人群，就一定都是你的目标消费群体吗？都是你的粉丝吗？不是，其中有人可能是基础的消费者。所以企业需要明白自己的品牌定位在哪个人群，要打动他们的哪个点。建立起品牌族群路径也许有很多，说几个简单的路径。

第一个，企业要建立品牌族群，要提出一个鲜明的价值主张出来。号召有共同价值观的人走在一起，我觉得价值观是人类最高的一个精神需求，这点可以拽着你的族群，永远跟着你走。

第二个，要建立共同的渠道。就是有了价值主张，还要有一个共同的渠道来传播，对于一个企业来说，就是要建立一个平台，让大家很方便进行沟通。族群为什么现在成为热点了？是因为这个时代变了，在移动互联时代，人们沟通的成本降低了，特别方便，大家聚在一起很容易就建立了一个社区。

第三个，要树立一个领袖。任何一个族群都有领袖，都有一呼百应有号召力的人。企业的品牌代言人也可能是领袖，比如说凡客诚品的“凡客一族”，王珞丹、李宇春都曾经是凡客族的领袖。小米是雷军创造的，那米聊族的领袖就是雷军了。每个族群，都要树立这样的领袖，才能有号召力。

第四个，让你的族群对你的产品持续“上瘾”。现在大家听到很多的一个词叫“互联网思维”，有很多做互联网产品的经理在讲找到客户的痛点，根据这个痛点把产品做到极致。这其实是说通过产品怎样触动用户跟你去互动。有了好产品还需要不断地强化再强化，如果不能强化，产品不能迭代升级，那么你的价值观将得不到支撑，这个族群就会迅速衰竭。因为它是因兴趣、爱好、价值观才跟你聚集在一起的，当你的价值观做不到的时候，族群的凝聚力就会下降。不是说建立了族群就一劳永逸。所以，如果想让你的族群对你的产品持续“上瘾”，那你就需要不断地强化产品，我们叫“长远性的强化”。

结 语

2014 年餐饮业有两个热词均同“牌”字相关，一个是“洗牌”，另一个是“品牌”！品牌之道成为了企业规避“洗牌”的护身符。其中，一种是做强品牌，许多企业内练内功，外化品牌；另一种是多品牌运作，借由多品牌转型突围。尽管多品牌经营是餐饮业进入微利时代的应对之道，但多品牌经营并非万灵丹，尤其在产业互联网时代，子品牌的建立与多品牌的运营，不仅需要考虑多品牌的诸多问题，包括：资源能否匹配？定位是否清晰？区隔是否分明？是相互支持还是相互竞争？对主品牌是否具有加分效果？等等。还需要回归本质，回归简单，回归原点，思考子品牌的产品战略，从而建立品牌族群，把产品做好，把产品背后的故事讲得更真实，更感人，打造极致单品。

餐馆营养环境的评价方法

兰晓芳① 范志红②

摘　要：营养环境对饮食习惯有重要影响，对营养环境的研究有助于解释人们在饮食行为和疾病风险方面存在的差异。餐饮营养环境是人们在餐饮行为中体验到的环境，根据研究对象的不同可分为餐馆营养环境和饮食店营养环境。对餐馆营养环境的研究主要从食物营养质量、食物烹调方法、餐饮店提供的额外服务以及营养信息四方面展开。

关键词：营养环境；餐馆；膳食质量

随着经济的快速发展和现代都市生活节奏的加快，越来越多的人选择在外就餐，或者选择商业制作的食品（commercially prepared food，CP）。据中国烹饪协会统计，我国餐饮业从1991年至2012年已连续21年保持两位数增长，2013年全国餐饮业收入25569亿元，同比增长9.0%。我国成年居民在家就餐的比例从1991年的82%下降为2009年的73.5%，而在餐馆就餐的比例由4.1%上升至10%。2011年，我国城镇居民家庭人均在外饮食支出已达1183.2元，不同年龄段人群中，青年人在外就餐的比例最高。

在居民就餐模式发生巨大变化的同时，超重及肥胖现象在我国乃至全世界范围内也愈发普遍。中国居民营养与健康状况调查显示，我国居民超重率和肥胖率之和已达23.2%，接近总人口的1/4。研究人员发现，仅从个体水平出发，研究个人的饮食和运动习惯与肥胖的关系是不全面的，因为这忽略了环境因素为个体所带来的重要影响。收入水平、受教育程度、社会阶层、健康知识、心理状态、家庭环境等许多因素都与肥胖风险的大小有关，但即便以上因素相同，身处于不同的生活环境，肥胖和慢性病的风险也有差异。

---

① 兰晓芳：中国农业大学食品科学与营养工程硕士研究生。

② 范志红：中国农业大学食品科学与营养工程学院副教授，食品科学博士。

一、营养环境的概念模型

在美国乃至全球，营养环境与儿童和成人的肥胖密切相关，包括世界卫生组织、国际肥胖特别组织（The International Obesity Task Force）、美国疾控中心等多个组织机构均认同这样的观点——环境干预和政策干预是影响个体饮食、运动行为以及个体体重的最有力措施之一。为了更加全面的阐明肥胖与膳食因素的关系，近年来，越来越多的学者把研究重点投向了“营养环境”（nutrition environment）这一方向。各类研究都支持这一观点——营养环境对饮食习惯有重要影响，对营养环境的研究有助于解释人们在饮食行为和疾病风险方面存在的差异。

Glanz 等人提出了基于健康行为的生态概念模型以便对营养环境展开研究。在这一模型中，政策因素、环境因素、个人因素都有可能对个体的饮食行为产生影响。环境因素涉及到四种不同类型的营养环境，包括社区营养环境，团体组织营养环境，消费者营养环境和信息环境。其中，社区营养环境和消费者营养环境产生的影响最为广泛，因此最具研究价值。

二、餐饮营养环境

（一）餐饮营养环境的概念和分类

Saelens 指出，餐饮营养环境应当是消费者在餐饮过程中体验得到的，它会影响到顾客的膳食结构，在各类餐馆中应当是有明显区别的。相比在食品店，对餐馆营养环境进行评价更具挑战性。通常来讲，餐饮营养环境会在多个方面表现出差异——包括是否提供较健康的菜单选择，是否提供餐饮食品的营养信息，以及对特殊食物的标示及促销手段等。

目前，对餐饮营养环境的研究主要分两种类型：餐馆营养环境和食品店中的营养环境。餐馆包括入座点菜式餐馆、快餐店、自助式餐馆、咖啡馆、甜品店等类型。食品店包括大型超市、菜市场、便利店、自动售货机等。

（二）餐饮营养环境的研究内容

西方学者为餐馆营养环境评价的研究奠定了基础，提供了基本的研究思路。研究通常从几个方面展开，包括食物的营养质量、各品种食物的价格、食物的分量、促销手段、食物位置或布局摆放、食物可选择范围、食物新鲜度以及营养信息等。研究者对这一问题抱有类似的观点，认为餐饮营养环境的研究涉及到食物可接近性、货架空间、商品的布局摆放、店内广告和标识以及价格政策等。Saelens 等人制定的餐馆营养环境评价方案（nutrition environment measures study in restaurants，NEMS-R）为后人的研究提供了一个较为全面的研究思路。这项研究的评价内容覆盖了营养环境中的菜品及饮料组成、健康饮食的促进和阻碍因素、餐馆价格政策、营养标识等内容。其研究团队于 2004 年到 2005 年间，在 4 个社区中的 217 家餐馆（包括入座点菜式餐馆以及快餐店）进行了实践调查，得到了较为理想的评分者间信度和再测信度，证明了该方法的可行性。NEMS-R 的评价项目如表 1 所示。

表 1　餐馆营养环境评价考察变量（NEMS-R）

考察方面	考察变量
主菜	健康主菜数量，健康主菜比例（考虑烹调方法）
主菜沙拉	健康主菜沙拉数量，健康主菜沙拉比例
特定食物	水果、非油炸蔬菜、烤薯条、全谷面包
饮品	苏打水、100%果汁、低脂或脱脂奶
儿童菜单	是否有儿童菜单、健康儿童菜品、100%果汁、低脂或脱脂奶
健康饮食促进因素	菜单上有营养信息、在菜单上标示出健康菜品、有小份菜品、可满足顾客提出的特殊要求、有沙拉吧
健康饮食阻碍因素	鼓励大份菜品、不提倡顾客提出特殊要求、“吃掉全部”或“不限量”、鼓励低碳水化合物饮食
价格政策	套餐比单点便宜、健康主菜更贵、拼主菜不额外收费、小份菜品更便宜
标识	张贴营养信息、突出健康选择、鼓励健康饮食、鼓励不健康饮食、鼓励过度饱食

本文所探讨的餐馆营养环境的评价可以从以下四方面入手。

1. 食物营养质量

作为消费者，在外用餐时只能在餐饮店提供的食品当中做出选择，他们最终的食物摄入情况在很大程度上取决于餐饮店所提供的食物的营养质量。因此，食物营养质量在餐馆营养环境评价体系中所占比重应当最大。

不同餐饮店中，所提供食物的营养质量状况会有所不同，评价方法也不同。总体来讲，一种是定性评价，一种是定量评价。定性评价的方法主要考察餐饮店能否为消费者提供健康菜品，以及健康菜品所占的比例。调查时主要采用分析菜单的方法，Cassady 等人为社区工作者研究出了一套餐馆菜单评价表，用来评价食物准备过程，健康食物的可选择数量，以及水果、蔬菜的供应情况。NEMS-R 方法亦是以食物原料为评价基础，考察特定菜品的供应比例。这种方法的好处是简便快捷、省时省力，可以从食材原料角度给出直观的结果，易于理解；缺点是对食物营养质量的考察不够全面，只能回答“有没有”的问题，而不能回答“够不够”的问题。

定量评价方法在实际操作中复杂程度更高，需要较强的数据收集及处理能力，但同时能得到更加全面的营养质量评价结果。定量评价多以营养素而非食物作为出发点，以官方发布的膳食指南为参考标准，通过收集餐馆官方网站或食物包装上的营养标签，或是利用食物频次问卷（food frequency questionnaire，FFQ）对消费者进行调查，计算出相应的膳食评分或对膳食指南推荐量的满足程度。Auchincloss 等人通过食物包装上的营养数据对美国费城的 21 家入座点菜式连锁餐馆进行了营养质量评价，结果发现，一份成人餐平均含有能量 1495 千卡、28 克饱和脂肪酸和 3512 毫克钠。如果再配上饮料和甜点的话，能量则高达 2020 千卡，仅一餐的能量就已超过了官方的全天推荐值。Hearst 等人用健康饮食指数（healthy eating index，HEI）评价了美国 8 家连锁快餐的营养质量变化趋势（1997/1998—2009/2010），其平均得分从 45 分上升至 48 分。整体而言，最大的改进是豆类供应增加，而饱和脂肪、来自固体脂肪和精制糖的能量下降。Schröder 等人用 FFQ 对西班牙东北部的 3054 名成年人进行了快餐摄入调查，通过地中海膳食评分（Mediterranean diet score）及 HEI 两个膳食质量指标对受访者进行评价。结果显示，人们的快餐摄入频次与膳食质量评分呈反比关系（P＝0.001）。即过于频繁的快餐摄入意味着能量更高、营养更差以及更高的肥胖风险。

在我国，对于餐饮食物营养质量的评价仍以测定营养素含量的方法居多。这类以食物中营养素含量作为评估基础的研究方法要求餐饮业提供准确的食物配方，再由专业人员按照食物成分表中的数据计算出餐饮食品中各主要营养素的含量，或采样后直接进行相关营养成分的含量测定。这类方法十分耗时，需要多名专业人员参与，研究成本较高，不便现场进行评判；计算出的数值不便为外行人所理解，很难直接用来进行消费者指导，也不能直接用来给餐饮做营养改良的指导。

综上，在以后的研究中，可以考虑将定性和定量方法相结合的半定量评价方法考察餐馆食品的营养质量，在考察“有没有”的基础上，再设置一些选项，将各类食物的供应量分等级比较，再计算出相应得分。另外能够减少研究人员的工作量，同时又能得到直观、便于比较的结果，使消费者更易理解。

2. 餐饮店的额外服务和价格策略

不同消费者可能由于个人喜好、饮食习惯等原因而做出健康或不健康的食物选择，但餐馆有责任为那些愿意为自己健康负责的消费者提供营养较为合理的食物选择。因此，经营者提供的调整服务在餐馆营养环境评价当中也是不可忽视的一部分。

有研究表明，餐饮店食物的钠含量往往超过家庭烹调的食物。一项研究发现，餐馆食物的钠含量高达1895毫克/1000千卡（相当于一个体重55公斤的成年人每天摄入9.5克食盐），而成年人每天所需的钠仅2000毫克。如果餐饮店能满足部分消费者少放盐，少放油，少放沙拉酱等调整要求，则说明这种环境有利于实现健康饮食。此外，美国很多研究对餐馆食物的分量做了探究，早在2002年即已发现，食物分量过大是造成居民肥胖的可能影响因素。丹麦的最新研究发现，如果按一份食物中所含有的能量来计算，则100年以来，食物的分量一直都在加大，而这可能是造成肥胖的原因。但有研究发现，增加一份食物中蔬菜的分量，也可以对增加蔬菜摄入量起到积极的作用。

在自助餐厅中进行的干预研究显示，返现制度可提高蔬菜、水果、低脂奶、鱼肉等健康品种的销售量。若是将价格刺激措施与健康教育相合，则更有利于消费者做出健康选择。因此，有必要考察餐饮店是否存在促进健康饮食的调整措施，即是否提供菜品及调味品种类和分量的可调整服务，是否有不同分量的食物供应，以及店家的价格政策是否鼓励健康饮食等内容。

3. 餐饮店提供的营养信息

消费者在就餐过程中会接触到内容丰富、形式多样的营养信息。这些信息不仅包括食物包装上的营养素含量，海报上有关平衡膳食的知识，宣传页上的菜品推荐、优惠活动，餐盘衬纸和桌贴上也可能有涉及食物原料等的营养信息内容。国外已有研究证实，通过店内宣传、社区活动、传媒广告等方式向消费者推荐健康菜品会对其就餐行为产生有益影响——消费者对健康菜品的消费意愿提高了3.7%，健康菜品的消费量提升了4.4%。这进一步证明，通过改变餐饮环境中的信息来提升消费者的健康意识，改变他们的食物选择是可行的。

研究显示，在菜单上标注营养素数据和健康声称对消费者的食物选择行为以及态度的影响都较为显著。Hwang 等人研究发现，93%的受访消费者支持在菜单上标注食物营养信息，且店家提供的营养信息内容越丰富，对消费者的帮助越大，可信程度越高。Neckerman 等人总结了 3 项餐饮营养标示和营养声称的效果，发现如果某种食物的包装上或菜单上有“营养好”或相关的营养声称，则消费者对它会持有更积极的态度，也有更高的购买愿望。并且，在餐单上提供营养信息，能让孩子们选择能量较低的餐饮食物。

我国也有研究发现，与用没有营养信息标注的菜单点菜时相比，在菜单上标注能量和脂肪含量，能够使受试者优先选择能量较低和脂肪含量较低的套餐及饮料。如果不仅提供数据，而且使用“赞”的图形来推荐较低能量和脂肪的套餐，则对消费者的影响效果比纯数字标注更好。这与国外的相关研究结果相一致。

在对餐馆进行营养环境评价时，一方面需要考察营养信息的内容，主要包括：是否有营养标签、健康声称，是否存在促进健康饮食的宣传或鼓励过度饱食的宣传，以及是否存在对食物功效的不当宣称等。另一方面，由于信息的不同呈现方式会对消费者的食物选择产生不同程度的影响，因此还需要对信息的呈现方式进行考察。可以根据信息的存在位置、字号大小及鲜明程度等对消费者接触到这些信息的难易程度进行评价。

三、结　论

营养环境会对消费者就餐时的食物选择及身体健康状况产生重要影响，可以通过改变营养环境的方法来提升消费者的外食营养质量，作为促进大众健康的有力手段之一。餐饮营养环境的评价内容主要包括食物营养质量、餐饮店提供的额外服务及价格策略、营养信息。西式烹饪方法较为单一，在现有国外研究中，并未将烹调方法这一项的影响纳入考虑范围。但是，考虑到中式菜肴烹饪方式的多样性会对膳食质量产生较大影响，有必要将食物烹调方法也纳入到餐饮营养环境的评价内容之中。

现有研究多集中于食物营养质量的评价，对营养环境进行全面而系统的评价方法十分有限，且尚未发现有针对中式餐饮的营养环境研究方案。因此，对中国特色营养环境评价方法的研究还需要进一步的探索和实践。

参考文献:

[1] 中国餐饮产业发展报告：2014 [M]. 中共中央党校出版社,2014.

[2] 杜文雯、苏畅、王惠君、王志宏、张继国、张伋、姜红如、张兵．社区食物环境对我国成年居民膳食营养状况的影响 [A]. 中国营养学会第十一次全国营养科学大会暨国际 DRIs 研讨会学术报告及论文摘要汇编(上册) ——DRIs 新进展：循证营养科学与实践学术 [C]. 2013.

[3] 武阳丰、马冠生、胡永华等．中国居民的超重和肥胖流行现状 [J]. 中华预防医学杂志,2005，39 (5)：316—320.

[4] Glanz K, Sallis J F, Saelens B E, et al. Healthy nutrition environments: concepts and measures [J]. American Journal of Health Promotion, 2005, 19 (5): 330-333.

[5] 杜文雯．社区食物环境的研究进展 [J]. 卫生研究,2014 (02)：324—326.

[6] Saelens B E, Glanz K, Sallis J F, et al. Nutrition Environment Measures Study in Restaurants (NEMS-R): development and evaluation [J]. American Journal of Preventive Medicine, 2007, 32 (4): 273-281.

[7] Cheadle A D, Psaty B M, Curry S, et al. Assessing the validity of a survey of the restaurant health promotion environment [J]. American Journal of Health Promotion, 1994, 9 (2): 88-91.

[8] Kelly B, Flood V M, Yeatman H. Measuring local food environments: an overview of available methods and measures [J]. Health & Place, 2011, 17 (6): 1284-1293.

[9] Cassady D, Housemann R, Dagher C. Measuring cues for healthy choices on restaurant menus: development and testing of a measurement instrument [J]. American Journal of Health Promotion, 2004, 18 (6): 444-449.

[10] Auchincloss A H, Leonberg B L, Glanz K, et al. Nutritional value of meals at full-service restaurant chains [J]. Journal of nutrition education and behavior, 2014, 46 (1): 75-81.

[11] Hearst M O, Harnack L J, Bauer K W, et al. Nutritional quality at eight US fast-food chains: 14-year trends [J]. American Journal of Preventive Medicine, 2013, 44 (6): 589-594.

[12] Schröder H, Fito M, Covas M I. Association of fast food consumption with energy intake, diet quality, body mass index and the risk of obesity in a representative Mediterranean population [J]. British Journal of Nutrition, 2007, 98 (06): 1274-1280.

[13] 孙丽娟、屠振华、冯霖等．中日式连锁快餐米饭类产品营养调查研究 [J]. 食品科技，2012（12）：50—55.

[14] 李菁菁、刘静、李东等．北京地区部分快餐营养状况调查 [J]. 食品工业科技，2012，33（3）：376—379.

[15] 吴佩芳、刘红．中、西式快餐营养成分调查 [J]. 上海预防医学，2002，14（9）：409—413.

[16] 曹可珂、何宇纳．在外就餐对人体健康影响的研究进展 [J]. 中国食物与营养，2014，20（1）：67-71.

[17] Rolls B J, Morris E L, Roe L S. Portion size of food affects energy intake in normal-weight and overweight men and women [J]. The American Journal of Clinical Nutrition, 2002, 76 (6): 1207-1213.

[18] Eidner M B, Lund A S Q, Harboe B S, et al. Calories and portion sizes in recipes throughout 100 years: An overlooked factor in the development of overweight and obesity? [J]. Scandinavian journal of public health, 2013, 41 (8): 839-845.

[19] Rolls B J, Roe L S, Meengs J S. Portion size can be used strategically to increase vegetable consumption in adults [J]. The American Journal of Clinical Nutrition, 2010, 91 (4): 913-922.

[20] Cinciripini P M. Changing food selections in a public cafeteria an applied behavior analysis [J]. Behavior Modification, 1984, 8 (4): 520-539.

[21] Block J P, Chandra A, McManus K D, et al. Point-of-purchase price and education intervention to reduce consumption of sugary soft drinks [J]. American Journal of Public Health, 2010, 100 (8): 1427.

[22] Acharya R N, Patterson P M, Hill E P, et al. An evaluation of the "TrEAT Yourself Well" restaurant nutrition campaign [J]. Health education & behavior, 2006, 33 (3): 309-324.

[23] Burton S, Creyer E H, Kees J, et al. Attacking the obesity epidemic: the potential health benefits of providing nutrition information in restaurants [J]. Journal Information, 2006, 96 (9).

[24] Hwang J, Lorenzen C L. Effective nutrition labeling of restaurant menu and pricing of healthy menu [J]. Journal of Foodservice, 2008, 19 (5): 270-276.

[25] Neckerman K M, Lovasi L, Yousefzadeh P, et al. Comparing Nutrition Environments in Bodegas and Fast-Food Restaurants [J]. Journal of the Academy of Nutrition and Dietetics, 2013.

[26] 贾丽立．营养信息标注对食物选择影响的研究背景 [D]. 北京：中国农业大学食品科学与营养工程学院，2009.

[27] Lando A M, Labiner-Wolfe J. Helping consumers make more healthful food choices: consumer views on modifying food labels and providing point-of-purchase nutrition information at quick-service restaurants [J]. Journal of Nutrition Education and Behavior, 2007, 39 (3): 157-163.

[28] Harnack L J, French S A, Oakes J M, et al. Effects of calorie labeling and value size pricing on fast food meal choices: results from an experimental trial [J]. International Journal of Behavioral Nutrition and Physical Activity, 2008, 5 (1): 63.
[7] Saelens B E, Glanz K, Sallis J F, et al. Nutrition Environment Measures Study in restaurants (NEMS-R): development and evaluation [J]. American Journal of Preventive Medicine, 2007, 32 (4): 273-281.

餐饮单位药膳经营情况调查与政策建议
——以广州市为调研范围

扬州大学旅游烹饪学院

摘　要："药食同源"，在广州，药膳食疗的应用十分广泛，特别是广州的"老火靓汤"。但是广州餐饮单位药膳食疗行业的发展还是处于不成熟的状态，没有特定的行业标准以及规范。本次采用问卷调查的方法，对经营者和消费者进行任意抽样调查，通过调查初步了解广州药膳食疗行业的现状，并对餐饮单位药膳经营发展给出政策建议。

关键词：餐饮单位；药膳食疗；药膳经营

一、广州餐饮单位药膳经营市场发展概况

随着人们生活水平的提高，健康产业的发展已经成为带动整个国民经济增长的强大动力。作为我国健康产业的重要组成部分，药膳产业的发展越来越受到人们的关注。

目前我国药膳生产产值分布区域较为集中（如图 1 所示）。广州市占 48%，接近市场总产值近半，而广州生产的产品主要为凉茶，仅王老吉 2008 年凉茶的产值达到 120 亿元。北京、上海、深圳也是药膳生产相对集中的地区，除了上述四个城市之外的地区产值只占整个市场的 18%。仅广州、深圳两地药膳生产产值就占全国药膳产业总产值的 2/3，这还不包括广东省的东莞、中山、梅州等地药膳企业。由此可见，广东省几乎是全国药膳产业的主要和重要基地。

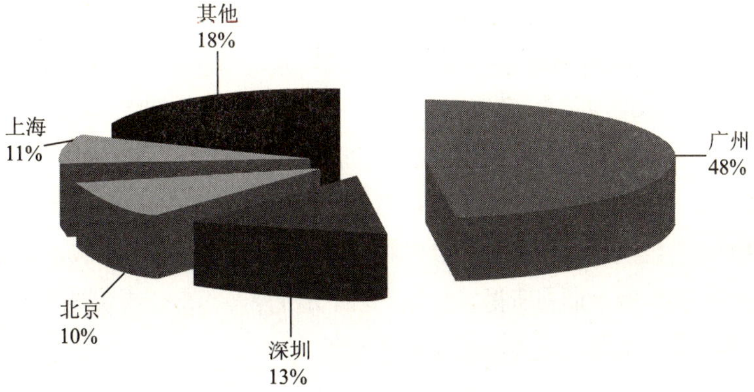

图 1　我国药膳生产产值分布

改革开放近 30 年来，随着广东餐饮业持续高速增长，其在国内贸易中的地位不断提升。一方面，从餐饮业零售额占社会消费品零售总额的比重来看，1978 年至 1991 年间，广东餐饮业的比重从 6.75％增长到 11.17％，增长了 4.42 个百分点；1992 年至 2005 年间，从 11.59％增长到 14.06％，增长了 2.47 个百分点。另一方面，从餐饮业对社会消费品零售总额增长的贡献份额来看（如图 2 所示），改革后前 13 年的广东餐饮业贡献份额为 11.67％，后 13 年的贡献份额为 14.46％，增长了近 3 个百分点。

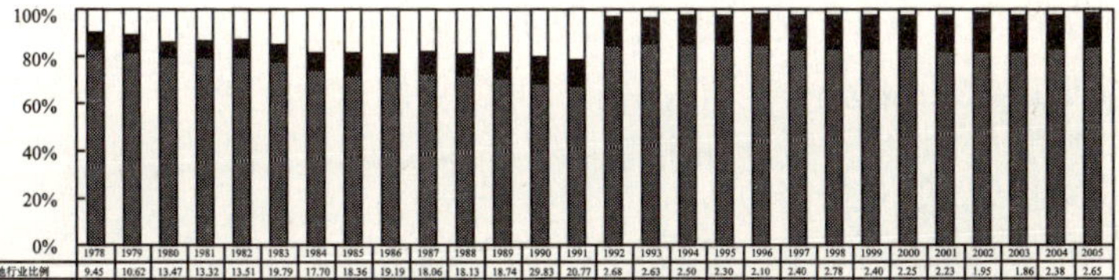

	1978	1979	1980	1981	1982	1983	1984	1985	1986	1987	1988	1989	1990	1991
□ 其他行业比例	9.45	10.62	13.47	13.32	13.51	19.79	17.70	18.36	19.19	18.06	18.13	18.74	29.83	20.77
■ 餐饮行业比例	6.75	6.57	9.20	6.22	6.20	6.31	7.09	9.25	8.77	9.34	8.94	10.33	10.65	11.17
▩ 饮食零售业比例	83.80	82.81	80.33	80.46	80.29	73.90	75.50	72.39	72.04	72.60	72.93	70.93	69.92	88.06

	1992	1993	1994	1995	1996	1997	1998	1999	2000	2001	2002	2003	2004	2005
□ 其他行业比例	2.68	2.63	2.50	2.30	2.10	2.40	2.78	2.40	2.25	2.23	1.95	1.86	2.38	2.65
■ 餐饮行业比例	11.99	11.11	11.77	12.11	12.85	13.06	14.17	14.47	14.98	15.47	15.65	14.88	13.92	14.06
▩ 饮食零售业比例	85.72	86.25	83.63	85.59	85.05	84.54	83.05	83.13	82.77	82.30	82.40	83.28	83.70	84.29

图 2　1978—2010 年广东餐饮业在国内贸易中的比重变化情况

资料来源：1978—2010 年广东省统计年鉴。

二、广州餐饮单位药膳经营基本状况与结果分析

（一）调查对象及方法

针对广州市内经营系列药膳产品的餐馆以及来此餐馆消费的消费者和药膳食疗学术界上的一些专家。研究方法：采用任意抽样的方法对广州市区的药膳经营

者、消费者以及专家进行调查。在对经营者的调查中主要采取上门实地问卷调查的方法，其中包括：行业存在状况、行业的管理形式、行业的经营状况、行业的未来展望，共调查广州市内的52家符合定义的药膳餐馆。对消费者采取问卷街坊形式以及网上调查形式，在消费者的调查中包括以下几项内容：消费者的年龄分布状况与受教育程度、消费者的收入水平与食用药膳次数、消费者自身对于药膳功能的需求、消费者对药膳的选择标准、消费者对药膳的认可程度等，共得到有效问卷700份，其中315份为网上调查所得，385份为街访所得。而对于专家则主要采用访谈调研法。主要了解学界与业界的沟通联系问题。

（二）广州餐饮单位药膳行业发展现状

药膳行业虽属于餐饮行业的一个分支，且其定义和标准现在还存在着争议，但“药食同源”，广州的药膳文化底蕴很深厚，药膳企业（符合上述调查标准的）的年限还是比较长的。餐饮企业的寿命是很短的，基本上就是3—5年。广州食养坊饮食有限公司发展至第八年了，在业界已算站稳脚跟，药膳企业还是很有发展潜力的。再根据我们的问卷调查数据结果可知（如图3所示），45.4%的药膳餐馆的经营年限在一年以下，23.7%的药膳餐馆的经营年限在1—3年，17.7%的药膳餐馆的经营年限在3—6年，10.6%的药膳餐馆的经营年限在6—7年，2.9%的药膳餐馆的经营年限在10年以上，这充分说明，药膳行业正在兴起。且餐饮行业也越来越注重“保健”、“养生”方面，药膳行业的兴起势在必得。

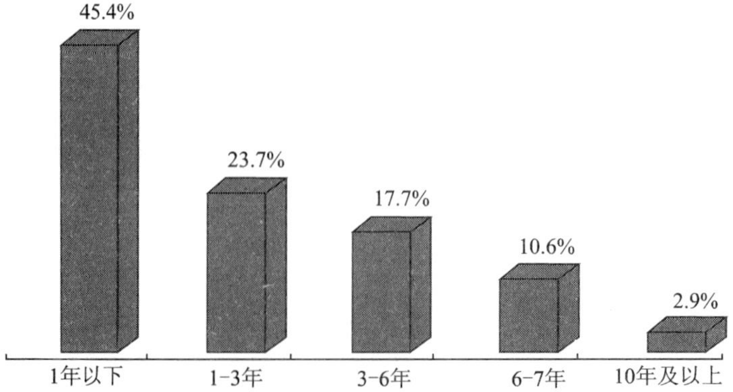

图3　药膳餐馆的经营年限百分比

规模较大的药膳餐馆在平常时间的顾客人数一般，而节假日顾客人数差不多翻了一倍。规模较小的药膳店平常时间与节假日时间的顾客人数相差不大。规模较大的药膳餐馆在节假日会推出相应的优惠政策，而规模较小的药膳店大部分无相关优惠政策。在药膳餐馆的药膳产品销售中，中等价位的药膳产品的销售额最高，高档次的药膳产品的销售额也占有一定的比例，并有逐渐上升的趋势。大部分药膳餐馆除了提供堂食服务之外，还可提供外卖等服务，经营方式多样化。

1. 药膳经营企业调查

在广州调查的几家药膳企业之后，选取了以下几家具有代表性的药膳企业进行分析（如表1所示），主要分为两大类，Ⅰ类是具有大厅、包厢的规模较大的餐厅。Ⅱ类是配备较少的规模较小的药膳店。

（1）药膳企业类别：Ⅰ类。

由于Ⅰ类药膳企业规模较大，且较具有代表性，选取广州食养坊与番禺祈福集团药膳坊进行比较：

表1　药膳企业经营比较

	对比项目	食养坊	药膳坊
共同点	规模客容量	餐厅型，具有大厅包厢等就餐环境设施，可容400人以上规模	
	药膳产品比例	绝大多数	
	企业名誉	多项餐饮业行业大奖	
	餐厅风格	传统典雅、古色古香，工作服装风格一致	
	连锁店	有，且有打算扩张开设分店	
不同点	创店历史	12年	9年
	餐厅选址	商业中心和高档居民区	医院内部
	公司网站	www.shiyangfan.com	无
	公司规模	500人	300人
	连锁店	有13家，广州地区较分散	有2家，集中番禺
	产品研发	广东药膳食疗专业委员会多数成员	有医药经验的多年名厨
	价格	餐厅有中高档，中档店菜均价30元，高档店菜均价90元	平均菜价在40至50元之间
	消费群体	适用于不同的消费层次生成不同的消费群体，适用于聚会类消费	医院就诊病人及附近街坊，老年人居多
	配套服务	根据食客要求制作，有专家不定期驻店提供咨询服务	有专业的中医师坐堂，食疗软件开食用的膳方食谱
	时令产品	根据时令推荐产品，例如四季炖汤等	没有特别根据时令
	优惠政策	消费满一定数额赠送炖汤	消费满一定数额赠送现金券

食养坊和祈福药膳坊都属于大型药膳餐厅，分店的规模差不多。但食养坊的经营状况要比药膳坊好些，主要有以下四个方面的原因：

第一，选址因素。祈福药膳坊位于祈福医院内部，消费群体被限制，食客大多为来医院看病的患者以及周围的一些居民，外人少为听闻。而食养坊的选址大多为广州各区商业中心，人流量大，且价格适中，味道不错，很容易有回头客。

第二，企业经营理念。食养坊根据不同的消费层次制定不同的药膳，虽与药膳坊有着同样的“食疗”经营理念，但食养坊还是属于很适合团体聚餐的餐厅。而药膳坊偏向于食客看病之后的药膳调理，故药膳坊的药材味较浓。

第三，企业经营目标。广州食养坊有意在市外继续拓展自己的分店，而药膳坊则一般会在祈福集团涉及的地区范围开分店。

第四，企业宣传力度不同。很明显，食养坊有自己独立网站，餐厅的卡片都有介绍到其他的分店情况，给不同的食客到不同地方提供吃饭选择的便利。而药膳坊网上信息跟实际信息有所差异，顾客上门吃饭难找到准确的地方。宣传力度不够，外人对此不了解。但祈福膳坊也是很有发展潜力的，因为其周围的餐厅数量少，竞争力弱，是附近居民进行药膳食疗的首选。随着人们养生的观念的加强，药膳食疗越来越被人们看好。

（2）药膳企业类别：Ⅱ类。

Ⅱ类是配备较少、规模较小的药膳店，例如英姨瓦罐煨汤店、瓦罐煨汤、潮汕拉肠店等，这些群体在所有药膳行业中基数较大，且其在药膳行业所占市场份额较大。但在这Ⅱ类药膳企业中，由于规模较小，人员较少，且经营管理条件较差，往往卫生条件较差，也缺少相应的员工管理制度，服务水平较低，药膳意识也相对薄弱。

（3）药膳企业需要提高的方面。

药膳餐厅需要改进的地方主要是经营的规模（如图 4 所示），服务质量和环境的提高也占有一定的比率。从经营者的提示中，也可以看出其对于经营餐厅的期望主要也是表现在经营范围的扩大这一方面，表现的方式为分店连锁经营和店面的扩大。

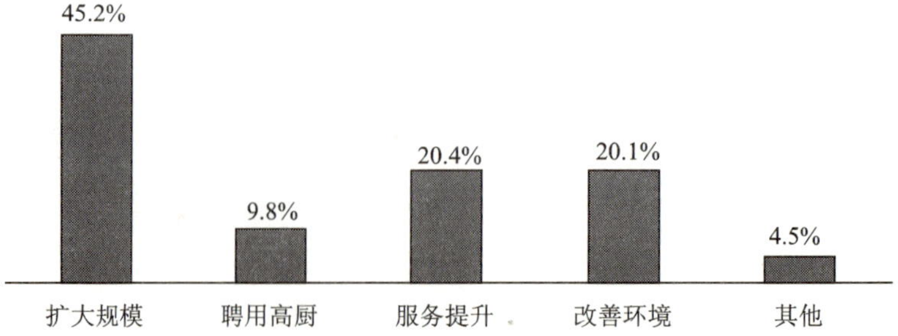

图 4　药膳餐厅需要提高的各方面所占的比率

2. 药膳消费者调查

（1）消费者的年龄分布状况与受教育程度。

在总的调查中，18 岁以下的占总调查人数 15%，18～40 岁占总调查人数的 43%，41～60 岁占总调查人数的 38%，60 岁以上的则占总人数的 14%。在受教育方面则本科及其以上的占总调查人数的 67.8%，大专占 11.1%，高中（中专）则占 8.9%，初中水平则占 10%，而小学则为 2.2%，文盲的为 0。从这些数据可以看出药膳行业的主要消费者是中年人以及老年人居多，这就更加肯定的说明药膳的发展是现在社会的趋势所在，因为我们国家现在人口老龄化日益严重，老年的身体健康更加重要。随着经济水平的发展，人们的生活水平也在发展，受教育程度越高的人对自己的身体健康状况更加关注。

（2）消费者的收入水平与食用药膳次数。

在调查问卷中，消费者月收入水平（如图 5 所示）在 1500 元以下的消费者占总调查者的 26.6%，1500～2000 元的占 23.3%，2000～3000 元的占 24.4%，3000～5000 元的则占 16.7%，5000～8000 元的则占 12.2%，月收入在 8000 元以上的则占 6.7%；关于消费者食用药膳频率方面（如图 6 所示），平均一周 1～2 次的占总消费者的 21.1%，平均每月 2～3 次的则占 24.4%，平均每月 0～1 次的占 46.7%，从来不吃的则占 7.8%。从这些数据可以看出，社会经济在发展，人们对自己的身体健康也越来越重视，当今的药膳行业是新兴之业，一般收入的家庭都可以在这一行业消费，再者，居民都能按照自己的身体实际状况食用药膳。

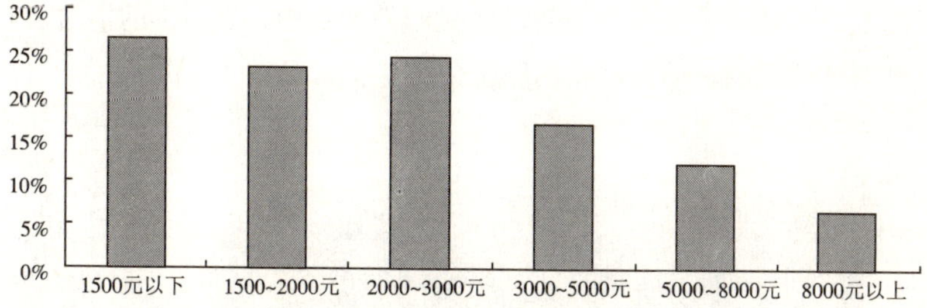

图 5　消费者收入水平百分比

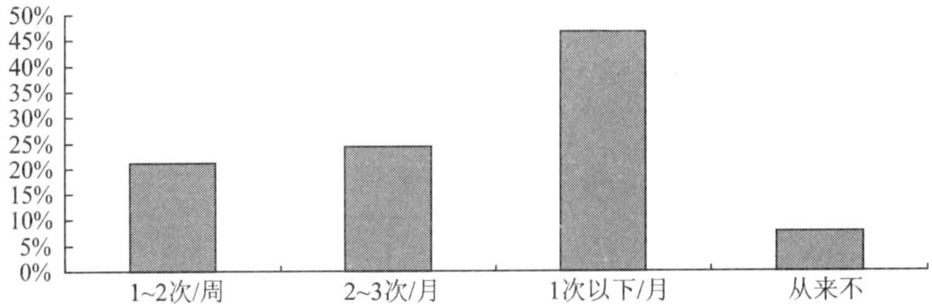

图6　消费者食用频率

（3）消费者自身对于药膳功能的需求。

在我们的调查问卷中，对于药膳功能需求这方面设置了多项选择题，首先其中“强补健体”的功能占总调查人数最多，其次是“预防疾病”和“保健益寿”，再者则是“美容养颜”和“健胃消食”，在“提神醒脑”和“治疗疾病”这两个功效方面则是人数较少。再者是对消费者的对于药膳的认知度和信任度的调查中，对于药膳非常了解的人占有5.4%，而比较了解和了解一点则占较多，分别是36.7%、41.1%，有听过的消费者占12.8%，未听过的只占4%。从以上数据中可以得出，居民对于药膳与药膳食疗是有认识的，他们选择药膳的原因则是出自自身的需求。正是由于对药膳的认知度和信任度，使他们选择药膳，这再一次说明药膳行业是当今社会的新兴行业，在未来的社会中，人们会越来越重视自己的身体！

（4）消费者对药膳的认可程度。

在消费者对药膳的中医中药功效的信任度调查中（如图7所示），17.8%的消费者非常信任药膳的中医中药功效，68.9%的消费者较信任药膳的中医中药功效，有6.7%、4.4%、2.2%的消费者不知道、较不信任、非常不信任药膳的中医中药的功效。从以上数据可以看出，我国是中医中药的发源地，消费者普遍都信任药膳的中医中药功效，在我们的调查中，有不少的消费者在家里也有自己烹饪药膳的习惯。说明药膳得到了绝大部分消费者的认可。

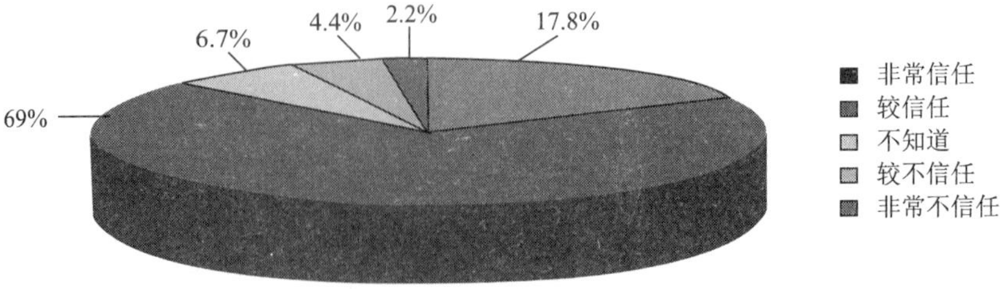

图7　对药膳具有中医中药功效的信任情况

（5）消费者对药膳的选择标准。

在消费者是否会因为药膳有“治未病”（预防疾病）的功效而食用药膳的调查中（如图 8 所示）。82.2％的消费者选择会因为“治未病”的功效而食用药膳，而 17.8％的消费者选择不会。从以上数据可以看出，82.2％以上的消费者很重视药膳“治未病”的作用。希望能平时通过药膳对自身的调节，减少疾病的发生。说明使用“治未病”的概念对药膳的宣传和推广有很大的帮助。

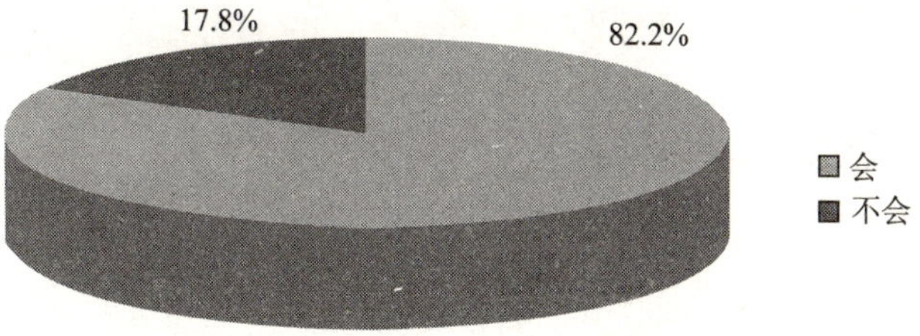

图 8　信任中医“治未病”的功效选择药膳食疗情况

3. 药膳市场的发展前景

（1）对药膳的熟知程度。

79％的受访者知道或知道一点儿中医药膳。其中，43％受访者知道一点儿中医药膳。这表明，被调查者中大多数人对中国药膳处于朦胧的状态。同时绝大多数又表达了希望了解其有关知识的意愿。这就提出了一个问题，药膳知识的传播和普及似有缺位的情况存在，怎样扩大药膳知识的传播范围，理所当然地成为了本团体的重要任务。因此，餐企研发推出新产品的同时，需要加强对中医药膳以及药膳产品的宣传工作，使得药膳保健功能深入人心。

（2）对中医药膳养生的态度。

32％的受访者认为功效显著，喜欢。42％的人表明没用过，愿意试试。这表明，大部分人们对中医药膳养生不存在排斥心理，并有 2/3 左右的人持喜爱支持的态度。因此，除了将药膳保健的理念自然地植入人们的思想中，还应加强药膳保健的研究，使产品大众化，疗效显著，在此过程中，必须加强与消费者的沟通与交流，谈功效，谈药膳作用特点等等。

（3）对药膳的信任度。

36％的人认为有执照的中医坐诊指导，21％的人认为应有成功的科研试验证明，19％的人认为至少应具备相关营业资格，10％的人认为应亲眼看见制作的材料，相应的数据分析如（如图9所示）。这表明，大部分人是信任中医的，且看重药膳的功效。因此，要使药膳养生堂受大众欢迎，应加强研究药膳的功效，做出药效显著的药膳，并广而推之。

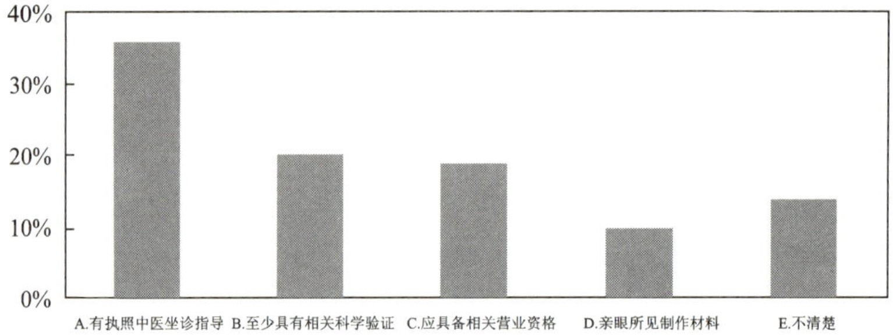

图9　公众对药膳食品经营的期望

（4）对药膳的消费标准。

56%的人能接受50～100元的价位，而34%的人能接受50元以下的价位。这表明，大多数人们还是倾向于100元以下的人均消费，该结果可以为本公司对药膳产品进行定价提供依据，同时也向我们提出更高的一些要求，要把药膳食品做好，无论在材料搭配还是专业技术上，都应该严格把关，做好每一步，达到成本低，功效好，口感佳的目的。

三、餐饮单位药膳经营主要问题及政策建议

（一）药膳企业面临主要问题

1. 药膳中未在合法使用范围内的原料

统计餐饮市场药膳配方中经常使用的203种原料发现：属于既是食品又是药品的物品为64种，占既是食品又是药品目录的70%；可用于保健食品的物品有57种，占可用于保健食品的物品目录的56%；保健食品禁用物品有4种（朱砂、川乌、半夏、熟附子），占禁用物品目录的7%。余下的78种原料，没有列入名单，约占中药材总量0.7%。餐饮药膳原料使用绝大多数是采用既是食品又是药品（药食两用）原料、大多数采用可加入保健品的原料。禁用中药使用量频数小于5%，不在名录中的占中药总量的0.5%以下。

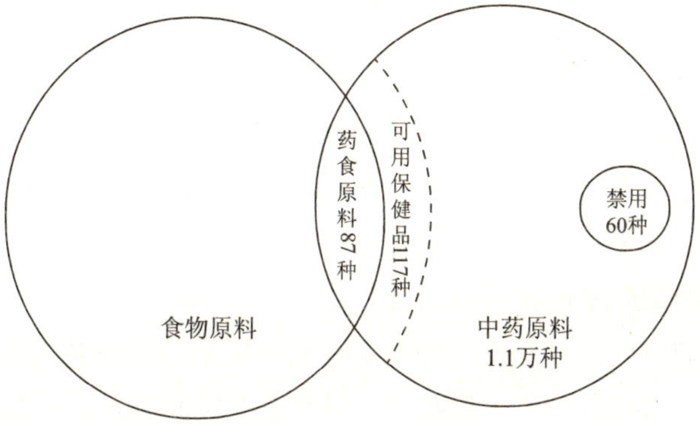

图 10 药膳原料标示图

公众对药膳的主要认知（如图 10 所示），认为餐饮方式，药膳使用原料可以包括食物原料、药食两用原料（87 种）、可用于保健品的原料（117 种），禁止使用（60 种）。其他可入中药原料 1.1 万种的使用是有限制的，“是药三分毒”这部分的使用情况各异。

2. 学术界与业界对餐饮药膳食疗的态度

通过对广东省药膳食疗专业委员会的专家的访问得出，现在业界也无法对药膳行业进行定义，药膳行业现在还处在不成熟状态。药膳食疗学界对此药膳行业的定义以及药膳行业的标准还是处于争论未定的状态。学术界也希望能尽快制定出药膳行业的标准以及相应的一些管理制度。

3. 学界与业界的沟通联系问题

继 1998 年中国中医药学会药膳委员会成立之后，一方面促进了药膳行业的发展，但是，这个促进作用还是比较局限的，这些专家大都成了大型药膳企业的专家顾问，而对一些小型的药膳餐馆的参与度较低，而药膳行业大部分为那些刚发展的小型餐馆，故广州药膳食疗行业的发展如果未能突破此“瓶颈”，业界的发展受限也就不难理解了，至此，打破业界与学术界的自我状态，突破“瓶颈”地带，多进行学术交流与沟通则是现今亟须解决问题的关键。

（二）药膳的政策建议

1. 立法诉求

学界对药膳行业的研究主要放在中医药学的研究上，研究方面较为局限。对药膳行业的经营管理较少研究。从而导致了现行药膳餐厅的杂、乱、管理困难等的问题无法得到解决。近年来一些假冒伪劣保健食品纷纷出现，民众容易错将这些保健食品误认为药膳食品；一些餐饮企业不具备烹调药膳的条件，甚至将加入一些香料或调料的食品当成药膳出售，并扩大其治病功能的宣传；更有甚者，有的经营人员不懂中医配伍禁忌，使配伍的中药存在药物不良反应和有关疾病隐患。此等不规范经营的现象严重打击了广大人民群众对中医药文化的信任度，同时更严重阻滞了药膳食疗行业的广大前景。针对目前我国药膳食疗行业存在不规范商业经营且无法可依的尴尬状况，应该强烈建议国家中医药管理局、中国药膳研究会等主管部门，尽快以立法的形式，规范管理这一在我国历史悠久、近年来随着经济发展和群众生活水平提高又日趋“火爆”的特色行业。

2. 建立科学的符合国情的药膳食疗管理体系

建立科学的符合国情的中医药膳食疗管理体系，通过构建品牌，形成完善的食疗专业服务体系，规范市场环境。在宣传方面：加大宣传力度，扫除顾客对药膳食疗的认识误区，通过参加慈善活动提高企业声誉。在培养专业人士方面：加强专业人才培养，验证药膳配方，帮助顾客辩证食用药膳从而提高市民对药膳的信任度。在立法方面：制定相应的法律法规，来规范市场经营环境。

四、附　件

（一）消费者对药膳认知调查问卷

您好！非常感谢您在百忙之中抽出宝贵的时间填写问卷！本问卷旨在了解您对食疗药膳行业的看法，以便为您提供更加周到的服务。题目答案无好坏、对错之分，更无标准答案，请您根据您的实际情况进行选择，在相应的选项上打“√”。本调查属于匿名调查，调查结果完全保密，仅供研究使用。万分感谢您的支持！

一、基本信息

1. 您的性别　○男　○女

2. 您的年龄　○20岁以下　○21～30岁　○31～45岁　○46～55岁　○56岁以上

3. 您的学历　○初中及以下　○高中、中专或技校　○大专、高职

○本科　　　　○硕士及以上

4. 您的职业　○务工人员　○企业员工　○餐饮业员工　○工人
　　　　　　○学生　　　○白领　　　○教师　　　　○公务员
　　　　　　○医生　　　○私营业主　○其他

5. 您的月收入　○1500 元以下　○1500～3000 元　○3000～4500 元
　　　　　　　○4500～6000 元　○6000 元以上

二、关于药膳食疗

1. 您对于药膳的了解有多少?

○非常了解　○比较了解　○了解一点有听过

○完全不了解

2. 有尝试过，通过饮食调理自己或家人的身体健康吗?

○想，有一定经验

○想，但不是很了解有关食疗药膳知识，不敢轻易尝试

○没有想过

3. 您认为药膳的主要作用是?

○治病或辅助治疗　○养生保健　○丰富日常饮食

4. 如何看待“食疗药膳能强身健体”、“药补不如食补”这些观点的?

○认同　○不认同　○抱有一定的怀疑态度　○不知道

5. 您认为属于食疗的形式有哪些?

□喝菊花粥治风热感冒　□喝茶减肥　□喝海带绿豆糖水来消暑

□喝牛奶补充能量　□吃钙片补钙　□喝蜂王浆防治关节炎

6. 您了解食疗药膳的途径是?

□医生及有关专家　□媒体　□亲朋好友

7. 如果常上火，您会选用哪些方式?

□凉茶（王老吉、和其正等）　□润喉片（西瓜霜、金嗓子等）

□自制降火汤（苦瓜粥、绿豆粥等）　□清火药（板蓝根、田七花等）

8. 您在吃“滋补羊肉汤”这个药膳之前，会注意到下列哪些情况?

□考虑自己的身体情况　□季节的搭配　□此药膳的功用

□药膳食物的特性、属性　□没有想过

9. 您了解药物配伍禁忌、生病人忌口和食疗保健原则吗?

○很熟悉　○有一定了解　○知之甚少　○一无所知

三、关于药膳店和药膳食品

1. 您眼中的药膳是什么样子？

○另类美食、挺喜欢　○不算难吃、带有特殊味道

○如中药，难吃、难闻

2. 请问一道药膳菜式的价格定位在哪个区间比较能让您接受（单位：元/份）？

○10 以下　○10～20　○20～30　○30～50　○50～100　○100 以上

3. 您希望喝到具有什么功能的药膳汤？

□健胃消食　□养颜美容　□滋补强身　□提神醒脑　□预防疾病

□治疗疾病　□保健益寿　□其他

4. 您一般通过哪些途径了解餐饮方面的信息？

□电视　□报纸　□传单　□留意路边　□海报　□其他途径

5. 您认为餐饮企业在提供的菜肴里加入一些中药就算是药膳了吗？

○是　○不算是　○不清楚

6. 您认为一个药膳制作者需要掌握下列哪些知识？

□烹饪技术　□中医药知识　□西药知识　□中国传统文化

□营养学知识

7. 您觉得一般的餐饮企业做的药膳食品是否专业？

○很差　○一般　○较专业　○很专业

8. 您觉得专门的食疗药膳餐馆对于做药膳专业吗？

○很差　○一般　○较专业　○很专业

9. 您吃食疗药膳食品的主要方式是什么？

○买材料自己回家做　○到外面吃　○买现成的在家吃

10. 您吃药膳的时候通常都是在什么情况下？

□身体健康的时候　□生病的时候　□身体稍感不适时

□疾病恢复的时候　□朋友邀约　□别人介绍

□有特殊需求（如考试前进补、需要减肥等）

11. 请问您吃药膳的次数程度如何？

○非常少　○偶尔　○常常　○不一定，视情况而定

12. 您平常对有关食疗药膳的相关信息关心程度如何？

○一点都不关心　　○很少关心　　○非常关心

○有需要的时候才会特别注意

13. 您是否希望接受有关食疗方法、药膳制作等方面相关指导或培训？

○非常愿意　　○认为没必要　　○有需求时再说

14. 您希望药膳保健指导或培训是何种形式？

□专门的培训班　　□专家解疑的形式　　□网络教程

□电视节目　　□专门的书籍或报刊　　□其他

15. 您对于食疗药膳市场的现状是否满意？

○不满意　　○认为无所谓　　○希望能向好的方面发展

四、关于喝养生汤

1. 您平时喝老火靓汤吗？

○经常（一周3～4次以上）　　○偶尔（每周1～2次）

○很少（每周少于1次）

2. 您少喝汤的原因是？

□没有习惯　　□不会煮　　□没时间煮　　□买汤不方便

□外面的汤不卫生　　□外面的汤味道差　　□其他

3. 您平时在什么地方喝汤？

□餐厅　　□饭堂　　□家里　　□亲戚朋友家　　□其他

4. 您平时多喝哪种功效的汤？

□养生保健　　□美容养颜　　□祛邪治病　　□疾病康复

5. 您可以接受的一盅汤的价格是？

□5元　　□10元　　□15元　　□20元　　□25元以上

6. 您会选择哪种汤？

□老火靓汤　　□原盅炖汤　　□瓦罐煨汤　　□滚汤　　□其他

7. 您希望药膳店可以提供哪些特色服务？

□提供适合自己的用餐建议　　□提供治疗、调理的药膳

□可以购买食材　　□代煮药膳　　□其他

8. 现在有一家可以提供药膳汤水、凉茶的店铺，您愿意前来消费吗？

○愿意　　○不愿意　　○无所谓

9. 您对中医药膳煲汤养生功效的认可程度？

○没功效、根本不灵　　○功效不明显、没多大用

○功效显著、喜欢　　○没用过、愿意试试

10. 您拒绝或不愿意尝试煲汤药膳，您觉得您这么做最主要的原因是？

○地域习惯　　○不了解

○担心没有功效　　○担心会有药物副作用

11. 如果您喜欢自己做煲汤药膳，您会选择哪种类型的药材？

○精美药包（写有药材名称、功效、禁忌等）　　○散装药材

（二）餐企药膳经营情况问卷

您好！非常感谢您在百忙之中抽出宝贵的时间填写问卷！本问卷旨初步了解企业药膳经营情况，以便为您提供更加周到的服务。题目答案无好坏、对错之分，更无标准答案，请您根据您的实际情况进行选择，在相应的选项上打"√"。本调查属于匿名调查，调查结果完全保密，仅供研究使用。万分感谢您的支持！

1. 贵店的性质是？

○中式餐馆　○西餐　○小吃快餐　○火锅店

○特色的专业餐馆　○大酒楼　○星级酒店餐饮　○其他

2. 贵店店址位于？

□各家医院附近　　□繁华商业区附近

□办公室写字楼附近　　□在人流量较多的地方

□住宅区附近　　□其他

3. 药膳餐的经营方式是？

□客人自配套餐　　□固定套餐

□个性化订餐　　□专家针对性指导用膳

4. 药膳菜式系列包括？

□养生滋补药膳　□美容药膳　□减肥药膳　□两性药膳

□治疗疾病药膳　□其他

5. 更重视介绍药膳的哪些功效？

□清热解毒　□健脾养胃　□益气活血　□十全大补

□止咳化痰　□安神助眠　□补肾壮阳　□美容减肥

□健脑强身　□辅助治疗　□防疾病抗衰老　□其他

6. 一个普通菜式的单价在哪个范围?

○20～40 元　○40～60 元　○60～100 元　○100 元以上

7. 贵店有哪些药膳的制作工艺?

□汁类（如鲜藕汁、鲜荷叶汁）　□饮类（如菊花茶、姜糖饮）

□糖果类（如柿霜糖）　□酒类（如木瓜酒、枸杞酒）

□汤羹（如乌鸡汤、红枣莲子羹）　□膏类（如乌发蜜膏）

□粥类（如银耳粥）　□主食类（如八珍糕、茯苓饼）

□菜肴类（如冬虫草鸭等）

8. 能提供哪些特色服务?

□公共营养师、执业药师等经过专业医药培训的人员提供用餐建议

□有专门针对某些疾病开发的适用于治疗、调养领域的药膳

□与医院、疗养院挂钩，提供药膳配送等服务

□可网上出售餐厅开发的包装食品　□其他

9. 如何确定药膳的成分和用量?

□厨师的经验　□医生的处方

□药学专家　□其他人员的介绍

10. 餐企愿意以何种途径推广自己的药膳产品?

□网络　□书籍报刊杂志　□养生节目　□电视广告

□医生推荐　□亲朋好友介绍　□其他

11. 您对本店药膳推广持何种态度?

□常搞特价　□特色食品大力宣传

□点餐时，服务员特色推荐　□实行会员优惠

12. 贵店药膳的加工原料产品的采购途径是什么?

□农贸市场　□专营店（点）　□各大超市、商场

□网络购物　□药店　□其他

13. 贵店内的养生药膳餐未来还会做哪些方面的调整?

□增加药膳的种类　□降低药膳价格

□增设药膳餐馆　□药膳品种随季节而变

14. 贵店客史档案中，药膳偏爱顾客群体，到店情况?

○一周三四次　　　　○一周两三次

○一月两三次　　　　○一年两三次

15. 对员工进行培训，开设药膳课程，您希望课程内容涉及？

□药膳饮食鉴赏知识　　　　□药膳文化背景知识

□饮食文化背景知识　　　　□食材药材的功效和搭配

□药膳食谱、制作知识　　　□食材的安全风险

本报告来源于《餐饮单位药膳经营情况调查与监管措施研究调研报告》

深化教产合作，打造现代职业教育人才培养之路

全国餐饮职业教育教学指导委员会、中国烹饪协会培训部、北京市劲松职业高中①

摘　要： 职业教育是国民教育体系和人力资源开发的重要组成部分，肩负着培养多样化人才、传承技术技能、促进就业创业的重要职责，2014年国务院就加快发展现代职业教育做出了明确指示与重要目标。产教融合作为职业教育发展的命脉之门，对构建现代职业教育体系起着至关重要的作用。因此，要积极探索构建以“学校为核心，以学校、政府、科研机构为教育方，以行业协会、合作企业和行业大师为产业方的教产合作机制”，打造现代职业教育的人才培养之路。

关键词： 职业教育；教产合作；人才培养

职业教育是我国现代国民教育体系和人力资源开发的重要组成部分，是教育工作的战略重点和经济社会发展的重要基础。近年来，特别是党的十八大召开以来，我国职业教育事业快速发展，已建成了世界上规模最大的职业教育体系，培养培训了大批中高级技能型人才，为提高劳动者素质、推动经济社会发展和促进就业作出了重要贡献。国务院关于加快发展现代职业教育的决定，是关于加强职业教育的战略地位、构建现代职业教育体系、创新职业教育治理体系、强化政策支持和监管保障的决定，指明了当前和今后一个时期职业教育改革发展的方向，是加快发展现代职业教育的思想武器和行动指南。

产教融合和校企合作是职业教育发展的命脉之门。教育部副部长鲁昕指出：“职业教育不同于普通教育，有自身办学规律和培养路径，它的办学机制

① 主要撰稿人：贺士榕、杨志华、张大海、姜婷。

是政府主导、行业指导、企业参与，办学模式是校企合作、产教结合、工学结合。”因此，积极探索构建以“学校为核心，以学校、政府、科研机构为教育方，以行业协会、合作企业和行业大师为产业方的教产合作机制”是职业教育发展的重中之重。

一、当前我国产教合作人才培养模式状况

（一）产教合作在顶层设计和制度保障方面亟须政府与科研部门支持

职业教育“五个对接”中要求专业与产业、企业和岗位对接。目前，我国职业教育校企合作仍处于自发性质，缺乏顶层的理论指导和保障机制。为此，朝阳区教育在校企合作具体实践中进行了多层次多途径的尝试，如职教集团组建、专家指导委员会成立、引企入校等，但也只是单打独斗、各自为政的状态。因此，要推动职教发展机制创新，实现产业与职业学校的对接，必须鼓励企业和职业学校之间的战略合作，而职业教育产教合作离不开政府的顶层机制建设和职教科研部门的理论科研引领。

（二）校企合作在具体专业层面亟须模式创新

在学校与企业合作的具体层面，目前尽管学校相关专业都建立了校内外实训基地，并开展了较为规范的顶岗实习，但校内学习和校外顶岗实习之间缺乏内在联系，二者在学习的内容和方式上仍差异过大，致使学生不能很好地适应顶岗环境。因此，亟须校企双方要针对当前经济社会发展总体规划和产业转型升级对不同层次、不同类型人才的需求，根据专业特性，合理确定人才培养规格，构建符合自身人才培养需要的特色培养模式。

（三）人才培养质量的全面提升亟须行业大师深度参与

行业协会作为行业资源、资讯汇集中心，在行业标准、行业培训等领域有着得天独厚的优势。在校企合作领域，行业协会往往以被咨询角色出现，作为合作主体，未能发挥其应有的作用。而行业大师虽零散地参与到专业教学中，但制度化的保障不到位，其技术优势没有得到充分发挥。人才培养质量的提升亟须他们的深度参与。

二、加强合作育人主体，实现育人模式改革新目标

（一）形成教产结合机制，保障校企合作效益

各级教委要充分发挥自身职能，着力研究符合区情和区内职教专业特点的校企合作支撑理论和顶层设计，以成立专门的职业教育教产合作管理机构为标志，形成教产结合机制，保障校企合作效益。

（二）构建特色培养模式，提升专业育人质量

结合学校发展定位和专业群专业特性，优化专业设置，明确专业对应关系，积极探索专业课程设置构建特色校企合作人才培养模式，提高人才培养针对性、实效性。

（三）扩展合作育人主体、扩大学校品牌效益

积极与主干专业对应的国家层面行业协会以及专业领域顶尖大师合作，建立广泛深入的互助关系，提高专业影响力，形成良好的学校办学品牌，扩大学校品牌效益。

三、以学校为核心，探索实践“大教产”合作模式

（一）服务育人目标，政府、科研共建教产结合机制

1. 科研引导——确立校企互动双向介入理论

全国职业教育科研工作会议提出：“各级职业教育科研机构和科研工作者，要全面提升职业教育科研的服务能力。教育科研是推动职业教育科学发展的基础性保障性工作，担负着探寻规律、服务决策、创新理论、指导实践的重任。”

朝阳区职成教研室作为区域职业教育专职科研机构，发挥科研优势，带领学校和区域内其他职业学校，以课题研究为主要形式，深入探索适合朝阳区的产教结合校企合作理论，系统总结梳理朝阳区多年职业教育校企合作实践成果，提出了“校企互动双向介入理论”。该理论从校企合作主体分析、校企合作工作领域、校企合作动力分析、校企合作机制建设等几个方面对校企合作工作进行了系统阐述。职

成教研室的理论研究为学校校企合作工作开展提供了正确方向引导和明确的理论支撑。“校企互动双向介入理论”特别对政府和教育主管部门在校企合作中职责定位有了深透的阐述，为政府的教产结合机制构建提供了理论基础。

2. 体制保障——成立政府主导的教产合作平台

为促进区域内职业教育与行业企业的全面合作，搭建以政府为主导的教产合作平台。通过教产合作平台，组建专家库、专家指导委员会等机构，对产教合作进行政策制定，整体规划，过程指导、人员培训等，深入引导职业教育教产结合规范化、机制化。

（二）突出专业特色，学校、企业共研人才培养模式

根据餐旅专业群服务特点，经过校企双方不断磨合探讨，在人才培养内容、环境、人力和过程四个维度上实现课程内容与企业岗位同源、实训环境与工作场景同构、专业教师与行业大师同质、教学过程与工作过程同步。专业充分发挥校企合作优势，在人才培养的全过程中，以体验式职业成长为核心，将课内外、校内外实训实习进行系统化安排，在校企之间形成了“初步体验——全面体验——真实体验”三个完整的职业体验循环。

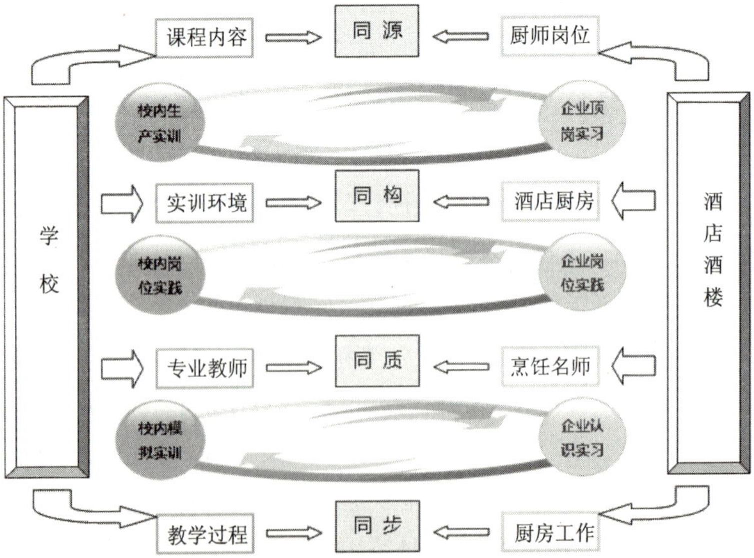

“店校融合，循环体验”人才培养模式内涵示意图

以劲松职业高中为例，学校和企业，建成了食堂岗位实训基地、劲松中餐实习餐厅、劲松西餐实习餐厅、常营实习酒店等校内生产性实训基地，形成“店校融合、循环体验”人才培养模式。同时专业群与中国大饭店、希尔顿酒店、瑞吉酒店等近40家高星级酒店签订校企合作协议，构建了体系完备的校企合作体系。

（三）发挥自身优势，行业、大师共助育人质量提升

1. 与国家级行业协会深度合作，实现专业与产业的内涵对接

学校在校企合作基础上，凭借多年来形成的品牌优势和办学实力，实施与行业协会全面合作战略。依托行业协会资源优势和学校教育资源优势，合作开展专业骨干教师技术创新研修、行业技能大赛等高端行业与教学活动。通过与行业协会的深度合作，为专业人才培养提供更广阔更高端的平台。

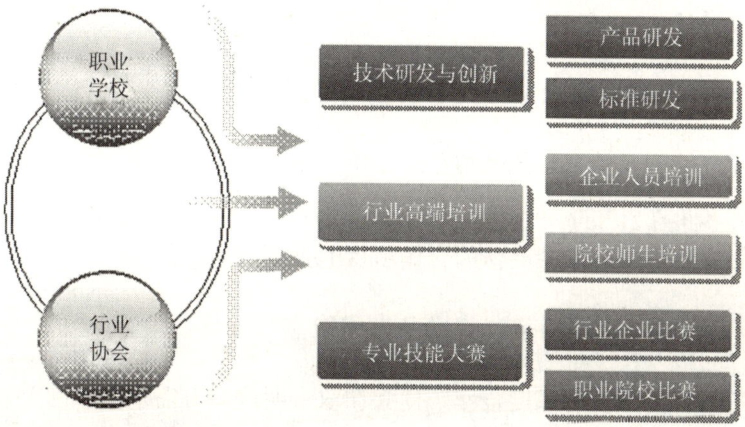

2. 聘请行业大师全面介入，实现人才培养内涵提升

烹饪专业是以经验型操作技能为主的专业，行业大师作为一只重要行业力量往往独立于企业单独存在。因此十分有必要将行业大师作为产业中的重要一方纳入职业人才培养体系。通过稳定的经费投入和制度保障，有效组织行业大师参与人才培养内容制定、过程实施和效果评价的全过程，极大地提升专业人才培养的内涵。

四、找准“五点”，确保“教产合作办学模式”有效构建

（一）学校与政府部门，找准责任分界点

在模式构建中，学校是合作的核心，政府应明确自身职责，从机制建设、平台建设的角度为学校的校企合作提供政策支持、经费支持和资源支持。不甩手也不过分具体干预，做到到位而不越位。

（二）学校与科研部门，找准研究侧重点

校企合作理论研究是支撑模式构建的关键因素，科研机构应从宏观层面、理论层面展开研究，并利用其高站位优势，广泛吸取各学校、各地区的实践经验形成区域特色理论。学校则更多的从实践角度进行研究，通过实践不断总结矫正顶层设计。

（三）学校与合作企业，找准利益共通点

当前环境下，校企合作是利益的合作，企业的经济利益和学校的办学利益必须找到交集，合作模式才能稳定。企业的用人需求、企业的场地设备需求、企业技术支持需求都应在具体的合作项目上找到共通点。

（四）学校与行业协会，找准各自需求点

学校与行业协会的深度合作，建立在双方明确对方需求的基础上，行业协会更多的是需要借助学校在院校中的广泛联系和影响力。而学校则更多需要借助协会的行业资源优势。分别满足各自需求，有利于合作育人模式的构建。

（五）学校与行业大师，找准发展互助点

行业大师以个人身份介入人才培养，更多的需要厘清双方在合作中如何互助对方事业发展。学校可以为大师提供名誉上、资金上、人力上和发展平台上的支持，以促进大师们以更大精力投入到学校人才培养中。

国 际 篇

关于“中国·山西美食走进纽约和联合国”活动情况的报告

中国烹饪协会国际部①

摘　要：“中国·山西美食走进纽约和联合国”活动充分展示中国美食文化与餐饮产业发展，为开拓中餐走进美国市场进行了新探索、取得了新收获，本文从活动的情况、特点、意义着手全面介绍了这一创举。

关键词：美食文化；山西美食；民间外交

为了贯彻党的十八大精神和习近平总书记指示，积极开展民间外交，进一步弘扬中国美食文化，加快推进中餐走出去的步伐，在商务部、山西省人民政府、中国常驻联合国代表团的指导下，由山西省商务厅支持，中国烹饪协会、山西省烹饪餐饮饭店行业协会共同主办的“中国·山西美食走进纽约和联合国”活动于2014年4月30日—5月9日成功举办。此次活动是在中国烹饪协会于2013年11月首次成功举办“中国美食走进联合国”活动的基础上，充分展示中国美食文化与餐饮产业发展的又一成功举措，为开拓中餐走进美国市场进行了新探索、取得了新收获，为实现“中国美食，全球共享”的愿景做出了积极贡献。现对此次活动情况报告如下：

一、活动的主要内容

（一）“中国·山西美食走进纽约”掀起中国美食热

4月30日—5月2日，“中国·山西美食走进纽约”首站活动以美国纽约曼哈顿华阳酒楼为主会场，进行了山西美食制作和山西面食展演，纽约再度掀

① 主要撰稿人：孙琳、刘琼。

起中国美食热。4 月 30 日举行首站活动启动仪式，来自美国各界人士 200 余人出席。来自《人民日报》、美国《侨报》、《世界日报》、《星岛日报》、纽约电视台等多家媒体派记者到场进行了采访。连续三天的美食展演，让美国朋友近距离体验了山西特色面食和晋菜的魅力，受到了美国各界人士及美籍华人的热烈欢迎，不仅纽约人排着队品尝地道的山西美食，就连邻近的宾夕法尼亚州、费城、康涅狄格州的居民也纷纷打电话咨询订餐，场面颇为热烈，极大地提升了中国美食在美国的知名度和影响力。

“中国·山西美食走进纽约大学”作为“中国·山西美食走进纽约”活动之一，于 5 月 8 日在美国知名高等学府纽约大学举办。中国厨师现场精心制作出“山西焖面”、“千层发糕”、“中式牛排”、“拌三丝”等具有山西特色的中国菜肴，受到世界各国师生 1000 多人的欢迎，现场烹饪技艺讲解增添了中国美食文化的情趣。

（二）“中国·山西美食走进联合国”引起轰动效应

5 月 5 日，“中国·山西美食走进联合国”活动在美国纽约联合国大楼正式启动，联合国副秘书长南威哲、联合国助理秘书长徐浩良、中国常驻联合国代表团公使衔参赞王洪波，中国驻纽约总领事馆副总领事徐南山以及近 400 位各国驻联合国大使、代表，联合国官员出席了开幕活动。中国烹饪协会副会长李亚光主持了开幕式，山西省商务厅厅长孙跃进致欢迎辞，中国常驻联合国代表团公使衔参赞王洪波代表商务部和中国常驻联合国代表团致辞，联合国副秘书长南威哲在致辞中高度评价了中国美食文化及山西特色美食，他表示：中国美食文化是中国文化的一个主要部分，是世界文化的一个根本继承。了解中国历史有一个说法，“一百年看上海、一千年看北京、三千年看陕西、五千年看山西”，山西是中国文化的根据地，也是饮食文化的根据地。开幕式与品鉴会隆重而热烈，充分展现了中国美食文化的多样性和山西地域风味特色，山西花馍的揭幕式和每一道制作精良、口味纯正的山西菜肴、小吃都受到外交官员们的夸赞，面艺绝技表演更是惊艳全场，博得掌声不断。联合国助理秘书长徐浩良称赞“揭幕有创意，厨师有技艺，活动有新意”。

5 月 5—8 日，连续四天在联合国大楼外交代表餐厅进行了山西美食展和面食表演。来自山西的 16 名厨师共带来 100 道特色菜肴和风味小吃，每天 8

道凉菜、8 道热菜、8 种小吃和一道汤品，菜品天天都各不相同，每天有世界各国代表近 400 人前来品尝山西美食，一场独具中国山西特色的美食盛宴在联合国产生了轰动效应。蜜酥、酸菜土豆擦、酸汤羊肉、香煎土豆饼、南瓜炒长山药……一盘盘带有浓郁山西地方风味的美食首次端上联合国餐桌，吸引着众人的眼球，尤其山西烹饪大师现场表演的面食高超技艺，作为中国烹饪的一种绝技绝活展示，更是亮点纷呈，技惊全场。

通过联合国电视台、网站和微信等方式对活动进行了报道和宣传产生很大反响，同时中央电视台、《人民日报》、新华社、《解放日报》、《香港镜报》、美国《侨报》等众多记者纷纷进行采访报道。

（三）举行“中美餐饮企业座谈会”进行了深入交流

5 月 4 日，“中美餐饮企业座谈会”在纽约法拉盛喜来登饭店举行，邀请美国国会众议员、纽约市议员，以及纽约华人社团联席会、美国华商会、美国晋商总会等 35 个华人团体负责人与山西餐饮企业考察团进行了座谈，大家重点围绕海外餐饮市场特点、美国中餐发展现状，以及如何使中餐企业走进美国等进行了深入探索与交流。

（四）拜会联合国及有关外交机构探寻合作机遇

在美国纽约期间，山西省商务厅厅长孙跃进、中国烹饪协会副会长李亚光一行前往联合国及我国驻外机构进行了拜会，就深入推进中餐走出去，加强中美餐饮行业合作等进行了探讨与沟通。

5 月 5 日，他们拜会了中国常驻联合国代表团公使衔参赞王洪波，她表示：去年在中国常驻联合国代表团全力支持下，在联合国打响了中国美食品牌。中国美食文化历史悠久，文化灿烂，即将在联合国展示中国山西美食文化，我们愿为成功举办给予大力帮助。她对推进中餐发展和中餐世界申遗表示了支持和协助。

5 月 6 日，他们拜会了联合国助理秘书长、兼联合国开发计划署助理署长、亚太局局长徐浩良。他介绍了联合国开发计划署在生态、环保、城镇化等方面的推广计划，愿意为推动中国多领域的可持续发展，促进中餐走向国际市场，加强与联合国机构合作给予大力支持。

5 月 7 日，他们在中国驻纽约总领事馆拜会了副总领事徐南山。双方就加强中美经贸合作和促进中餐走进纽约进行了交流。他指出，现在纽约一般华人餐厅水平不高，难以吸引外国人和高端消费。纽约的高端餐饮生意一直很旺，需要国内好的中餐企业走进纽约，一定能够与意大利、日本等相竞争。总领馆将就中餐走进纽约所面临的问题进行调研，从外交层面予以积极支持。同时，愿意为中餐在纽约及美国的发展做好宣传与牵线搭桥工作。5 月 8 日，选派山西厨师到中国驻纽约总领事馆制作刀削面，让 100 余位外交人员品尝到最正宗的山西风味面食。

二、活动的主要特点

（一）政府支持，协会运作，建立新的运行模式

这次活动由中国烹饪协会与山西省商务厅共同提出与策划，得到商务部和山西省人民政府的重视与支持，山西省省长、主管副省长分别做了批示，纳入山西省商务厅重点计划项目。商务部服务贸易和商贸服务业司两次致函中国常驻联合国代表团给予协助。

同上一年举办的“中国美食走进联合国”活动相比，此次活动由政府和外交机构主导运作改变为以协会组织、市场化运作的新模式。在山西省商务厅的支持下，由中国烹饪协会与山西省烹饪餐饮饭店行业协会共同主办，负责全程运作。由中国烹饪协会负责联系联合国餐饮办公室，开通在联合国举办中国美食活动的一切手续及相关组织工作，逐一落实活动时间、开幕式规模、邀请嘉宾、设备设施、原材料采购、菜单翻译、宣传品的校订等，特别邀请到联合国副秘书长南威哲、联合国秘书长助理徐浩良、中国常驻联合国代表团公使衔参赞王洪波、中国驻纽约总领事馆副总领事徐南山以及 400 多位世界各国代表和联合国官员出席开幕式。同时负责联系商务部和中国常驻联合国代表团、中国驻纽约总领事馆等驻外机构及美国社团组织、中餐企业及新闻媒体，为活动顺利开展发挥了关键性的保障作用。由山西省烹饪餐饮饭店行业协会负责全省动员、选拔优秀人才、组织厨师团队、选择原料、制定菜谱、开展技术练兵，设计制作宣传品等筹备工作。还组织十余位山西餐饮企业负责人同期赴美考察、寻商机、谈合作。

（二）舆论先行，亮点纷呈，提高和扩大了活动影响力

在“中国·山西美食走进联合国”活动前一个月，我方提前设计的“中国

山西美食走进联合国”活动美食菜谱，由联合国餐饮办公室在联合国内部网站上提前进行预热宣传，并向各国驻联合国大使、代表和联合国机构发出了电子预定信函。与此同时，由我方设计、出资印制的四种带有山西民俗特色的“中国山西美食走进联合国”明信片分赠到联合国内外达四千余张。在活动举办期间，联合国四楼外交代表餐厅和一楼大餐厅设置的数十个易拉宝，赠送的数百本宣传册，突出介绍了中国山西美食文化的悠久历史、丰富内涵和菜品特色。

在“中国·山西美食走进纽约”活动之前，美国最大的华人报纸《侨报》，刊登出“中国烹饪协会主办，‘山西美食节’美国行与您欢聚曼哈顿”的大幅广告，向美国民众进行了广泛宣传。当4月30日山西美食首次在纽约曼哈顿华阳酒楼亮相时，立即吸引了纽约以及周遍城市的消费群，场场爆满，美国新闻媒体连日跟踪报道，在纽约点燃了“中国美食热”。

（三）厨师团队组织有序、团结拼搏，受到联合国好评

为搞好这次活动，山西省从6万家餐饮企业、52万名餐饮从业人员中，挑选出16名厨师代表，树立了“为国争光”的使命感与责任心。厨师团队经过反复筛选、设计出全部菜品，包括凉菜、热菜、面食（点）、小吃、汤等100余种，达到四天活动菜品不重复。提前集中一周实战演练，邀请去年参加过联合国美食活动的高炳义、罗永存两位中国烹饪大师莅临指导，传授经验、品评赏鉴，规范团队的合作，有力保证了菜品品质和厨政管理。在联合国餐厅里，中餐菜品的加工和烹制只能使用西餐设备，厨师们从国内带去各种用具，提高了工作效率。对于现场出现的原材料问题，制订应急方案，保证了每天菜品的准时供应。厨师团队每天早7点出发，全天工作十多个小时，每位成员全力以赴，用自己的实际行动换来了联合国餐饮办公室负责人和行政总厨的一致认可。5月8日，联合国餐饮办公室特意为本次活动的圆满结束安排了庆祝仪式，高度评价：“这次活动组织周密，厨师团队强大，准备工作做得很充分，使活动取得了很大的成功。感谢你们用美食这一独特的文化方式向全世界各国来宾介绍中国文化，感谢你们这几天来在工作中体现的认真、专业、负责和创造性!”5月21日，联合国餐饮办公室发来评价函：“高度认可主办方——中国烹饪协会及山西烹饪餐饮饭店行业协会的领导组织工作及山西厨师们的卓越表现，非常荣幸与你们这样卓越的烹饪艺术和表演团队合作。我们以能够为提

供山西省展示饮食文化、烹饪技能和才艺的平台而感到骄傲。我们为能够在联合国代表餐厅举办这样精彩的四天的活动兴奋不已。”“这是一次非常成功的活动。”

三、活动的主要成果

（一）通过联合国展示中国美食文化的多样性、创造性，为中餐走出去和世界申遗提供了宣传声势

在“中国·山西美食走进联合国”活动中，中国厨师制作的道道美味菜肴、特色小吃，以及手工制作的山西花馍都渗透着浓郁的地域风情特色，中国厨师现场表演的刀削面、龙须拉面、关公扯面（翻译成：财神扯面）、一根面、吹面气球等面食绝技绝活，让世界各国代表、联合国官员们在尽享中国美食的同时，更加直观感受到中国美食文化的丰富内涵和多样性、创造性。联合国助理秘书长徐浩良表示，来联合国工作 20 多年，第一次看到如此浓郁的地方文化在联合国进行全方位、立体化展现，这对宣传中国文化非常有利。

自去年“中国美食走进联合国”活动和今年“中国·山西美食走进联合国”活动的成功举办，在世界最高的政治舞台上用实际行动向世界发出宣传呼吁：中国正在积极努力，加快推进优秀的中餐企业走向世界，不断提升中餐在海外的品牌形象与技艺水平，争取早日将中国美食列入世界非物质文化遗产名录，诚挚地希望联合国以及世界各国朋友们给予大力支持，实现“中国美食，全球共享”！

（二）对进一步推进中餐走进美国创造了条件

（1）“中国·山西美食走进纽约”掀起中国美食热，在社会各界产生了热烈反响，极大地提升了中国美食在美国的知名度和影响力。

（2）通过举办“中美餐饮企业座谈会”，对中餐企业走进美国进行了深入探索，看到了美国中餐市场的巨大潜力，探寻了解决难点问题的途径，对中餐企业进军美国增强了信心，收到很好效果。

（3）通过实地考察与面对面地交流，中国山西会馆与美国纽约华阳集团签署了共同开拓纽约刀削面市场的合作协议，对中餐走进美国进行了新尝试。

（4）对美国纽约、华盛顿、洛杉矶地区的中餐企业和美食聚集区进行了考察，选择高端、中端、大众便捷等不同类型的中餐企业进行深入了解，还对眉州东坡等已进入美国的知名餐饮企业做了现场考察，这对国内中餐企业如何走进美国以及吸取国外餐饮管理经验都有很好的借鉴和启示意义。

（三）积极开展民间外交，开拓了中美餐饮合作的新领域

按照习近平总书记关于积极推进民间外交“要开拓创新，多领域、多渠道、多层次开展民间对外友好交流，广交朋友、广结善缘”，“民间外交应该发挥优势作用，开拓更多交流渠道、创建更多合作平台”的指示精神，通过成功举办“中国·山西美食走进纽约和联合国”活动，围绕弘扬中国美食文化和推进中餐走出去，广泛开展了民间交流，开拓了中美合作的新领域和新平台。为此，将加快建立“中餐海外推广中心”，为在海外开办中餐企业探索路径，提供服务和支持。还将通过与我国驻外使领馆，华商社团、餐饮行业组织等搭建参加国际博览会、美食节庆活动的合作平台。还得到美国国会议员邀请去美国国会举办中国美食活动的机遇。

“2014 中国（山东）美食走进（美墨）孔院”活动情况的报告

中国烹饪协会国际部①

摘　要：本文是中国烹饪协会中国饮食文化国际推广计划活动之“2014 中国（山东）美食走进（美墨）孔院”活动情况的报告。中国美食文化所到之处反响巨大，为中外烹饪教育合作打开新局面，同时也增强了推动中餐走出去的信心。

关键词：山东美食；美食文化；烹饪教育

根据中国烹饪协会中国饮食文化国际推广计划，应美国俄克拉荷马大学孔子学院、休斯敦独立学区孔子学院、得州农工大学孔子学院、墨西哥新莱昂自治大学孔子学院四所孔子学院的邀请，中国烹饪协会与山东省烹饪协会合作组织选拔中国鲁菜烹饪大师组成中国美食文化代表团，于 9 月 21 日至 10 月 4 日在美国与墨西哥成功举办“2014 中国（山东）美食走进（美墨）孔院活动”（以下简称“2014 年孔院活动”），代表团已于 10 月 5 日顺利返回祖国，标志着中国烹饪协会开拓的利用孔院系统平台进行美食文化推广活动再一次取得了成功。

一、团队深入美国墨西哥腹地，中国美食文化在当地著名大学和所在城市引起很大反响

此次走进美墨孔院活动，代表团共同努力使中国美食文化推广获得所到地区著名大学、孔院和城市的欢迎与认同。6 位代表团成员各负其责，李光壁团长利用每个活动场合都向现场的嘉宾、普通民众与媒体宣传中国饮食文化；赵

① 主要撰稿人：贾永哲。

孝国副团长具有卓越的协调沟通能力，向海外餐饮同行展示了中国餐饮企业家睿智、开放、时尚的新形象；3 位厨师承担了传播中国饮食文化的重要使命，制作的中国美食得到了各地观众的认可；此次孔院活动成果丰硕，中国美食代表团利用两周的时间，共举办了 10 场大规模的美食推广活动，进行了 10 场中国饮食文化宣讲，三位厨师制作了数十道特色鲁菜菜点供近万人品尝，面向近万人现场进行了 9 场拉面表演。活动共涉及 4 所孔院、3 所著名大学（俄克拉荷马大学、得州农工大学、墨西哥新莱昂自治大学）、1 家权威教育部门（休斯敦独立学区，代表近 300 所大、中、小学的 20 多万学生）共约 55 万师生。活动更是通过美国全国广播公司 ABC、俄克拉荷马州当地媒体、休斯敦独立学区孔院电视台、墨西哥当地最有影响力的报刊、电视台等与美国普通百姓生活息息相关的媒体向美国与墨西哥全国进行播放，使得此次孔院活动的受众更加广泛，更加直接地向美墨两国普通民众宣传了中国饮食文化，产生了巨大影响，是一次以美食文化为平台的大规模民间交流活动的成功范例。

在此次活动组织工作由于种种客观原因严重受阻的情况下，中国厨师们爱岗敬业、勤劳朴实、不怕吃苦、连续奋战的高尚品格，也受到美国同行、孔院领导、美墨主流媒体的高度赞誉。此次活动进一步密切了中国烹饪协会与孔院系统的关系，加深了孔院系统对中国美食的了解，为今后在孔院系统进一步开展活动打下良好基础。

二、推动中餐烹饪教育交流，为中外烹饪教育合作打开新局面

2014 年孔院活动举办过程中，受孔院邀请，中国美食代表团在李光壁团长的带领下分别访问了四所孔院所在地，就如何与孔院系统加强两国间的烹饪教育合作问题进行了深入交流，并就今后利用孔院平台继续开展美食活动、进行烹饪教学达成了广泛共识。特别是在墨西哥新莱昂自治大学帕博洛·利瓦斯工业与技术专科学院，李光壁团长与该院院长莫宜斯·莫利那·雷蒙斯先生就山东省与新莱昂州之间互派留学生到对方相关学校进行烹饪学习达成共识，山东烹饪协会计划在回国后联系山东省旅游局与山东省旅游职业学院等学校，邀请帕博洛·利瓦斯工业与技术专科学院派遣访问团先期到山东省进行考察交流，开创了中墨两国烹饪教育交流领域新篇章。

三、深入考察美墨餐饮市场，学习了美墨餐饮行业的先进经验，同时增强了推动中餐走出去的信心

利用2014年孔院活动的空隙时间，中国美食代表团对美国特色餐厅、墨西哥特色餐厅、在当地知名的中餐馆进行了考察。代表团对于美墨特色餐厅的菜品制作、拼盘装饰、酒品奉给顾客的方式、店面装修风格、服务员管理、经营特色等方面进行了认真的观察学习，收获良多。如在美国一家牛排店里，我们看到精心制作的洋葱形似盛开的莲花，再蘸上特有的酱料吃，味道咸度适中、鲜嫩可口，非常值得借鉴。这家牛排店装饰风格独特，富有浓郁的美国乡村风情，多款美国啤酒品牌的LOGO随处可见，既为各种啤酒品牌作了宣传，又方便顾客点用。为了吸引顾客的光临，每天晚上特定的时间，牛排店还会响起轻快的乡村音乐，并为食客表演美国乡村音乐舞蹈，成为该店营销的一大特色。

在墨西哥特色餐厅，代表团学习到了墨西哥龙舌兰酒独特的上酒方法，服务员在盛放龙舌兰酒的玻璃杯边缘一部分涂上盐、一部分涂上辣椒满足顾客不同的饮酒喜好，并贴心地在酒杯中插入一根吸管，如果不喜好咸或辣，可以直接用吸管吸。墨西哥人喜爱用玉米面做成的不同颜色的卷饼，任何东西都可以放在卷饼中卷着吃。

在其他几家孔院所在地代表团考察了俄克拉荷马州的中餐与越餐混合自助餐厅、巴山蜀水中餐馆，休斯敦江南人家饭店，农工大学附近的曹大厨餐厅，墨西哥蒙特雷的台湾特色餐厅等，这些地处美墨内地的餐厅的菜式老旧，缺乏创新，口味一般，以家庭经营为主，规模不大，与国内先进的中餐厅有很大差距。代表团还观察到美墨两国饮食中肉类蛋白、脂肪与糖分摄入过多，青菜非常少，致使两国肥胖症患者居多，西方饮食理念与中餐中五味调和、注重荤素搭配与营养均衡的健康理念相去甚远。这些现实情况增强了代表团在两国宣传中餐文化的信心，对于今后推动中餐“走出去”、推广健康的饮食文化更加充满使命感，中餐海外发展潜力巨大。

“中国清真美食走进马来西亚活动”美食展演出访报告

中国烹饪协会清真委员会①

摘　要：2014年是中马建交40周年，在外交部和国家宗教局重点支持的2014中国·马来西亚伊斯兰文化交流会暨中国伊斯兰文化展活动中，由中国烹饪协会和中国伊斯兰教协会共同主办的“中国清真美食走进马来西亚活动”首次纳入国家伊斯兰文化对外交流活动。本次活动是中国烹饪协会为推动中餐“走出去”，提升中餐的国际形象和竞争力，继2013年“中国美食走进联合国”、2014年“中国·山西美食走进联合国”活动成功举办后的又一举措，也是中国清真美食首次走出国门的开山之举。

关键词：清真美食；伊斯兰文化；马来西亚

2014年是中马建交40周年，经过中国烹饪协会的积极努力，在外交部和国家宗教局重点支持的2014中国·马来西亚伊斯兰文化交流会暨中国伊斯兰文化展活动中，由中国烹饪协会和中国伊斯兰教协会共同主办的“中国清真美食走进马来西亚活动”首次纳入国家伊斯兰文化对外交流活动。

“中国清真美食走进马来西亚”活动是中国烹饪协会认真贯彻党的十八大精神，积极开展民间外交的具体体现和实践，是为推动中餐“走出去”，提升中餐的国际形象和竞争力的又一举措。也是中国清真美食首次走出国门的开山之举。2014年7月2—5日中国清真美食走进马来西亚活动如期在吉隆坡金马皇宫酒店隆重举行。

一、中国清真美食首次走进马来西亚弘扬了清真美食的博大精深

为圆满完成此次中国美食文化展演活动，中国烹饪协会策划组织了“中国

① 主要撰稿人：张文春。

清真美食走进马来西亚”代表团，从北京和宁夏清真餐饮企业中选拔了技艺精湛的八名厨师参加现场交流活动，由中国烹饪协会副会长、北京鸿雲楼餐饮管理公司董事长、中国烹饪大师马志和担任总厨师长和技术总监，中国烹饪协会清真委员会总干事张文春任领队。

（1）在总体内容设计方面，“中国清真美食走进马来西亚活动”主要内容为“2场宴会、3场开斋品鉴会、2场小吃品鉴展示会、2个大型中华美食展示台。”即7月3日中午在马来西亚金马皇宫饭店举办“中国清真美食走进马来西亚”开幕式暨品鉴宴会；7月3日、5日各举办一场穆斯林开斋晚宴、2场小吃品鉴展示会等共计120道菜品和小吃，每天提供中国清真美食以供观众品尝；同时举办中国清真美食图片展览。

（2）在烹饪技艺展示、美食品鉴展演方面，代表团为此次活动设计了“香草桃仁”、“泰州酱萝卜”、“香烤籽鱼”、“飘香牛肉粒”、“椒麻鸡”等20道凉菜，“手抓羊肉”、“香辣鸡丁”、“交思汤配烧饼夹肉”、“金丝凤尾虾”、“如意吉祥”、“炸酱面”等40道热菜，“艾窝窝”、“豌豆黄”、“阿静糖包”、“手把馓子”、“拇指酥馍”等50道特色小吃等中国清真美食经典菜品。由18种中国小吃组成的“中华美食”瓜钟和“孔雀开屏”展台，宴会的菜单设计也颇具穆斯林特色，于细微处尽显中国清真美食文化的丰富内涵。

（3）在媒体宣传方面，经协会国际部支持协调，中国国际广播电台马来语部《这里是北京》栏目组摄制了6集中国清真美食节目，支持本次中国清真美食走进马来西亚活动，从7月初开始在马来西亚国家电视台、有关国际网站、国际在线网视频等媒体播出，同时，节目纪录片在“中国清真美食走进马来西亚”现场循环播放。中国烹饪协会还邀请中国国际广播电台、新华社、中央电视台驻马来西亚记者及马来西亚主流媒体记者对“中国清真美食走进马来西亚”现场进行报道。

二、精诚合作加强了中马两国厨师的交流和深化了友谊

因本次活动首次纳入中国伊斯兰文化交流活动，主办方没有任何美食活动经验，因管理模式、运作方式、语言不通等因素困难接踵而来。在短短4天时间，大家团结一心协同作战，每个人思想上都非常明确地树立了一个信念：就

是“代表国家，为国争光”！在金马皇宫厨师们的通力合作和支持下，克服各种困难、因地制宜、精心制作，圆满完成了工作任务。

中马两国厨师友谊在合作交流中不断升华。活动期间，中国厨师为马来西亚厨师传授了大盘鸡、手抓肉、肉夹馍等中国清真传统美食。金马皇宫总厨师长威尔福来德表示：中国同行在设备短缺、工作条件不完善的条件下迅速适应环境，制作出原汁原味的中国清真美食，所展现的工作能力让我由衷的钦佩，你们是厨师工作的标杆！希望我们能加强培训合作交流，为增进中马友谊大放异彩！

三、厨师团队的风采、美食精品的亮相成为金马皇宫最亮丽的风景，为中国清真美食走进马来西亚打下了坚实基础

7 月 4 日中国驻马来西亚大使馆招待晚宴时，黄惠康大使在发言中表示：中马 40 年友好邦交以来，这是中国驻马来西亚大使馆首次尝试全部采用中国菜肴宴请马方客人，体现了美食外交在加深两国人民的文化理解和情感联系等方面发挥的积极作用。黄大使进一步表示借此中马美食文化交流的良好开端，大使馆今后将提供更多的机会，搭建更广阔的平台将两国在美食文化领域的交流与合作引向深入。

合作方李金友先生更是对中国清真美食赞叹不已，希望进一步加强与中国在清真食品领域的广泛合作和交流。

陈广元会长说，“清真饮食文化的展现，为中国伊斯兰文化展增添了新亮点。‘民以食为天’任何国家任何民族都离不开吃，美食文化是最直接、最接地气的文化”。

国家宗教局领导给予高度评价：作为伊斯兰文化的重要组成部分，你们呈现的清真美食文化是最直观的文化、是立体的艺术。

马来西亚前首相马哈蒂尔在宴会上发表了热情洋溢的致辞，他表示，中国清真美食文化历史悠久，丰富多彩，异彩纷呈，对进一步增进马中两国人民之间的友谊，加深两国文化的交流发挥着重要作用。

中国清真美食代表团以合作、坚韧、昂扬的工作精神，顺利圆满完成中国清真美食走进马来西亚的各项工作。作为推动两国民间外交发展的重要内容，

中国清真美食走进马来西亚推广活动对弘扬中国清真饮食文化、加强沟通、增进理解、厚植传统友谊产生深远影响。

这次活动取得圆满成功，离不开外交部、国家宗教局和中国伊斯兰教协会、中国驻马来西亚大使馆的大力支持和关心帮助，以及相关企业的积极奉献和支持，在此表示衷心的感谢！

政策解读

强化食品安全依法治理

徐景和[1]

摘　要：食品安全问题事关民生福祉、经济发展、社会和谐、民族尊严和国家形象，已成为当今国际社会普遍关注的重大社会问题。2014年食品药品监督管理部门按照科学立法、严格执法、公正执法、全民守法的要求，积极修订《食品安全法》，完善食品安全监管制度，深入开展食品安全专项整治，努力提升食品安全治理水平。

关键词：《食品安全法》；食品安全；餐桌食品

一、修订《食品安全法》

《食品安全法》的颁布实施，对规范我国食品生产经营活动、加强食品安全监督管理，提高食品安全水平，发挥了重要的作用。随着我国食品产业的快速发展、食品安全需求的不断提升和食品安全监管力度的持续加大，《食品安全法》的部分内容已不完全适应经济社会发展的需要，需要尽快予以修订完善。2014年《食品安全法》修订草案已经全国人大两次审议。修订的主要内容有：

（一）强化风险治理

风险治理理念的提出对全球食品安全工作具有根本性、全局性和方向性的重大影响。我国《食品安全法》确立了食品安全风险监测和食品安全风险评估制度。当前，应当进一步强化食品安全风险治理，将风险治理理念贯彻到底，以其统领食品安全工作的全局。首先，将风险治理原则确定为食品安全治理的基本原则。风险遍布于食品生产经营的全过程，有必要强化从农田到餐桌食品

① 徐景和：国家食品药品监督管理总局法制司。

生产经营全程治理，尤其要强化源头治理和过程控制；风险来源于社会的许多方面，有必要强化食品安全的社会治理；破解食品安全难题需要专业机构、队伍和人员，有必要强化食品安全专业治理；食品安全风险具有复杂性和隐蔽性，只有积极主动才能及时有效发现问题，有必要强化食品安全的能动治理。其次，将分类治理制度确定为食品安全治理的基本制度。长期以来，在食品安全领域，往往基于业态、规模、产权等要素对食品企业进行分类。严格说来，这一分类并没有抓住食品安全治理的本质和精髓。有必要从风险的角度对食品企业进行科学的分类分级，政府可以根据风险程度确定食品安全监管的重点、方式和频次。这样不仅可以节约监管资源，也可以提高监管效能。再次，完善食品安全风险治理的具体制度。为实现全程治理，在新体制下有必要明确农业行政部门负责的食用农产品质量安全监管、食品药品监管部门负责的食品生产经营监管的关系；为实现社会治理，有必要建立食品安全风险交流制度，鼓励和支持监管部门、评估机构、食品企业、行业协会、新闻媒体、消费者等，按照科学、客观、及时、公开的原则，开展食品安全风险交流；为实现能动治理，有必要建立食品企业生产经营状况自查制度，以便及时发现解决风险；为实现专业治理，有必要建立食品企业管理人员职业资格制度，不断提升食品安全管理人员的职业素养。

（二）强化社会治理

与其他产品相比，食品作为人类生存的必需品，拥有最广泛的利益相关者。食品安全风险来源的广泛性、食品安全风险影响的社会性、食品安全治理措施的综合性等多种因素，决定食品安全应当实行社会治理。必须坚持大社会安全观，通过科学的制度机制安排协调好政府、部门、企业、行业、公众、媒体等多方面的关系，充分调动社会各方面的积极性、主动性和创造性，形成纵横交错、密切协作、职责清晰的食品安全治理网络，共同保障食品安全。首先，应当把社会治理作为食品安全治理的重要原则。当前，食品安全问题敏感、复杂、艰巨。在此特殊历史时期，加强食品安全社会治理，形成食品安全社会共治，有利于形成食品安全治理的命运共同体，群策群力破解食品安全难题。其次，应当加快建立食品安全社会治理的基本格局。食品安全社会治理涉及众多主体。在这些主体中，有的是权力持有者，有的是义务承担者；有的是私利追逐者，有的是公益维护者。应当精心组织、科学安排、积极引导、有序推进，加快构建企业负责、政府监管、行业自律、社会监督的食品安全社会治理大格局。再次，应当加快建立食品安全社会治理的有效机制。如建立食品安全有奖举报制度，鼓励社会各界积极举报食品安全违法犯罪行为。建立食品安全责任强制保险制度，食品生产经营企业应当按照国家有关规定投保食品安全责任强制险，以保障消费者的切身利益。

（三）强化责任治理

当前，在食品安全责任治理方面存在的突出问题：责任配置不够科学。企业责任与政府责任、政治责任与法律责任、行政责任和刑事责任等，划分还不够合理，衔接还不够密切；履职保障不够有力。基层普遍存在资金匮乏、人力不足、手段落后的现象；责任落实不够到位。一些地方忙于经济发展，食品安全监管若有若无，时隐时现，监管难以到位；失职追究不够严格。由于举证难、调查难、鉴定难，有些失职渎职人员并没有受到法律的严惩。首先，应当强化食品安全权利义务关系的科学配置。食品生产经营企业义务的核心内容是严格执行食品安全法律标准，加强生产经营管理，保证食品安全。政府及其监管部门责任的核心是严格依法履行监管职责，最大限度地发现风险，最大限度地保证安全。社会专业服务机构责任的核心是依法依约开展风险监测、风险评估、安全认证、安全评价等。其次，应当保障食品安全责任主体履行义务所需要的基本条件。食品企业应当拥有专职管理人员从事风险防控；政府及其监管部门应当拥有保障依法履行职责所必需的基本条件；食品检验机构、鉴定机构、监测机构、评估机构、评价机构等社会组织应当不断提升技术支撑的能力和水平。再次，应当明确食品安全责任主体不履行食品安全义务的法律责任。尤其要加大对故意违法违规行为的惩处力度。在充分利用行政手段、刑事手段的同时，更要充分利用民事手段，强化对检验机构、鉴定机构、监测机构、评估机构、评价机构出具虚假结论或者意见，给企业或者消费者造成损失的制裁措施。

（四）强化效能治理

研究食品安全问题，不仅需要从政治的角度来驾驭，也需要从经济的角度来把握。除了安全的目标外，还必须考虑效能的目标，这是食品安全治理持续发展的重要前提。食品安全治理应当注重治理投入与治理产出的关系，努力以最小的投入获得最大的效益。食品安全治理必须走科学的发展道路，减少治理成本，提高监管效率，促进良性发展，实现食品安全和经济效益的共同提升。首先，应当将食品安全效能治理作为食品安全治理的重要原则。实行食品安全风险治理的目的就是要最大限度地实现食品安全治理效能。食品安全监管部门可以根据风险情况确定监管的重点、方式和频次等，进一步增强监管工作的科学性、针对性和有效性。国家应当建立统一的食品安全信息平台，依法公布食品安全信息。地方各级人民政府应当整合食品安全检验资源、信息等资源，实现食品安全资源共享，实现内涵式集约化发展。其次，应当创新食品安全治理机制以提升食品安全治理效能。多年的监管实践证明，缺乏机制支撑的法律往往沦为“死法”，难以发挥出预期的作用。要使“书面上”的法律变成“行动中”的法律，应当积极创新机制。再次，应当创新食品安全治理方式以提升食品安全治理效能。有必要总结国内外有益经验，建立食品安全例行检查，安全社会评价制度等制度。在市场经济条件下，民事手段是第一手段。凡是能运用民事手段处理的问题尽可能运用民事手段。如明知或者应知食品广告虚假仍设计、制作、发布，使消费者的合法权益受到损害的，广告的设计者、制作者、发布者与食品生产经营者承担连带责任。

二、规范食品安全抽样检验

为规范食品安全抽样检验工作，加强食品安全监督管理，2014 年 12 月 31 日国家食品药品监督管理总局发布了总局第 11 号令《食品安全抽样检验管理办法》，对食品药品监督管理部门组织实施食品安全监督抽检和风险监测的抽样检验工作进行规范。

（一）明确抽样检验的基本原则

食品药品监督管理部门应当按照公开、公平、公正的原则，以发现和查处食品安全问题为导向，依法组织开展食品安全抽样检验工作。食品生产经营者应当承担食品安全第一责任人的义务，依法配合食品药品监督管理部门组织实施的食品安全抽样检验工作。

（二）强化抽样检验的计划管理

食品药品监督管理部门应当按照科学性、代表性的要求，制定覆盖食品生产经营活动全过程的食品安全抽样检验计划，实现监督抽检与风险监测的有效衔接。抽样检验工作计划应当包括抽样检验的食品品种；抽样环节、抽样方法、抽样数量等抽样工作要求检验项目、检验方法、判定依据等检验工作要求；检验结果的汇总分析及报送方式和时限等要求。学校和托幼机构食堂以及旅游景区餐饮服务单位、中央厨房、集体用餐配送单位经营的食品；专供婴幼儿、孕妇、老年人等特定人群食用的主辅食品等，应当作为抽样检验计划的重点。

（三）明确抽样的基本要求

食品药品监督管理部门可以自行抽样或者委托具有法定资质的食品检验机构承担食品安全抽样工作。食品安全监督抽检，不得提前通知被抽样的食品生产经营者，不得由食品生产经营者自行提供样品，抽取样品应当支付费用。

（四）明确检验的基本要求

食品安全监督抽检应当采用食品安全标准等规定的检验项目和检验方法。风险监测、案件稽查、事故调查、应急处置等工作中可以采用非食品安全标准等规定的检验项目和检验方法，分析查找食品安全问题的原因。采用非食品安全标准检验方法，应当遵循技术手段先进的原则，并取得国家或者省级食品药品监督管理部门同意。承检机构应当对检验工作负责，按照食品检验技术要求开展检验工作，如实、准确、完整、及时地填写检验原始记录，保证检验工作的科学、独立、客观和规范。承检机构应当自收到样品之日起 20 个工作日内出具检验报告。食品药品监督管理部门与承检机构另有约定的，从其约定。

（五）规范抽样检验的处理

食品生产经营者收到监督抽检不合格检验结论后，应当立即采取封存库存问题食品，暂停生产、销售和使用问题食品，召回问题食品等措施控制食品安全风险，排查问题发生的原因并进行整改，及时向所住地食品药品监督管理部门报告相关处理情况。食品生产经营者不按规定及时履行相关义务的，食品药品监督管理部门应当责令其履行。食品药品监督管理部门应当汇总分析食品安全监督抽检结果，并定期或者不定期组织对外公布。食品安全风险监测结果发现食品可能存在安全隐患的，食品药品监督管理部门可以组织相关领域专家进行分析评价，存在安全隐患的，可以根据工作需要告知相关食品生产经营者采取控制措施。食品生产经营者不按规定及时履行相关义务的，食品药品监督管理部门应当责令其履行。

（六）强化抽样检验的法律责任

食品生产经营者拒绝在食品安全监督抽检抽样文书上签字或者盖章的，由食品药品监督管理部门根据情节依法单处或者并处警告、3 万元以下罚款；提供虚假证明材料的，根据情节依法单处或者并处警告、3 万元以下罚款；拒绝履行或者拖延履行封存库存问题食品、暂停生产销售和使用问题食品、召回问题食品等义务的，依法单处或者并处警告、3 万元以下罚款。检验机构存在非法更换样品、伪造检验数据或者出具虚假检验报告，利用抽样检验工作之便牟取不正当利益，违反规定事先通知被抽检食品生产经营者，擅自发布食品安全抽样检验信息，未按照规定的时限和程序报告不合格检验结论等情形的，食品药品监督管理部门可以向社会公布，并在五年内不得委托其承担抽样检验任务。复检机构存在相关情形的，食品药品监督管理部门可以商请有关部门将其从复检机构名录中删除。食品检验机构及检验人员非法更换样品、伪造检验数据或者出具虚假检验报告的，检验结论无效。

三、深入开展专项整治

针对食品安全领域的突出问题，2014 年 4 月，国务院办公厅下发了《2014 年食品安全重点工作安排的通知》，要求各地区、各有关部门认真开展以下八项重点工作：一是深入开展治理整顿，着力解决突出问题。开展食用农产品质量安全源头治理、深入开展婴幼儿配方乳粉专项整治、开展畜禽屠宰和肉制品专项整治、开展食用油安全综合治理、开展农村食品安全专项整治、开展儿童食品以及学校及周边食品安全专项整治、开展超过保质期食品以及回收食品专项整治、开展“非法添加”和“非法宣传”问题专项整治、开展网络食品交易和进出口食品专项整治。二是加强监管能力建设，夯实监管工作基础。全面深化食品安全监管体制改革、加强基层执法力量和规范化建设、强化食品安全风险监测评估、加快食品安全检验检测能力建设、推进食品安全监管工作信息化、建立健全餐桌污染治理体系。三是完善法规标准，加强制度建设。制、修订一批食品安全法律法规、建立食品原产地可追溯制度和质量标识制度、清理整合一批食品安全国家和地方标准。四是落实企业主体责任，推动社会共治。探索建立企业首负责任制和惩罚性赔偿机制、推动重点产业转型升级发展和食品品牌建设、研究建立食品安全责任强制保险制度、加强食品安全领域诚信体系建设、落实食品安全违法行为有奖举报制度。五是严格监管执法，严惩违法犯罪行为。持续保持打击违法犯罪高压态势、进一步促进行政执法与刑事司法的无缝衔接、强化公安机关专业打击力量。六是强化监测预警，科学防范应对突发事件。加强信息收集和舆情监测、加强应急能力建设、妥善应对处置突发事件。七是加强宣传教育，正确引导舆论。做好食品安全科普宣传工作、建立健全食品安全信息发布制度、加强食品安全热点问题舆论引导。八是狠抓责任落实，搞好协调联动。开展食品安全城市、农产品质量安全示范县创建工作、完善部门间以及区域间协调联动机制、强化督查考评等。

2014年食品药品监管部门为切实加强农村地区食品安全治理，2014年3月，国务院食品安全办、食品药品监管总局、工商总局联合发布《关于严厉打击生产经营假冒伪劣食品违法行为进一步加强农村食品市场监管工作的通知》，要求针对农村食品市场存在的突出问题和食品安全风险隐患，按照标本兼治、先行治标、重在治本的总体要求，集中开展食品生产经营主体清理规范行动、食品经营者进货查验和查验记录落实情况整治行动、打击农村食品市场侵权仿冒违法行为整治行动、打击农村生产经营劣质食品违法整治行动，着力规范农村食品生产经营行为，强化对农村食品生产经营行为和农村餐饮服务的日常监管，严格餐饮服务许可管理，规范餐饮服务行为，强化量化分级管理，强化对农村地区高风险、重点食品的监督抽检和风险监测，强化基层政府和组织的作用，强化食品安全宣传教育，强化社会监督，强化部门协作配合，强化农村基层食品安全监管执法能力建设，夯实农村食品市场监管基础，构建长效监管机制。

为切实抓好重点食品生产监管，科学防范食品安全风险，2014 年 4 月，国家食品药品监管总局下发《关于加强重点食品监管和综合治理工作的指导意见》，确定把婴幼儿配方乳粉、婴幼儿配方食品、乳制品、肉制品、白酒、饮料、食用植物油、食品添加剂 8 类食品作为 2014 年生产加工环节食品监管的重点品种。各地要在此基础上，结合地方实际和区域特色食品特点，确定本地区需要重点治理的食品品种，深入分析存在的突出问题及其原因，扎实做好重点食品安全监管和专项整治工作，有效防范安全风险，着力消除各类隐患，切实守住不发生区域性、系统性食品安全问题的底线。加强重点食品安全监管和综合治理工作，综合运用行政许可、监督检查、监督抽检、风险监测、行政执法等手段，督促企业落实主体责任，从原辅料采购、过程控制、检验检测、出厂放行等各个环节入手，改进企业生产条件，切实从源头上保障食品安全。

针对部分地方出现肉及肉制品违法生产经营新情况，2014 年 7 月，国务院食品安全办下发《关于深入开展肉及肉制品检查执法工作的通知》，要求各地立即组织全面深入的执法检查，进一步规范肉类生产经营行为，对肉制品生产企业、肉类批发市场（含附设冷库）、集贸市场、商场、超市、肉食店、餐饮服务单位等重点场所进行全面检查，深入排查清理不合格肉类及肉制品，监督生产经营者落实进货查验、生产过程控制、出厂检验、储藏运输安全保障等责任和义务，严禁食品生产经营者购进、销售、使用无合法来源肉品以及无“两证两章”和腐败变质肉品。把保障清真食品质量安全作为重点突出出来，加强对牛羊肉等清真食品生产经营环境、生产经营许可、清真标志等的监督检查，加大对清真屠宰户、经营户、餐饮店、连锁店、加盟店、清真食堂等的检查力度，对不符合清真食品生产经营要求的，要及时纠正、妥善处理；对“清真不清”、“假冒清真”等问题，要坚决清理、查处和取缔。加大案件查处力度，严厉惩处肉类食品违法行为。建立健全查处肉类及肉制品违法行为的案件线索信息通报、移送跟踪、执法联动和全程督办机制，确保对发现的问题，尤其是群众举报、反映的问题，有案必查、一查到底。切实发挥食品安全办的综合协调作用，形成食品安全监管部门、民族工作部门和公安机关的办案合力，从快、从严查处肉类及肉制品无照经营、制售假冒牛羊肉以及冒用地理标志、清真标志和质量认证标志等违法行为。对查获的案件，要依法加大惩罚力度，涉嫌犯罪的，要及时移送司法机关追究刑事责任，并及时曝光，形成震慑作用。

针对儿童食品和校园及其周边食品安全的新问题，2014 年 8 月，国家食品药品监管总局下发了《关于开展儿童食品和校园及其周边食品安全专项整治工作的通知》，以校园及其周边 200 米范围为重点区域，以主要面向学生经营食品的食品（杂）店、餐饮服务单位等儿童食品经营单位为重点场所，加大监督检查和执法力度，集中部署开展专项整治行动。集中开展儿童食品经营主体资格大检查、履行法定责任和义务情况大排查、劣质食品大清查。对校园及其周边食品经营者逐户进行执法检查，坚决取缔查处无证无照食品经营户，清理或规范不符合食品经营条件标准和相关要求的食品经营者；对儿童食品经营者和校园及其周边食品经营者履行进货查验和查验记录等法定责任和义务情况进行抽查，对食品经营者索取的食品或食品原料进货票证和相关记录逐项核查，依法从严从重查处未依法或按规定落实食品或食品原料进货查验和查验记录等法定责任和义务，购入和销售或使用无合法来源或票证不全的食品或原料的食品经营者；对食品经营者的食品销售、加工区域，以及食品和原料库房进行全面检查，认真清查过期食品、腐败变质食品、标签标识不规范食品，以及召回、下架退市食品，对发现的过期食品、腐败变质食品、劣质食品、“两超一非”（即超范围、超限量使用食品添加剂和非法添加非食用物质）食品、标签标识不规范食品和其经营者，以及使用劣质原料加工、制作的食品和其经营者，坚决依法查处。

四、餐饮业反对食品浪费

为解决一些地方食品浪费严重的突出问题，2014 年 4 月，中共中央办公厅、国务院办公厅联合下发了《关于厉行节约反对食品浪费的意见》，要求各地区、各部门杜绝公务活动用餐浪费、推进单位食堂节俭用餐、推行科学文明的餐饮消费模式、减少各环节粮食损失浪费、推进食品废弃物资源化利用、加大宣传教育力度、健全法律法规、加强监督检查，共同推进反对食品浪费工作，努力使厉行节约反对浪费在全社会蔚然成风。为贯彻落实上述要求，2014 年 4 月，国家食品药品监管总局办公厅下发了《关于推进餐饮业厉行节约反对食品浪费的通知》，要求各地深入推进餐饮业厉行节约反对食品浪费工作，将反对食品浪费与做好量化分级管理、示范创建、诚信体系建设相结合，将餐饮服务单位厉行节约反对食品浪费的情况融入餐饮服务单位的动态等级评定标准中，引导餐饮服务单位积极承担企业的社会责任。率先在餐饮服务食品安全示范店、示范街推行厉行节约反对食品浪费，通过充分发挥食品安全示范店、示范街的引领辐射作用，带动所有的餐饮服务单位重节约、反浪费。做好反对食品浪费与餐厨废弃物处置工作的结合。将餐饮服务单位厉行节约反对食品浪费纳入到餐厨废弃物处置工作中，严格规范餐饮服务单位餐厨废弃物处理。与此同时，充分发挥主管部门的行业管理作用、切实落实集体食堂开办者的社会责任、大力推动社会餐饮企业科学文明经营、积极发挥行业协会等社会组织和个人的能动性，形成厉行节约反对食品浪费工作中的共治格局。

《餐饮业经营管理办法（试行）》解读

商务部服务贸易和商贸服务业司

为规范餐饮服务经营活动，引导和促进餐饮行业健康有序发展，维护消费者和经营者的合法权益，2014 年 9 月 22 日，商务部与国家发展改革委共同颁布了《餐饮业经营管理办法（试行）》（以下简称《办法》），现将有关问题说明如下：

一、制定《办法》的必要性

餐饮业是服务业的重要组成部分，与人民生活密切相关，在保障人民生活、提升人民生活质量、扩大消费、促进就业等方面发挥着重要作用。改革开放以来，我国餐饮业经过快速发展，全国餐饮收入从 1978 年的 54.8 亿元发展到 2013 年的 25392 亿元，增长了 462 倍，初步形成了投资主体多元化、经营业态多样化、经营方式连锁化、市场需求大众化的发展格局。随着城乡居民收入水平提高、生活节奏加快以及消费观念的改变，餐饮业仍将呈现出巨大的发展潜力和市场空间。目前，全国餐饮企业超过 240 万家，从业人员超过 2100 万人。餐饮业在国民经济中的地位和作用越来越显现出来，已成为对社会经济和人民生活具有较强影响力的重要行业。

在快速发展的同时，餐饮业也存在一些突出问题，表现为食品安全保障能力较弱、创新能力不足、服务质量亟待提升、制度建设不齐全、现代化水平有待提高等矛盾和问题，与人民群众不断增长的餐饮服务需求仍有一定差距。特别是近年来，在全社会开展的厉行勤俭节约反对铺张浪费行动背景下，餐饮业亟须转变发展方式，加快转型发展，回归本质、回归理性、回归大众消费。

长期以来，我国餐饮行业缺乏全国性的、统一的行业法规，多个部门都承担了一定的管理职责，使得行业管理既有交叉，又有盲点。在这种情况下，为规范餐饮业经营活动，维护市场秩序，需要餐饮行业主管部门会同有关部委共同制定统一的行业管理办法，多角度、全方位促进餐饮业健康有序发展。根据国务院“三定”方案，商务部负责商贸服务业（含餐饮业）的行业管理工作。制定《办法》是加强行业管理的重要方式，《办法》的出台有助于解决餐饮业发展面临的突出问题，促进餐饮业规范、有序发展，有助于厉行勤俭节约、反对铺张浪费，有利于优化餐饮业发展结构、提升餐饮业发展水平，有利于保障和改善人民生活、扩大内需、促进就业，同时也是管理部门依法履行管理职责的需要。

二、《办法》的主要内容

《办法》共二十四条，结构框架如下：

（一）总则（第1—5条）。主要内容包括：立法目的、制定依据、适用范围、餐饮经营概念界定、主管部门职责、行业协会义务以及鼓励发展大众化餐饮等几个方面。

（二）餐饮企业经营（第6—16条）。主要内容包括：依法经营、贯彻标准、节能减排、反对食品浪费、不得销售不合格食品、餐厨废弃物处理、价格标示、禁止设立最低消费、外送服务、促销活动、投诉制度、应急管理等餐饮服务流程的各个方面，明确提出对餐饮企业的要求。

（三）地方商务主管部门职责（第17—20条）。主要内容包括信用建设、反对食品浪费、行业统计、举报制度等。

（四）法律责任（第21—22条）。主要规定商务和价格主管部门依法对餐饮业经营行为进行监督管理，根据餐饮企业违反规范性文件的行为，可以实施的具体惩罚措施以及有关工作人员滥用职权、徇私舞弊应负的法律责任。

（五）附则（第23—24条）。地方商务主管部门可制定本区域实施办法，以及《办法》的实施日期等。

三、《办法》解决的主要问题

（一）明确了餐饮经营的概念。近年来，餐饮市场细分不断深化，涌现出多种业态，包括：正餐、早餐、快餐、团餐、特色正餐、地方小吃、社区餐饮、休闲餐饮、主题餐饮、外卖送餐、美食广场、食街排档、农家乐以及相配套的中央厨房、配送、网络订餐、外烩等服务形式。餐饮经营的内涵极大丰富，但缺乏明确定义，造成对餐饮行业的界定不够清晰。为准确规范行业主体，更好履行商务部门对餐饮行业的管理工作，《办法》根据国民经济行业分类释义，明确了餐饮经营活动的定义，即“通过即时加工制作成品或半成品、商业销售和服务性劳动等，向消费者提供食品和消费场所及设施的经营行为”。定义强调了餐饮经营活动即时加工制作的特点，涵盖了食品生产和服务性劳动等两方面内容。

（二）规范了企业的经营行为。餐饮业暴露出一些突出问题，主要表现在：一是经营者经营行为有待规范，在食品销售、节约资源等方面需要政府的引导和管理；二是存在奢侈消费，铺张浪费的现象；三是社会上对一些餐饮企业设置最低消费有争议；四是服务水平急需提高，在日常经营、外送服务、促销活动、投诉处理等环节的行为需要进一步规范；五是应急制度建设尚需完善。为此，《办法》对餐饮经营者的经营行为进行了规范引导。在资源利用、反对浪费方面，《办法》明确餐饮企业要做好资源节约和综合利用工作；引导消费者节俭消费、适量点餐；处置好餐厨废弃物。在食品销售方面，《办法》明确餐饮企业不得销售不合格食品。在价格标示方面，《办法》规定餐饮企业要按照国家规定对所售食品或提供的服务项目标价，不得设置最低消费。在外送和促销服务方面，《办法》规定餐饮企业在提供外送服务时，明示服务时间、外送范围和收费标准，按照要求按时、按质、按量履行承诺；开展促销活动时，明示促销原因、方式、规则等信息，依照承诺履行相关义务。在投诉受理、突发应急方面，《办法》规定餐饮企业要建立健全顾客投诉制度，明确受理人员并将处理结果及时通知投诉者；建立健全突发事件应急预案和应对机制，明确职责分工，发生突发事件时及时处理并向有关部门报告。

（三）对从业人员提出了要求。长期以来，由于餐饮行业人才流失严重，高素质人才匮乏，职业经理人队伍培养和专业培训工作滞后，从业人员素质普遍有待提高。现实中一些餐饮企业常常放低要求，聘请不符合信用建设规定和职业操守的人员从事相关工作，带来了大量隐患。《办法》明确提出要加强对餐饮主要从业人员的信用记录管理，将其纳入国家统一的信用信息平台，并依法向社会公开严重违法失信行为，餐饮企业负责人、高层管理人员应当按要求提供相关信用信息。同时，《办法》对餐饮从业人员在适量引导点餐、做好外送服务、保障促销服务质量等方面做出了明确规定，这将有助于提高餐饮行业的从业人员素质，提高服务质量，引导餐饮行业持续健康发展。

（四）规定了行业管理职责。商务部是餐饮业的行业主管部门，十七届二中全会明确提出，“行业管理”就是要充分发挥行业管理部门在制定和组织实施产业政策、行业规划、国家标准等方面的作用，规范企业的经营服务活动，指导和促进行业健康发展。在现实中，餐饮经营活动涉及多个政府部门管理，相关工作存在交叉和重叠，影响到了对餐饮行业的规范和管理。《办法》的出台，明确了商务主管部门的职责主要在制定行业发展规划、政策和标准，监督餐饮服务经营者行为，开展行业信用系统建设，建立不良记录档案，开展反对食品浪费，加强行业统计和运行监测，建立投诉举报制度，指导经营者应对处理突发事件等方面。同时，考虑到餐饮业各地发展差异较大的情况，《办法》特别规定省级商务主管部门可结合本行政区域内餐饮业发展的实际情况制定有关实施办法。

（五）明确了行业组织的作用。餐饮行业协会在加强行业自律、维护企业利益、加强业务交流、倡导餐饮节约、推广先进技术以及人员培训等方面开展大量工作，为促进行业健康发展发挥了重要作用。十八大报告指出，要加快形成政社分开、权责明确、依法自治的现代社会组织体制，进一步发挥行业协会的作用。为此，《办法》对行业协会的职责进行了界定，明确提出，餐饮行业协会应当按照有关法律、法规和规章的规定，发挥行业自律、引导、服务作用，促进餐饮业行业标准的推广实施，指导企业做好节能减排、资源节约和综合利用工作；通过制定行业公约等方式引导餐饮经营者节约资源、反对浪费。

（六）明确了相关法律责任。明确了对于餐饮经营者违反本办法的行为，法律法规及规章有规定的，商务主管部门可提请有关部门依法处罚；没有规定的，由商务主管部门责令限期改正，其中有违法所得的，可处违法所得 3 倍以下罚款，但最高不超过 3 万元；没有违法所得的，可处 1 万元以下罚款；对涉嫌犯罪的，依法移送司法机关处理。

四、《办法》出台的现实意义

（一）转变了政府职能。十八届三中全会提出，要加快转变政府职能，创新行政管理方式，政府要加强发展战略、规划、政策、标准等制定和实施，加强市场活动监管，加强各类公共服务提供；激发社会组织活力，推进社会组织明确权责、依法自治、发挥作用；支持企业在支撑增长、促进创新、扩大就业、增加税收等方面发挥重要作用。《办法》贯彻落实十八届三中全会精神，处理好政府与市场、中央与地方、政府与行业组织之间的关系，坚持发挥市场作用与完善政府职能相结合，在更大程度上发挥市场配置资源的基础性作用，强化企业在市场中的主体地位，提升政府公共服务、市场监管和宏观调控能力。在务实、创新的基础上，理顺餐饮业的行业管理体制，丰富餐饮行业指导方法，完善餐饮业的分类监管内容。加强与餐饮企业和行业组织的协作，发挥行业自律和行业引导作用，积极为餐饮企业提供服务。

（二）规范了相关责任方的行为。餐饮企业、服务人员、消费者是餐饮服务的三大核心主体。餐饮企业作为市场的主体，决定了餐饮市场的整体结构、业态分布和发展方式，生产消费者所需的食品并提供相应服务；服务人员直接面对消费者，其服务态度和服务能力直接影响消费者对餐饮服务的满意程度；消费者直接参与餐饮消费，希望得到味美价廉的产品和优质服务，对当前餐饮市场存在的食品安全、乱收费等问题反映强烈，餐饮市场的优劣与三方直接相关。为此，《办法》针对三方的利益、责任，分别对企业的经营行为、服务人员以及消费者进行了规范，明确了三方的责任、权利和义务，使发生纠纷时有法可依、有据可查，对促进行业健康、可持续发展有着积极意义。

（三）对过去未明确的最低消费问题予以了明确。长期以来，社会上对一些餐饮企业收取“开瓶费”、“包间费”以及设置“最低消费”（简称“三费”问题）有较大争议。餐饮企业从经营角度考虑，认为餐饮企业向消费者提供了服务场所，支出了人工、房租和水电成本以及相关服务，收取和设置这“三费”是合理的。而消费者从自身利益和权益角度考虑，则普遍认为餐饮企业不应该收取和设置这“三费”。现行的《合同法》、《消费者权益保护法》、《反不正当竞争法》、《价格法》等法律对餐饮业“三费”问题并未作出明确的禁止性规定。从个案判例情况看，法院在以往判决中仅界定餐饮企业行为是否侵害消费者的知情权。

在《办法》立法过程中，商务部广泛征求社会各界和有关部委的意见，对这些问题进行了深入的研究。经过慎重研究，《办法》对设置最低消费作出了明确的禁止规定，主要是基于以下三个考虑：首先，设置最低消费具有明显的强迫性，侵害了消费者权益。其次，根据 2014 年 2 月最高人民法院的相关司法解释，餐饮企业设置最低消费属于餐饮经营者利用优势地位作出的加重消费者责任的不公平、不合理规定。再次，设置最低消费往往引发过度消费，助长铺张浪费之风。2014 年 3 月，中办和国办共同印发了《关于厉行节约反对食品浪费的意见》（中办发〔2014〕22 号），提出为推行科学文明的餐饮消费模式，餐饮企业不得设置最低消费额。

《办法》中明确规定禁止设置最低消费，这有利于规范市场秩序，保护消费者权益，引导文明、科学、健康的餐饮消费新风尚，也有利于餐饮行业进一步转型发展。

（四）推动了厉行节约反对食品浪费工作。2013 年以来，媒体广泛曝光了餐饮环节上的浪费现象，令人触目惊心，广大干部群众对狠刹浪费之风的呼声十分强烈。中央领导对此做出重要批示，要求坚决遏制餐饮浪费，全社会广泛开展了厉行勤俭节约反对铺张浪费行动。在这一背景下，对餐饮业的发展提出了新的要求。对餐饮行业来说，制止餐饮浪费，是不容推卸的社会责任。餐饮企业不仅仅是餐饮服务的提供者，更要做健康餐饮文化的倡导者。为此，《办法》对餐饮业厉行节约反对食品浪费做出了明确规定，鼓励企业提供标准化菜品，发展可选套餐，提供小份菜；建立节俭消费提醒提示制度，在醒目位置张贴节约标识，贯彻节约用餐、文明用餐标准；引导消费者餐前适量点餐，餐后主动帮助打包，对节约用餐的消费者给予表扬和奖励。有利于餐饮业落实中央八项规定，践行社会主义核心价值观，自觉厉行节约、杜绝浪费、反对奢靡之风，加快节约化发展，增强发展活力。

（五）为行业诚信体系建设奠定基础。长期以来，餐饮业市场秩序不够规范，消费环境不够安全，商务活动中存在大量信用缺失问题：如食品安全事件时有发生、制假售假、虚假促销、商业欺诈、侵犯知识产权等，严重影响了行业健康发展和社会安定和谐。《办法》的出台，有利于推进餐饮企业信用制度建设，建立服务质量考核和服务满意评价体系，完善企业信用记录，建立健全守信激励和失信惩戒机制，推动企业提高诚信经营水平。为推进诚信经营建设、弘扬诚信文化、努力营造良好的社会消费环境、建立餐饮行业诚信体系奠定基础。

附录一

中办国办印发《关于厉行节约反对食品浪费的意见》

新华社北京3月18日电　近日，中共中央办公厅、国务院办公厅印发了《关于厉行节约反对食品浪费的意见》，并发出通知，要求各地区各部门结合实际认真贯彻执行。

《关于厉行节约反对食品浪费的意见》全文如下。

人口众多、土地资源相对不足是我国基本国情，我国粮食供求长期处于紧平衡状态。但受讲排场、比阔气、爱面子等不良风气影响，加之相关监管制度不健全，目前我国食品浪费现象广泛存在，人民群众对此反映强烈。厉行节约反对食品浪费，既是保障国家粮食安全的迫切需要，也是弘扬中华民族勤俭节约传统美德、加快推进资源节约型环境友好型社会建设的重要举措。为贯彻落实《党政机关厉行节约反对浪费条例》，深入推进反对食品浪费工作，现提出如下意见。

一、杜绝公务活动用餐浪费

各级党政机关、国有企事业单位要严格按照《党政机关厉行节约反对浪费条例》和《党政机关国内公务接待管理规定》有关要求，切实加强国内公务接待、会议、培训等公务活动用餐管理，以公务用餐文明引领社会消费文明。公务活动用餐要按照快捷、健康、节约的要求，积极推行简餐和标准化饮食，主要提供家常菜和不同地域通用的食品，科学合理安排饭菜数量，原则上实行自助餐。严禁党政机关向企事业单位转嫁公务活动用餐费用，严禁以会议、培训等名义组织宴请或大吃大喝。公务活动用餐费支付应严格执行国库集中支付制度和公务卡管理有关规定。严禁设立“小金库”，党政机关、国有企事业单位公务活动用餐预算严格按照有关规定和标准执行，各地区各部门和国有企事业单位在公开“三公”经费支出时要列出公务活动用餐费支出。各地区要制定本地区公务活动用餐开支标准并定期进行调整，明确公务接待工作餐费报销规范。国有企业和国有金融企业要按照有关标准和要求，将业务招待项目作为企业负责人职务消费重要事项强化管理。

二、推进单位食堂节俭用餐

单位食堂应按照健康、从简原则提供饮食，合理搭配菜品，注重膳食平衡。条件具备的地方实行自助点餐计量收费，多供应小份食品，方便用餐人员适量选取。在明显位置张贴宣传标语或宣传画、摆放提示牌，提醒适量取餐。建立食堂用餐人员登记制度，实施动态管理，做到按用餐人数采购、做餐、配餐。安排专人负责食堂巡视检查，对浪费行为给予批评教育。机关事务管理部门要会同有关部门研究建立党政机关食堂反对食品浪费工作成效评估和通报制度。教育、卫生计生、国资、银监、证监、保监等部门要指导推动学校、医院、国有企业、国有金融企业等加快建立健全食堂节约用餐制度。各地区要对党政机关、国有企事业单位食堂反对食品浪费工作成效进行评估，对存在严重浪费行为的单位进行通报。

三、推行科学文明的餐饮消费模式

鼓励餐饮企业积极发展大众餐饮，提供标准化菜品，方便消费者自主调味，推行商务餐分餐制，发展可选择套餐，多提供小份菜。倡导一料多菜、一菜多味，物尽其用，避免浪费食材。餐饮企业要积极引导消费者节约用餐，在显著位置张贴或摆放节约食物、杜绝浪费的宣传画或提示牌，菜单上应准确标注菜量，按营养均衡的要求配置不同规格盛具，餐前引导适量点餐，餐后主动帮助打包，不得设置最低消费额，对节约用餐的消费者给予表扬和奖励。鼓励家庭按实际需要采购食品，倡导婚丧嫁娶等红白喜事从简用餐。商务部门要制定餐饮业服务规范，加快建立健全餐饮业标准体系，会同财政等部门研究建立餐饮企业反对食品浪费工作奖惩制度。卫生计生部门要指导餐饮企业提供符合膳食平衡要求的食品。工商部门要指导各级消费者协会加强消费教育，引导消费者形成文明节俭消费理念。食品药品监管部门要结合餐饮服务食品安全量化分级管理工作，推动餐饮企业加大反对食品浪费工作力度。旅游部门要强化旅游星级饭店质量等级评定标准中反对食品浪费的要求，并加强对标准实施的监督检查。各有关行业协会要制定行规行约，引导餐饮企业转变经营理念，厉行节约，反对浪费。

四、减少各环节粮食损失浪费

加强粮食生产、收购、储存、运输、加工、消费等环节管理，有效减少损失浪费。粮食部门要全面实施粮食收储供应安全保障工程，扩大农户科学储粮专项实施范围，抓紧组织修复危仓老库；切实解决粮油过度加工问题，提高成品粮出品率和副产物综合利用率；在粮食流通各环节推广节粮减损新设施、新技术，开展粮食收购、储存、运输、加工、消费等环节损失浪费情况调查，出台节粮减损具体措施。交通运输部门要加强粮食运输管理，运输企业不得承运包装不达标的粮食。发展改革、财政部门要继续支持粮食收储运设施的建设改造，会同工业和信息化部门不断改善加工条件，积极推广使用食品加工新技术、新工艺、新装备。质检部门要会同有关部门抓紧修改制定粮油加工、转化和食品包装等标准和技术规范，合理设定保质期限，鼓励企业对预包装食品按照消费者不同需求采用不同大小的包装规格。科技部门要组织开展食品包装新技术研发，提高食品保质技术水平。商务部门要规范餐饮企业和食品批发零售企业促销活动，鼓励食品经营企业在确保食品质量安全和市场经营秩序的前提下打折销售临近保质期的食品。

五、推进食品废弃物资源化利用

餐饮企业和党政机关、企事业单位食堂不得随意处置餐厨废弃物，要按规定交由具备条件的餐厨废弃物资源化利用企业处置或进行就地资源化处理，鼓励有条件的家庭对厨余废弃物进行堆肥等资源化利用。生产加工环节的食品废弃物和商场、超市过期食品等，要交由具备条件的企业进行资源化回收处理。国家发展改革委要会同有关部门加快研究制定餐厨废弃物管理和资源化利用条例，研究建立餐厨废弃物处理收费制度，加大对餐厨废弃物资源化利用企业的支持和相关技术研发推广力度。住房城乡建设、工商、质检、食品药品监管等部门要严厉打击违法收集、运输、加工餐厨废弃物的行为。公安机关要始终保持高压态势，积极会同有关部门严厉打击利用“地沟油”生产食用油犯罪活动。

六、加大宣传教育力度

采取多种形式开展国情教育，宣传我国粮食生产供应情况，积极倡导合理、健康的饮食文化，大力破除讲排场、比阔气等不良风气，促进反对食品浪费成为全社会的自觉行为。宣传部门要加大反对食品浪费宣传报道力度，弘扬先进典型，曝光浪费现象，加强公益广告宣传。发展改革部门要将反对食品浪费作为全国节能宣传周活动的重要宣传内容。粮食部门要会同有关部门组织好每年世界粮食日和全国爱粮节粮宣传周活动，编辑出版爱粮节粮科普读物，做好“节约一粒粮”公益宣传，组织开展爱粮节粮先进单位和示范家庭创建活动。教育部门要加大学校反对食品浪费教育工作力度，组织开展中小学生节约粮食体验活动。工会、共青团、妇联等群众组织要面向职工、青少年、妇女等开展有针对性的宣传教育活动，促进养成节约习惯。

七、健全法律法规

积极推进反对食品浪费工作法制化进程。国务院法制办及有关部门要积极研究推动节约粮食、反对食品浪费法规建设，加快推进粮食法立法进程，建立有利于促进粮食节约的法律机制。国家发展改革委、国家粮食局要会同有关部门抓紧修订粮食流通管理条例，对粮食节约减损作出规定，明确奖惩措施。各地区各有关部门要结合实际研究制定反对食品浪费的地方性法规和规章。

八、加强监督检查

国家发展改革委、财政部要会同有关部门定期整体部署反对食品浪费工作，加强监督检查，对发现的突出问题及时督促整改，对好经验好做法进行通报表扬并积极推广。监察部门对已在餐饮企业安装使用税控装置的地区，要采用信息化手段逐步与税控收款机系统衔接，组织对餐饮企业、宾馆饭店等进行暗访，对大额餐饮发票适时开展抽查，严肃查处公款浪费案件；对违反公务接待规定、用公款相互宴请等行为，要依纪依法追究相关人员责任，对负有领导责任的主要负责人或有关领导实行问责。建立食品浪费行为举报投诉制度，相关举报纳入监察部门案件受理范围。财政部门要建立健全公务消费电子监控平台，各单位对未在平台备案的公款消费不予报销；指导企业加强财务会计管理，对企业报销用餐费用行为进行规范。审计部门要对公务接待经费进行审计，发现的违纪违规问题，依法进行处理处罚或者移送有关部门处理。税务部门要及时查处餐饮企业开发票时将餐费开成非餐费的违法行为，防止餐饮企业将大额用餐费用分割成小额发票的行为，对定点饭店，财政等有关部门要取消其定点资格。粮食部门对粮食收购、储存、运输和加工等环节中的违规行为依法进行查处，导致粮食重大损失的，要严肃追究有关人员责任。公务接待管理部门要会同有关部门加强对本级党政机关各部门和下级党政机关国内接待工作用餐的监督检查。工会、共青团、妇联等要组织开展反对食品浪费志愿者行动，积极劝说制止浪费行为，对不听劝阻的可报告有关部门查处，对公款浪费行为及时向监察机关报告。

各地区各有关部门要充分认识厉行节约反对食品浪费的重要意义，切实增强责任感和紧迫感，加强组织领导，明确分管领导，建立健全工作机制，抓紧制定具体实施方案并抓好落实。国家发展改革委、财政部要加强统筹指导和协调推动，各有关部门要积极配合，共同推进反对食品浪费工作，努力使厉行节约反对浪费在全社会蔚然成风。

商务部关于加快发展大众化餐饮的指导意见

商服贸函〔2014〕265号

大众化餐饮是满足群众日常生活必需餐饮服务的重要服务业态，主要包括早餐、快餐、团餐、特色正餐、地方小吃、社区餐饮、外卖送餐、美食广场、食街排档、农家乐以及相配套的中央厨房、配送、网络订餐等服务形式。目前，我国大众化餐饮已占餐饮市场的80%。随着城乡居民收入水平提高、生活节奏加快以及消费观念的改变，大众化餐饮呈现出巨大的发展潜力和市场空间。加快发展大众化餐饮，是厉行勤俭节约、反对铺张浪费，推动餐饮业回归理性消费的客观要求，是优化餐饮业发展结构、引导高端餐饮转型、提升餐饮业发展水平的有效途径，是保障和改善人民生活、扩大内需、促进就业的现实需要。我国大众化餐饮仍存在着业态种类不够丰富、食品安全保障能力较弱、创新能力不足、服务质量亟待提升、现代化水平有待提高等矛盾和问题，需要着力解决。

为加快发展大众化餐饮，现提出如下意见：

一、总体要求

（一）指导思想。深入贯彻落实党的十八大和十八届二中、三中全会精神，坚持发挥市场配置资源的决定性作用和政府的调节作用，坚持以人为本、服务民生的基本原则，以厉行餐饮节约、反对食品浪费为方向，以法规标准和规划为保障，着力推动餐饮业转变发展方式，优化发展结构，创新发展模式，提升服务质量，增强发展动力，形成方便快捷、卫生安全、经济实惠、营养健康的大众化餐饮服务体系，满足人民群众日益增长的餐饮服务需求。

（二）基本原则。坚持以人为本。顺应人民群众对餐饮服务的新期待，按照餐饮业遏制铺张浪费、实现转型发展的新要求，丰富大众化餐饮产品，保障餐饮食品安全，发展营养健康餐饮，使人民群众得到满意的餐饮服务。

坚持突出重点。围绕社区、商务区、人口流动集中地区等重点区域建设大众化餐饮服务网络，满足不同层次的餐饮服务需求。

坚持分类指导。针对大众化餐饮的不同特点，统筹协调，分类指导，着力解决市场薄弱环节和企业发展中面临的突出矛盾和问题，营造良好发展环境。

（三）发展目标。调动社会资本参与大众化餐饮服务体系建设的积极性，推动高端餐饮加快转型，实现餐饮业科学发展。力争用5年左右的时间，使餐饮行业现代化水平大幅提高，行业诚信体系初步形成，服务质量明显改善，国际交流合作更加深入，大众化餐饮服务体系更为健全，大众化餐饮占全国餐饮市场的比重提高到85%以上，总体发展水平与人民群众餐饮消费需求基本相适应。

二、构建大众化餐饮服务体系

（四）健全大众化网络。鼓励高端餐饮企业发展大众化餐饮网点，推动餐饮业转型发展。引导餐饮企业在社区、学校、医院、办公集聚区、商圈建设餐饮网点，推动餐饮服务便利化发展。支持机关事业单位食堂和宾馆饭店的餐厅向社会开放，推动餐饮服务的社会化发展。鼓励有条件的城市根据消费需求建设美食街、特色食品街等，推动餐饮业的集聚式发展。

（五）发展大众化消费。引导餐饮企业根据不同群体的消费需求，合理搭配食材，提供健康、营养、适口的餐饮产品。鼓励餐饮企业开发中低档家常菜肴和地方特色食品，调整高中低档菜品的比例，降低人均消费标准，优先供应大众化餐饮服务品种。加快发展面向老年人、中小学生、病人等特定消费群体的餐饮服务。大力发展社区餐饮、外卖送餐服务，满足社区居民、办公集聚区工薪阶层的餐饮需求。规范食街排档，满足进城务工人员餐饮需求。引导餐饮企业发展与商务餐饮、婚寿宴、家庭聚餐、旅游团餐等细分市场相适应的业态，满足不同层次的大众化餐饮需求。

（六）提高大众化供应能力。鼓励餐饮企业建设中央厨房，完善统一采购、统一加工、统一配送体系。支持企业建立原材料生产基地和采购基地，做好农餐对接。支持企业建设、改造食品加工车间和流水生产线，实现餐饮加工工业化和产品生产标准化。支持企业建设冷链与配送系统，配置冷藏、冷冻设施和冷链配送车辆，增强配送能力，向企业的连锁门店，以及机关食堂、学校、医院、便利店、超市等配送餐饮食品。

（七）创新大众化服务模式。鼓励餐饮企业创新服务模式，开展线上线下融合，实现实体店与互联网、移动通信以及微博、微信等社交媒体的合作，发展线上预订、营销、团购、外卖、餐厅索引和评价服务，开发移动支付功能，线下与快递公司合作，及时提供送餐上门服务，完善售后服务的在线服务模式，实现企业经营的网络化。鼓励餐饮企业发展外卖成品和半成品餐、外烩等服务，改造传统生产工艺，改进烹饪技艺。

三、提升大众化餐饮发展水平

（八）提高管理水平。鼓励餐饮企业建立信息化管理系统，完善管理流程，增强管理能力，实现管理信息化。建立餐饮业职业经理人制度，鼓励专业人才参与餐饮企业管理。支持行业组织和餐饮企业加强人才培训，提高行业从业人员的管理能力和服务水平。加强校企合作，建立各层次的餐饮人才保障机制。

（九）加强诚信建设。推进餐饮企业信用制度建设，建立服务质量考核和服务满意评价体系，完善企业信用记录，鼓励符合条件的第三方信用评估服务机构建设数据库，规范开展企业信用评价。加强信用监督和管理，建立黑名单发布制度，建立健全守信激励和失信惩戒机制。推进诚信经营示范建设，树立诚信经营典型，弘扬诚信文化，努力营造良好的社会消费环境。

（十）强化餐饮服务安全。结合行业管理职能，配合相关监管部门做好餐饮食品安全工作。引导餐饮企业认真贯彻执行有关食品安全的法律法规，做好餐饮食品安全宣传教育。配合卫生监督管理部门加强对餐饮服务场所的卫生监管，建立健全餐饮经营卫生规范。配合有关部门做好餐饮场所燃气安全专项治理工作，按照要求切实落实好商务主管部门的工作职责，组织餐饮场所开展燃气使用安全自查工作，主动消除隐患，督促餐饮企业与合法供气企业签订安全供用气合同。鼓励餐饮企业进行厨房卫生系统改造。

（十一）发展健康餐饮。加强餐饮业从业人员营养搭配和膳食平衡知识的普及和培训，推广膳食结构多样化的健康消费模式，全面提高行业营养知识水平。加强营养早餐和快餐食品集中生产、配送、销售体系建设，推动健康餐饮科学发展。鼓励健康营养型餐厅发展，通过宣传健康饮食知识，合理搭配营养菜肴赢得市场。

（十二）加强国际交流合作。加快餐饮国际化进程，鼓励通过参加国际烹饪比赛、国际美食节等活动吸收国外先进的餐饮经营理念和技术，提升中餐国际竞争力。借鉴国外餐饮企业科学管理、节约集约、绿色环保方面的成熟经验和做法，创新商业模式，完善服务方式，增强餐饮企业可持续发展能力。引导有实力的餐饮企业“走出去”，开拓国际餐饮市场。进一步推动将“中华烹饪”纳入世界非物质文化遗产名录。

四、贯彻厉行节约反对浪费要求

（十三）建立长效机制。贯彻落实中央八项规定和《中共中央办公厅国务院办公厅印发〈关于厉行节约反对食品浪费的意见〉的通知》（中办发〔2014〕22号）精神，加强组织保障，明确分管领导，完善工作制度。强化厉行节约的监督和约束机制，推进厉行节约各项措施制度化、规范化、长效化。加强督促检查，层层落实，推动厉行节约工作的常态化管理。

（十四）完善工作制度。会同有关部门研究建立餐饮企业反对食品浪费的奖惩制度。鼓励企业对消费者在餐饮消费中注重节约、减少浪费的行为给予奖励。规范餐饮企业促销活动，鼓励企业在确保食品安全和市场经营秩序的前提下，打折销售临近保质期的食品。

（十五）树立节约理念。引导餐饮企业切实做好国内公务接待、会议、培训等公务活动的用餐服务，按照快捷、健康、节约的要求提供简餐和标准化饮食，主要提供家常菜和不同地域通用食品，科学合理安排菜饭数量。鼓励餐饮企业建立提醒提示制度，在店堂、菜单、餐桌等醒目位置使用餐饮节约有关标识；推行商务餐分餐制，发展可选择套餐，多提供小份菜；倡导一料多菜、一菜多味，物尽其用，避免浪费食材；提高餐饮品质，制作合理膳食搭配菜单，配置不同规格盛具，为消费者提供科学的饮食建议；餐后主动帮助打包，不设置最低消费，对节约用餐的消费者给予表扬和鼓励。

（十六）建设节约型餐饮。鼓励餐饮企业在食品生产、流通、消费的各个环节，自觉节能、节水、节材、节地，加强资源综合利用；推广使用节能型设备，采用环保技术，减少使用一次性餐具和用具。餐饮企业不得随意处置餐厨废弃物，应按规定由具备条件的企业进行资源化利用。

五、保障措施

（十七）加强组织领导。各地商务主管部门要将发展大众化餐饮作为落实中央精神、推动餐饮行业转型发展的一项重要任务，长期坚持不懈地抓紧抓好。要加强组织领导，结合实际情况，提出本地区加快发展大众化餐饮的目标任务和工作方案。推动把发展大众化餐饮作为本地服务业发展规划的重点，认真研究推动大众化餐饮发展的政策措施，统筹做好对餐饮业的宏观指导，为大众化餐饮创造良好的法制环境、政策环境和舆论环境。

（十八）健全法规标准体系。各地商务主管部门要结合本地区大众化餐饮业发展的实际情况出台有关实施办法。健全大众化餐饮标准体系，加大标准的实施力度。有条件的地区要建立餐饮业标准化培训、推广、示范中心。

（十九）完善促进政策。各地商务主管部门要在认真落实《国务院关于深化流通体制改革加快流通产业发展的意见》（国发〔2012〕39号）的基础上，结合实际，创新改革措施，支持大众化餐饮发展。要将大众化餐饮网点纳入社区商业网点配置的内容，健全大众化餐饮服务网络。要会同有关部门，加快制订支持大众化餐饮发展的财政、税收、金融政策，清理不合理收费，减轻企业负担，营造良好发展环境。

（二十）发挥行业协会作用。各地商务主管部门要支持行业协会在加强行业自律、维护企业利益、加强业务交流、倡导餐饮节约、推广先进技术以及人员培训等方面开展工作。行业协会要深入研究市场，加强统计分析工作，积极用好统计数据，及时掌握大众化餐饮发展动态，总结大众化餐饮发展情况和出现的问题，帮助企业解决困难，协力推动大众化餐饮的健康发展。

（二十一）做好宣传推广。各地商务主管部门要不断总结发展大众化餐饮的成功经验和做法，借助新闻媒体，推广先进经验，加强典型引导，在全社会营造支持大众化餐饮发展的良好氛围。

商务部

2014年5月27日

国务院办公厅关于进一步加强涉企收费管理减轻企业负担的通知

国办发〔2014〕30号

各省、自治区、直辖市人民政府，国务院各部委、各直属机构：

为贯彻落实党的十八届三中全会精神和国务院的部署要求，进一步推进简政放权，建立权力清单制度，充分发挥市场配置资源的决定性作用，激发企业特别是小微企业的活力，经国务院批准，现就进一步加强涉企收费管理、减轻企业负担有关事项通知如下：

一、建立和实施涉企收费目录清单制度

进一步提高涉企收费政策的透明度，对按照法律、行政法规和国家有关政策规定设立的涉企行政事业性收费、政府性基金和实施政府定价或指导价的经营服务性收费，实行目录清单管理，不断完善公示制度。所有涉企收费目录清单及其具体实施情况纳入各地区、各部门政务公开范畴，通过政府网站和公共媒体实时对外公开，接受社会监督。各地区、各部门必须严格执行目录清单，目录清单之外的涉企收费，一律不得执行。

二、从严审批涉企行政事业性收费和政府性基金项目

自本通知印发之日起，新设立涉企行政事业性收费和政府性基金项目，必须依据有关法律、行政法规的规定。对没有法律、行政法规依据但按照国际惯例或对等原则确需设立的，由财政部会同有关部门审核后报国务院批准。各级财政、价格等部门要不断完善对涉企收费的管理，加强收费管理与产业政策的协调配合，完善收费票据和许可证管理制度，建立多层次监督体系，进一步强化事中和事后监管。

三、切实规范行政审批前置服务项目及收费

全面清理行政审批前置服务项目及收费，对没有法律法规依据的行政审批前置服务项目一律取消。各地区、各部门在公开行政审批事项清单的同时，要将涉及收费的行政审批前置服务项目公开，并引入竞争机制，通过市场调节价格。对个别确需实行政府定价、政府指导价的行政审批前置服务实行政府定价目录管理。对列入政府定价目录的行政审批前置服务要严格核定服务成本，制定服务价格。规范行业协会、中介组织涉企收费行为。

四、坚决查处各种侵害企业合法权益的违规行为

各有关部门要加强协同配合，坚决制止各类针对企业的乱收费、乱罚款和摊派等行为，对违规设立的行政事业性收费、政府性基金和行政审批前置经营服务收费项目，一律取消。严禁擅自提高收费标准、扩大收费范围，严禁以各种方式强制企业赞助捐赠、订购报刊、参加培训、加入社团、指定服务，严禁行业协会、中介组织利用行政资源强制收取费用等行为。一经发现坚决予以曝光，并按照《中华人民共和国价格法》、《禁止向企业摊派暂行条例》、《财政违法行为处罚处分条例》、《价格违法行为行政处罚规定》等法律法规以及党中央国务院关于治理乱收费的有关规定严肃处理，追究有关人员的法律责任。建立企业负担调查信息平台，完善举报和反馈机制，强化社会舆论监督，加大查处力度。

五、全面深化涉企收费制度改革

按照“正税清费”原则，进一步清理取消、整合规范现行涉企行政事业性收费和政府性基金项目，逐步减少项目数量。取消政府提供普遍公共服务或体现一般性管理职能的行政事业性收费项目；结合部门职能调整，合并在不同部门分别设立的相关行政事业性收费项目。取消政策效应不明显、不适应公共财政制度要求的政府性基金项目，依法将具有税收性质的收费基金项目并入相应

的税种。建立支持小微企业的长效机制，全面落实已出台的各项收费减免措施，将暂免小微企业管理类、登记类和证照类行政事业性收费改为长期措施。加强涉企收费政策的宣传评估，推动建立和实施第三方评估机制，切实增强收费政策的针对性、时效性。研究完善保护企业权益的相关法律法规。

各地区、各有关部门要充分认识进一步加强涉企收费管理、减轻企业负担的重要意义，充分发挥各级减轻企业负担工作机制的作用，加强组织领导，抓好工作落实。国务院减轻企业负担部际联席会议负责全国范围内的工作指导、组织协调和监督检查，联席会议各成员单位要按照职责分工抓好有关政策的落实。各地区、各有关部门加强涉企收费管理、减轻企业负担工作的落实情况，要及时报送国务院减轻企业负担部际联席会议办公室（设在工业和信息化部）。

国务院办公厅

2014 年 6 月 16 日

商务部、国家发展改革委令2014年第4号《餐饮业经营管理办法（试行）》

【发布单位】中华人民共和国商务部　中华人民共和国国家发展和改革委员会
【发布文号】商务部、国家发展改革委令2014年第4号
【发布日期】2014－9－22
【实施日期】2014－11－1

《餐饮业经营管理办法（试行）》已经商务部部务会议审议通过，并经发展改革委同意，现予发布，自2014年11月1日起施行。

部　长　高虎城
主　任　徐绍史
2014年9月22日

餐饮业经营管理办法（试行）

第一条　为了规范餐饮服务经营活动，引导和促进餐饮行业健康有序发展，维护消费者和经营者的合法权益，依据国家有关法律、法规，制定本办法。

第二条　在中华人民共和国境内从事餐饮经营活动，适用本办法。

本办法所称餐饮经营活动，是指通过即时加工制作成品或半成品、商业销售和服务性劳动等，向消费者提供食品和消费场所及设施的经营行为。

第三条　商务部负责全国餐饮行业管理工作，制定行业规划、政策和标准，开展行业统计，规范行业秩序。地方各级人民政府商务主管部门负责本行政区域内餐饮业行业管理工作。

第四条　国家鼓励餐饮经营者发展特色餐饮、快餐、早餐、团膳、送餐等大众化餐饮，提供标准化菜品，方便消费者自主调味，发展可选套餐，提供小份菜。

第五条　餐饮行业协会应当按照有关法律、法规和规章的规定，发挥行业自律、引导、服务作用，促进餐饮业行业标准的推广实施，指导企业做好节能

减排、资源节约和综合利用工作。

餐饮行业协会应通过制定行业公约等方式引导餐饮经营者节约资源、反对浪费。

第六条 餐饮经营者应当严格按照法律、法规和规章的有关规定从事经营活动，建立健全各项制度，积极贯彻国家和行业有关经营管理、产品、服务等方面的标准。

第七条 餐饮经营者应当做好节能减排、资源节约和综合利用工作。

餐饮经营者应当建立节俭消费提醒提示制度，并在醒目位置张贴节约标识，贯彻节约用餐、文明用餐标准。

第八条 餐饮经营者应引导消费者餐前适量点餐，餐后主动帮助打包，对节约用餐的消费者给予表扬和奖励。

第九条 餐饮经营者不得销售不符合国家产品质量及食品安全强制标准的食品。

第十条 餐饮经营者不得随意处置餐厨废弃物，应按规定由具备条件的企业进行资源化利用。

第十一条 餐饮经营者所售食品或提供的服务项目标价，按照国务院价格主管部门制定的有关规定执行。

第十二条 禁止餐饮经营者设置最低消费。

第十三条 提供外送服务的餐饮经营者，应当建立健全相应的服务流程，并明示提供外送服务的时间、外送范围以及收费标准；根据消费者的订单和食品安全的要求，选择适当的交通工具、设备，按时、按质、按量送达消费者，并提供相应的单据。

第十四条 餐饮经营者开展促销活动的，应当明示促销内容，包括促销原因、促销方式、促销规则、促销期限、促销商品的范围，以及相关限制性条件。

餐饮经营者应当在促销活动开始前做好原材料储备及服务准备工作，依照承诺履行相关义务。

促销活动期间，餐饮经营者不得故意拖延提供相关商品或服务，不得以任何形式降低商品质量或服务水平。

第十五条 餐饮经营者应当建立健全顾客投诉制度，明确具体部门或人员受理、处理消费者投诉。投诉的受理、转交以及处理结果应当通知投诉者。

第十六条 餐饮经营者应当建立健全突发事件应急预案、应对机制，明确职责分工，落实责任。发生突发事件时，应当立即启动应急处理工作程序并及时向政府有关部门报告事件情况及处理结果。

第十七条 县级以上地方商务主管部门应当建立或委托相关机构建立经营者及其负责人、高层管理人员信用记录，将其纳入国家统一的信用信息平台，并依法向社会公开严重违法失信行为。餐饮经营者及其负责人、高层管理人员应当按照商务主管部门要求提供与餐饮经营相关的信用信息。

商务主管部门应当将餐饮经营者违反本办法的行为及行政处罚情况进行汇总，建立不良记录档案，并可向社会公布。

第十八条 县级以上地方商务主管部门应当定期对餐饮行业开展反食品浪费相关行为进行监督检查，并给予相应奖励或处罚。

第十九条 县级以上地方商务主管部门应当定期开展本行政区域内的餐饮业行业统计工作。餐饮经营者应当按照商务主管部门要求，及时准确报送相关信息。

第二十条 商务主管部门应当建立、健全举报制度，设立、公布投诉电话。

任何组织和个人对违反本办法的行为，有权向商务主管部门举报。商务主管部门接到举报后，对属于职责范围的，应当在 20 个工作日内作出处理决定；不属于职责范围的，应当在 5 个工作日内转交有关部门依法处理。处理过程中，商务主管部门应当对举报人的相关信息进行保密。

第二十一条 商务、价格等主管部门依照法律法规、规章及有关规定，在各自职责范围内对餐饮业经营行为进行监督管理。

对于餐饮经营者违反本办法的行为，法律法规及规章有规定的，商务主管部门可提请有关部门依法处罚；没有规定的，由商务主管部门责令限期改正，其中有违法所得的，可处违法所得 3 倍以下罚款，但最高不超过 3 万元；没有违法所得的，可处 1 万元以下罚款；对涉嫌犯罪的，依法移送司法机关处理。

商务、价格等主管部门应当自作出行政处罚决定之日起 20 个工作日内，公开行政处罚决定书的主要内容，但行政处罚决定书中涉及国家秘密、商业秘密、个人隐私的内容依法不予公开。

第二十二条 商务、价格等主管部门工作人员在监督管理工作中滥用职权、徇私舞弊的，对直接负责的主管人员和其他直接责任人员依法给予行政处分；构成犯罪的，依法追究刑事责任。

第二十三条 省级商务主管部门可依据本办法，结合本行政区域内餐饮业发展的实际情况，制定有关实施办法。

第二十四条 本办法自 2014 年 11 月 1 日起实施。

关于扩大小型微利企业减半征收企业所得税范围有关问题的公告

国家税务总局公告〔2014〕第23号

为落实国务院扶持小型微利企业发展的税收优惠政策，根据《中华人民共和国企业所得税法》及其实施条例、《财政部国家税务总局关于小型微利企业所得税优惠政策有关问题的通知》（财税〔2014〕34号）规定，经商财政部同意，现就落实小型微利企业所得税优惠政策有关问题公告如下：

一、符合规定条件的小型微利企业（包括采取查账征收和核定征收方式的企业），均可按照规定享受小型微利企业所得税优惠政策。

小型微利企业所得税优惠政策，包括企业所得税减按20%征收（以下简称减低税率政策），以及财税〔2014〕34号文件规定的优惠政策（以下简称减半征税政策）。

二、符合规定条件的小型微利企业，在预缴和年度汇算清缴企业所得税时，可以按照规定自行享受小型微利企业所得税优惠政策，无需税务机关审核批准，但在报送年度企业所得税纳税申报表时，应同时将企业从业人员、资产总额情况报税务机关备案。

三、小型微利企业预缴企业所得税时，按以下规定执行：

（一）查账征收的小型微利企业，上一纳税年度符合小型微利企业条件，且年度应纳税所得额低于10万元（含10万元）的，本年度采取按实际利润额预缴企业所得税款，预缴时累计实际利润额不超过10万元的，可以享受小型微利企业所得税优惠政策；超过10万元的，应停止享受其中的减半征税政策；本年度采取按上年度应纳税所得额的季度（或月份）平均额预缴企业所得税的，可以享受小型微利企业优惠政策。

（二）定率征税的小型微利企业，上一纳税年度符合小型微利企业条件，且年度应纳税所得额低于10万元（含10万元）的，本年度预缴企业所得税时，累计应纳税所得额不超过10万元的，可以享受优惠政策；超过10万元的，不享受其中的减半征税政策。

定额征税的小型微利企业，由当地主管税务机关相应调整定额后，按照原办法征收。

（三）本年度新办的小型微利企业，在预缴企业所得税时，凡累计实际利润额或应纳税所得额不超过 10 万元的，可以享受优惠政策；超过 10 万元的，应停止享受其中的减半征税政策。

四、小型微利企业符合享受优惠政策条件，但预缴时未享受的，在年度汇算清缴时统一计算享受。

小型微利企业在预缴时享受了优惠政策，但年度汇算清缴时超过规定标准的，应按规定补缴税款。

五、本公告所称的小型微利企业，是指符合《中华人民共和国企业所得税法实施条例》第九十二条规定的企业。其中，从业人员和资产总额，按照《财政部　国家税务总局关于执行企业所得税优惠政策若干问题的通知》（财税〔2009〕69 号）第七条的规定执行。

六、小型微利企业 2014 年及以后年度申报纳税适用本公告，以前规定与本公告不一致的，按本公告规定执行。本公告发布之日起，财税〔2009〕69 号文件第八条废止。

本公告实施后，未享受减半征税政策的小型微利企业多预缴的企业所得税，可以在以后季（月）度应预缴的税款中抵减。

特此公告。

2014 年 4 月 18 日

关于进一步支持小微企业增值税和营业税政策的通知

财税〔2014〕71号

各省、自治区、直辖市、计划单列市财政厅（局）、国家税务局、地方税务局，新疆生产建设兵团财务局：

为进一步加大对小微企业的税收支持力度，经国务院批准，自2014年10月1日起至2015年12月31日，对月销售额2万元（含本数，下同）至3万元的增值税小规模纳税人，免征增值税；对月营业额2万元至3万元的营业税纳税人，免征营业税。

财政部　国家税务总局

2014年9月25日

关于小微企业免征增值税和营业税有关问题的公告

国家税务总局公告〔2014〕57号

根据《中华人民共和国增值税暂行条例》及实施细则、《中华人民共和国营业税暂行条例》及实施细则、《财政部国家税务总局关于暂免征收部分小微企业增值税和营业税的通知》（财税〔2013〕52号）、《财政部国家税务总局关于进一步支持小微企业增值税和营业税政策的通知》（财税〔2014〕71号），现将小微企业免征增值税和营业税有关问题公告如下：

一、增值税小规模纳税人和营业税纳税人，月销售额或营业额不超过3万元（含3万元，下同）的，按照上述文件规定免征增值税或营业税。其中，以1个季度为纳税期限的增值税小规模纳税人和营业税纳税人，季度销售额或营业额不超过9万元的，按照上述文件规定免征增值税或营业税。

二、增值税小规模纳税人兼营营业税应税项目的，应当分别核算增值税应税项目的销售额和营业税应税项目的营业额，月销售额不超过3万元（按季纳税9万元）的，免征增值税；月营业额不超过3万元（按季纳税9万元）的，免征营业税。

三、增值税小规模纳税人月销售额不超过3万元（按季纳税9万元）的，当期因代开增值税专用发票（含货物运输业增值税专用发票）已经缴纳的税款，在专用发票全部联次追回或者按规定开具红字专用发票后，可以向主管税务机关申请退还。

四、本公告自2014年10月1日起施行。《国家税务总局关于暂免征收部分小微企业增值税和营业税政策有关问题的公告》（国家税务总局公告2013年第49号）、《国家税务总局关于增值税起征点调整后有关问题的批复》（国税函〔2003〕1396号）同时废止。

特此公告。

国家税务总局

2014年10月11日

关于金融机构与小型微型企业签订借款合同免征印花税的通知

财税〔2014〕78号

各省、自治区、直辖市、计划单列市财政厅（局）、地方税务局，西藏自治区国家税务局，新疆生产建设兵团财务局：

为鼓励金融机构对小型、微型企业提供金融支持，进一步促进小型、微型企业发展，现将有关印花税政策通知如下：

一、自2014年11月1日至2017年12月31日，对金融机构与小型、微型企业签订的借款合同免征印花税。

二、上述小型、微型企业的认定，按照《工业和信息化部国家统计局国家发展和改革委员会财政部关于印发中小企业划型标准规定的通知》（工信部联企业〔2011〕300号）的有关规定执行。

财政部　国家税务总局

2014年10月24日

附录二

2014 年度中国餐饮百强企业名单

1	百胜餐饮集团中国事业部
2	河北千喜鹤饮食股份有限公司
3	四川海底捞餐饮股份有限公司
4	香港稻香集团
5	内蒙古小尾羊餐饮连锁有限公司
6	重庆刘一手餐饮管理有限公司
7	浙江两岸食品连锁有限公司
8	味千（中国）控股有限公司
9	浙江凯旋门澳门豆捞控股集团有限公司
10	真功夫餐饮管理有限公司
11	北京黄记煌餐饮管理有限责任公司
12	重庆德庄实业（集团）有限公司
13	重庆朝天门餐饮控股集团有限公司
14	重庆陶然居饮食文化（集团）股份有限公司
15	北京李先生加州牛肉面大王有限公司
16	小南国（集团）有限公司
17	重庆顺水鱼饮食文化有限公司
18	北京华天饮食集团公司
19	呷哺呷哺餐饮管理有限公司
20	重庆巴将军饮食文化发展有限公司
21	重庆秦妈餐饮管理有限公司
22	重庆骑龙饮食文化有限责任公司
23	北京东来顺集团有限责任公司
24	内蒙古草原牧歌餐饮连锁股份有限公司
25	江苏品尚餐饮连锁管理有限公司
26	中国全聚德（集团）股份有限公司
27	北京合兴餐饮管理有限公司
28	永和大王餐饮集团

续表

29	重庆市巴江水饮食文化有限公司
30	山东蓝海酒店集团
31	绍兴市咸亨酒店有限公司
32	浙江外婆家餐饮有限公司
33	乡村基（重庆）投资有限公司
34	北京西贝餐饮管理有限公司
35	迪欧餐饮管理有限公司
36	上海丰收日餐饮发展有限公司
37	宁波白金汉爵酒店投资有限公司
38	重庆佳永小天鹅餐饮有限公司
39	大连彤德莱餐饮管理集团有限公司
40	福成肥牛餐饮管理有限公司
41	山东凯瑞餐饮集团
42	索迪斯大中国区
43	北京市健坤餐饮有限责任公司
44	北京首都机场餐饮发展有限公司
45	眉州东坡餐饮管理（北京）有限公司
46	大娘水饺餐饮集团有限公司
47	刘一锅火锅店
48	安徽包天下餐饮管理有限公司
49	安徽同庆楼餐饮发展有限公司
50	快客利（中国）控股集团有限公司
51	北京健力源餐饮管理有限公司
52	上海世好餐饮管理有限公司
53	安徽蜀王餐饮投资控股集团有限公司
54	重庆奇火哥快乐餐饮有限公司
55	内蒙古三千浦餐饮连锁有限责任公司
56	唐宫（中国）控股有限公司
57	宁波市海曙顺旺基餐饮经营管理有限公司
58	南京大惠企业发展有限公司
59	宁波海曙新四方美食有限公司
60	成都市源创巴国布衣餐饮股份有限公司

续表

61	北京金百万餐饮管理有限责任公司
62	大连亚惠美食有限公司
63	安徽老乡鸡餐饮有限公司
64	深圳面点王饮食连锁有限公司
65	重庆和之吉饮食文化有限公司
66	武汉市小蓝鲸酒店管理有限责任公司
67	重庆武陵山珍经济技术开发（集团）有限公司
68	江西季季红餐饮管理有限公司
69	厦门市舒友海鲜大酒楼有限公司
70	苏州市七欣天餐饮管理连锁有限公司
71	重庆家全居饮食文化有限公司
72	河南百年老妈饮食管理有限公司
73	温州云天楼实业有限公司
74	宁波凯隆餐饮管理集团有限公司
75	河北大胖人餐饮连锁管理有限责任公司
76	厦门豪享来餐饮娱乐有限公司
77	武汉华工后勤管理有限公司
78	浙江向阳渔港集团股份有限公司
79	九橙（中国）网络配餐服务控股有限公司
80	北京比格餐饮管理有限责任公司
81	济南骄龙豆捞餐饮有限公司
82	四平李连贵饮食服务股份有限公司
83	福州豪亨世家餐饮管理有限公司
84	上海老城隍庙餐饮（集团）有限公司
85	上海苏浙汇投资管理咨询有限公司
86	四川麻辣空间餐饮管理有限公司
87	西安饮食股份有限公司
88	浙江老娘舅餐饮有限公司
89	广州市和兴隆食品科技有限公司
90	常州丽华快餐集团有限公司
91	沈阳老边食品有限公司
92	武汉艳阳天商贸发展有限公司

续表

93	南京古南都投资发展集团有限公司
94	哈尔滨东方众合餐饮有限责任公司
95	上海一茶一坐餐饮有限公司
96	北京金丰餐饮有限公司
97	浙江五芳斋实业股份有限公司
98	徐州海天管理有限公司
99	旺顺阁（北京）投资管理有限公司
100	乌鲁木齐市苏氏企业发展有限公司